최신
업데이트
개정판

성피티의
스포츠지도사2급
보디빌딩
실기 · 구술 합격공식

성우재 지음

성피티의 스포츠지도사2급 보디빌딩
실기·구술 합격공식(개정판)

초판 1쇄 발행 2015년 06월 02일
개정 6판 1쇄 발행 2025년 04월 07일

저자 성우재

편집 김다인   **마케팅·지원** 김혜지

펴낸곳 (주)하움출판사   **펴낸이** 문현광

이메일 haum1000@naver.com   **홈페이지** haum.kr
블로그 blog.naver.com/haum1000   **인스타그램** @haum1007

ISBN 979-11-7374-026-8(13690)

머리말

2015년 6월 2일에 처음으로 이 책을 출간하여, 많은 분들의 사랑을 받았습니다.

그것을 가장 실감하게 되는 순간이 실기/구술 시험장에 리서치를 갔을 때입니다. 저는 10여 년간 한 해도 빠지지 않고 각 시험장으로 현장 리서치를 다니고 있습니다. 그 전에도 저를 알아봐주시는 분들이 계셨었지만, 책으로 인해 더 많은 분들이 저를 알아봐주십니다.

제 책을 가지고 계시면서 시험 직전까지 열심히 공부하시는 분들, 먼저 악수를 청해주시고 책 잘 보고 있다며 인사를 건네주시는 분들께 진심으로 감사한 마음을 담아 사명감을 가지고 더 좋은 책을 만들어야겠다고 다짐하는 계기가 되었습니다.

2015년부터 생활체육지도자 3급이 생활스포츠지도사 2급으로 자격 명칭이 변경되었습니다. 그리고 노인, 유소년 및 장애인 스포츠지도사 자격 종목이 추가되었습니다. 또한, 지금까지 대부분 중량 없이 바벨과 덤벨을 이용하여 프리 웨이트 위주로 진행되어 왔었던 실기 시험이 2016년부터는 중량이 추가되어 진행되기도 했습니다. 운동을 꾸준히 하신 분들에게는 크게 상관없을 수 있겠습니다만, 평상시 중량 운동을 하지 않았던 분들에게는 더 어려워졌다는 것이며 앞으로 그에 맞춰서 준비를 하셔야 할 것입니다.

2016년부터 보디빌딩 여자 규정포즈는 실기 평가 영역에서 제외되었고 2018년부터 여자 피지크 포즈 4가지로 대체되었습니다. 또한 2024년부터는 남자 보디빌딩과 여자 피지크 뿐만이 아니라 남자 클래식 보디빌딩, 남자 피지크, 남자 클래식 피지크, 여자 보디피트니스, 여자 비키니에 대한 포즈 및 쿼터턴 동작이 추가되었습니다.

이렇게 시험 제도는 계속 변화하고 있으며 언제든 또 다른 변화가 생길 수 있습니다. 하지만 시험 현장 최전선에서 활동하고 있는 성피티가 제일 정확하고 발 빠르게 여러분들에게 최신 시험 정보 및 변화된 부분에 대한 가이드를 제시해드리니 걱정하지 않으셔도 됩니다.

다만, 여러분들에게 강조하고 싶은 부분은 보디빌딩 선수가 아닌 지도자를 뽑는 시험이라는 점입니다. 시험제도가 변경될지라도 꾸준히 운동을 하고, 지도자의 자질을 갖추는 것이 가장 중요하다고 생각되며 거듭 강조 드리고 싶은 부분입니다.

추후 시험 제도가 다시 변화되더라도, 어느 장소에서 어떤 장비와 무게로 시험을 치르든지 완벽히 수행할 수 있도록 꾸준하게 훈련하시고 준비하시기를 바랍니다.

그것이 스스로를 되돌아볼 때는 물론이고, 향후 현장에서 고객을 대할 때 부끄럽지 않을 수 있는 지도자가 되는 길이라고 생각합니다.

여러분의 도전을 응원하고 여러분의 합격을 진심으로 함께하겠습니다. 감사합니다.

―――――――――――――――――――――――――――――――――――――― 저자 **성피티** 올림

Guide

/ 자주하는 질문과 답 Q&A

Q1 체대생이 아닌 일반인이고, 아무것도 모르는 상태인데 정말 생활스포츠지도사 2급을 취득할 수 있을까요?

A 생활스포츠지도사 2급 시험은 특별한 자격제한이 없습니다. 만 18세 이상이면 누구나 지원할 수 있습니다. 따라서 하고자 하는 의지만 있다면 누구나 가능합니다.

Q2 반드시 몸이 좋아야 하나요?

A 보디빌딩 선수를 뽑는 것이 아닌, 지도자의 자질을 평가하는 자리입니다. 지도자로서 몸이 좋으면 물론 좋겠습니다만 시험의 등락을 좌우할 정도는 아니며, 체형이 통통하거나 심지어 뚱뚱한 사람도 시험 합격기준에 상응하는 지식과 태도를 갖추었을 경우 모두 합격하였습니다.

Q3 타 종목에 대한 생활스포츠지도사 2급 자격증을 보유하고 있는데 보디빌딩에 응시하고 싶습니다. 가능한가요?

A 가능합니다. 특별전형으로 필기시험은 면제가 되니 실기시험과 구술시험을 준비하시면 됩니다.

Q4 헬스 트레이너와 퍼스널 트레이너를 하고 싶은데 어떤 자격증을 취득해야 하나요?

A 헬스 트레이너 및 퍼스널 트레이너와 관련된 자격증 중 스포츠지도사는 국내 유일한 국가 공인자격증입니다 따라서 생활스포츠지도사 2급 보디빌딩을 취득하는 것을 추천드립니다.

Q5 자격증 취득을 위한 준비 기간을 얼마나 잡아야 할까요?

A 하루라도 더 일찍 시작하시는 것이 좋습니다. 복싱에서의 단순한 잽 동작도 1개월 훈련한 사람과 3개월 훈련한 사람은 차이가 있을 수밖에 없으며, 현장에서 심사위원은 귀신같이 이를 선별해 냅니다.

Q6 바벨과 덤벨의 무게는 어떻게 되나요?

A 생활스포츠지도사 2급 보디빌딩의 실기시험에서 바벨, 덤벨의 무게는 주최 측의 사정에 따라 달라질 수 있습니다만, 보통 원판 없는 기본 바벨봉과 2~5kg 덤벨을 사용합니다.남자는 올림픽바벨(중량봉), 여자는 경량바벨(경량봉)을 사용합니다. EZ-Bar 또한 마찬가지입니다.

Q7 수험번호는 어떤 순서로 배정받나요?

A 접수하면 접수번호를 부여받고 접수번호에 따라 또는 성 이름의 성 순으로 수험번호가 따로 정해지기도 하며, 임의로 선택되기도 합니다.

Q8 만약에 사정이 생겨서 늦게 시험장에 도착했을 경우 시험을 못 보거나 불이익을 당하게 되는 경우도 있나요?

A 원칙적으로 시험장에 늦게 도착했을 경우 시험 응시가 불가능합니다. 다만 제일 마지막에 시험을 치를 수 있도록 배려해주는 경우도 있었습니다. 예를 들면 27일 오후 1시 시험인 사람이 오후 3시에 오면 당일 시험의 제일 마지막 시간인 오후 5~6시 정도에 응시할 수 있게 제공해 주었습니다.
하지만 페널티는 각오하셔야 합니다. 즉, 감점된 상태에서 시험을 보게 되는 점을 유의하셔야 합니다. 단, 27일 시험인 사람이 28일에 가면 아무리 울고불고 매달려도 절대 응시 기회를 주지 않습니다. 응시자의 채점답안이 꽁꽁 싸매져 다른 곳으로 넘어갔기 때문이라고 주최 측에서는 설명합니다.

Q9 지방에서 시험을 보면 더 쉽나요?

A 10여 년간의 제 경험을 비추어 볼 때 그렇지 않다고 생각됩니다. 전국 대학 연수원 모두 공통된 문제지로 시험을 진행했었고 합격과 불합격의 모호한 경계선의 점수를 받은 응시생의 경우 등락에 대한 선별을 위해 한 문제 정도는 심사위원이 시험지 외의 주관적인 질문을 하기도 합니다.

Q10 나이가 많으면 시험 볼 때 불리하지 않나요?

A 나이는 채점기준에 불리하게 영향을 미치지 않습니다. 그동안 50~60대 분들도 모두 공정한 심사를 통해서 합격해 왔습니다.

Q11 행 클린, 파워클린 같은 전신운동도 시험에 출제되나요? 시험공고에는 포함되어 있지 않은데, 성피티 책에는 나와 있어서요.

A 전문스포츠지도사 2급 시험을 준비하시는 분들의 경우 전신운동도 준비하셔야 합니다. 하지만 생활스포츠지도사 2급 보디빌딩 시험의 경우, 이전에는 전신동작이 출제되었지만 2015년부터 출제되지 않고 있습니다. 따라서 매년 주최 측에서 제공하는 시험 시행공고에 있는 동작들을 중심으로 준비하시면 됩니다.

7

/ 스포츠지도사 실기·구술 시험 안내

자격 정의

생활스포츠지도사: 학교 · 직장 · 지역사회 또는 체육단체 등에서 체육을 지도할 수 있도록 국민체육진흥법에 따라 해당 자격을 취득한 사람

노인스포츠지도사: 노인의 신체적 · 정신적 변화 등에 대한 지식을 갖추고 해당 자격종목에 대하여 노인을 대상으로 생활체육을 지도하는 사람

유소년스포츠지도사: 유소년(만 3세부터 중학교 취학 전까지를 말함)의 행동양식, 신체발달 등에 대한 지식을 갖추고 해당 자격종목에 대하여 유소년을 대상으로 체육을 지도하는 사람

생활스포츠지도사 2급 응시자격 요건

각 응시자격의 인정요건 중 어느 하나에 해당되는 자격 구비 및 서류 제출

응시자격	취득절차
① 18세 이상인 사람	필기 – 실기 – 구술 – 연수(90시간)
② 2급 생활스포츠지도사 자격을 가지고 보유한 자격 종목이 아닌 다른 종목의 자격을 취득하려는 사람	실기 – 구술
③ 해당 자격종목의 노인 또는 유소년 스포츠지도사 자격을 가지고 동일한 종목의 자격을 취득하려는 사람	구술 – 연수(40시간)

시험장소 예상 도식도

8

실기검정 소요장비

주관단체 준비사항

① 덤벨: 2.5kg, 5kg / ② 바벨: 중량봉(긴 봉, 짧은 봉) / ③ 요가매트

지원자 준비사항

① 상의: 민소매 러닝, 탑 / ② 하의: 허벅지가 보이는 반바지 / ③ 운동화 / ④ 신분증, 수험표

Contents
목차

Part 3_ 구술 예상문제·합격 팁

Bodybuilding
Basic

1

보디빌딩
기본

01 기초이론

01_ 골격계

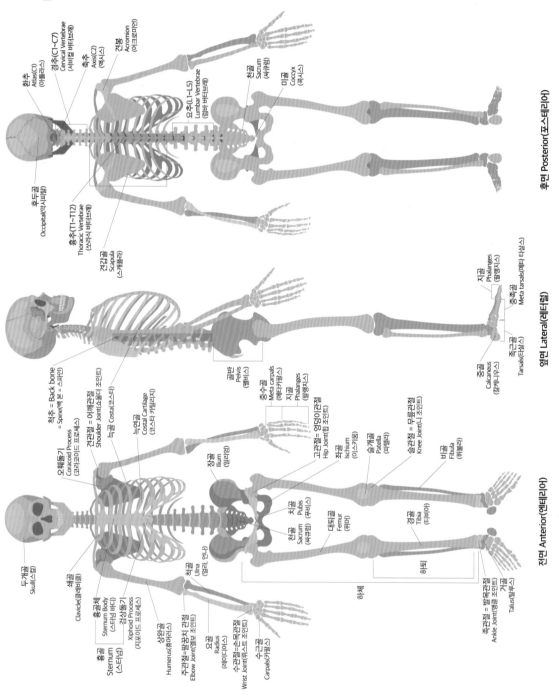

02_ 근육계

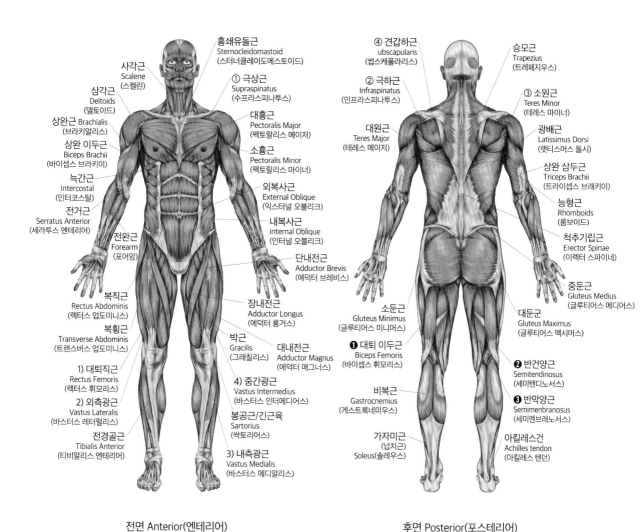

흉쇄유돌근
Sternocleidomastoid
(스터너클레이도메스토이드)

사각근
Scalene
(스켈린)

삼각근
Deltoids
(델토이드)

상완근 Brachialis
(브라키알리스)

상완 이두근
Biceps Brachii
(바이셉스 브라키이)

늑간근
Intercostal
(인터코스탈)

전거근
Serratus Anterior
(세라투스 엔테리어)

전완근
Forearm
(포어암)

복직근
Rectus Abdominis
(렉터스 업도미니스)

복횡근
Transverse Abdominis
(트랜스버스 업도미니스)

1) 대퇴직근
Rectus Femoris
(렉터스 휘모리스)

2) 외측광근
Vastus Lateralis
(바스터스 레터럴리스)

전경골근
Tibialis Anterior
(티비알리스 엔테리어)

① 극상근
Supraspinatus
(수프라스피나투스)

대흉근
Pectoralis Major
(펙토랄리스 메이저)

소흉근
Pectoralis Minor
(펙토랄리스 마이너)

외복사근
External Oblique
(익스터널 오블리크)

내복사근
Internal Oblique
(인터널 오블리크)

단내전근
Adductor Brevis
(에덕터 브레비스)

장내전근
Adductor Longus
(에덕터 롱거스)

박근
Gracilis
(그래칠리스)

대내전근
Adductor Magnus
(에덕터 매그너스)

4) 중간광근
Vastus Intermedius
(바스터스 인터메디어스)

봉공근/긴근육
Sartorius
(싹토리어스)

3) 내측광근
Vastus Medialis
(바스터스 메디알리스)

전면 Anterior(엔테리어)

④ 견갑하근
ubscapularis
(썹스케퓰라리스)

② 극하근
Infraspinatus
(인프라스피나투스)

대원근
Teres Major
(테레스 메이저)

소둔근
Gluteus Minimus
(글루티어스 미니머스)

❶ 대퇴 이두근
Biceps Femoris
(바이셉스 휘모리스)

비복근
Gastrocnemius
(게스트록네미우스)

가자미근
(넙치근)
Soleus(솔레우스)

승모근
Trapezius
(트레페지우스)

③ 소원근
Teres Minor
(테레스 마이너)

광배근
Latissimus Dorsi
(랫티스머스 돌시)

상완 삼두근
Triceps Brachii
(트라이셉스 브래키이)

능형근
Rhomboids
(롬보이드)

척추기립근
Erector Spinae
(이렉터 스파이네)

중둔근
Gluteus Medius
(글루티어스 메디어스)

대둔근
Gluteus Maximus
(글루티어스 맥시머스)

❷ 반건양근
Semitendinosus
(세미텐디노서스)

❸ 반막양근
Semimenbranosus
(세미멘브래노서스)

아킬레스건
Achilles tendon
(아킬레스 텐던)

후면 Posterior(포스테리어)

Tip 시험 유의사항 감점요인	1), 2), 3), 4) 대퇴 사두근 Quadriceps Femoris(콰드라이셉스 휘모리스)
	❶ ❷ ❸ 슬굴곡근 Hamstring(햄스트링)
	① ② ③ ④ 회전근개 Rotator Cuff(로테이터 커프)

03_ 보디빌딩 용어정리

용어	의미
Press(프레스) = Push(푸시)	압박하다, 밀다
Pull(풀) = Curl(컬) = Row(로우)	당기다
Leg(레그)	다리
Raise(레이즈)	들어 올리다
Arm(암)	팔
Wrist(뤼스트)	손목
Chest(체스트)	가슴
Front(프론트)	앞면
Back(백)	등, 뒤
Reverse(리버스)	거꾸로, 반대로
Crunch(크런치)	조각내는, 쥐어짜는
Anterior(엔테리어) = Forward(포워드)	전면(앞부분)
Posterior(포스테리어) = Rear(리어)	후면(뒷부분)
Median(메디안)	가운데
Lateral(레터럴)	몸의 중심선에서 가장 먼 쪽
Incline(인클라인)	위로 기울다
Decline(디클라인)	아래로 기울다
Flat(플랫)	평평한
Dip(딥)	아래로
Lying(라잉)	드러눕다, 위쪽
Hanging(행잉)	공중부양된 상태, 매달린 상태
Sit(싯)	앉다
Seated(시티드)	앉아서
Standing(스탠딩)	서다
Up(업)	위로, 올리다

Fly(플라이)	날갯짓
Crossover(크로스오버)	교차 날갯짓
Squat(스쿼트)	쪼그려 앉다
Flexion(플렉션)	굴곡, 굽히다
Extension(익스텐션)	신전, 펴다
Abduction(에이비덕션)	외전, 몸의 중심선에서 멀어지는
Adduction(에덕션)	내전, 몸의 중심선으로 가까워지는
Bentover(벤트오버)	고관절을 중심으로 상체와 무릎을 굽힌 자세
Hyper(하이퍼)	과도한
Split(스플릿)	분할하다, 나누다
Alternate(얼터네이트)	번갈아, 하나 거르는, 엇갈리게
Superior(수페리어)	상(위쪽)
Inferior(인페리어)	하(아래쪽)

04_ 관절운동

(1) 단순관절 운동(One Joint Exercise): 관절을 한 개만 사용하는 운동
예) 덤벨 플라이, 레그 익스텐션

(2) 복합(다중)관절 운동(Multi Joint Exercise): 관절을 두 개 이상 사용하는 운동
예) 덤벨 프레스, 레그 프레스

05_ 바벨(Barbell)과 덤벨(Dumbbell) 운동의 차이

같은 동작이라도 바벨을 드느냐, 덤벨을 드느냐에 따라 효과에 다소 차이가 있으므로 두 가지 운동을 다양하게 섞어서 골고루 해주는 것이 최선이다.

(1) 바벨 운동: 장점으로는 무게를 늘리기가 용이하여 근육량 증가에 효과적이다. 반면 단점으로는 가동범위가 덤벨 운동에 비해 제한적이기 때문에 근육의 분리에는 어려움이 있다.
(2) 덤벨 운동: 동작과 가동범위의 조절이 바벨 운동에 비해 자유로운 것이 장점이지만 한 팔씩 따로 들어 올려야 하는 특성상 중심을 잡아야 하고 무거운 무게로 늘리는 것이 바벨 운동에 비해 제한적이라는 단점이 있다.

02 기본자세

01_ 스탠스(Stance)의 종류

안정적이고 효율적인 실기 동작을 위해서는 몸의 중심선이 내 몸 안쪽으로 위치하여 안정적인 기저면을 확보하는 것이 무엇보다 중요하다. 그 첫 번째가 서있는 자세, 즉 스탠스이다.

발의 보폭이라고도 하며, 보디빌딩의 가장 기본이다. 다양한 웨이트 트레이닝에 접목해서 사용됨은 물론이고 보디빌딩 실기 시험의 채점기준이 되는 부분이니 반드시 발의 보폭을 제일 먼저 인지하고 동작을 실시할 수 있도록 하자.

(1) 스탠다드 스탠스(Standard Stance): 어깨너비 정도의 가장 기본적인 발의 보폭으로, 서서 실시하는 보디빌딩 동작의 대부분을 차지한다.
(2) 와이드 스탠스(Wide Stance): 어깨너비보다 넓은 보폭으로 허벅지 안쪽에 대한 강화를 위한 스쿼트 동작 시 사용한다.
(3) 내로우 스탠스(Narrow Stance): 어깨너비보다 좁은 보폭으로 허벅지 뒷부분을 강조하기 위한 스티프 레그 데드리프트(Stiff Leg Deadlift) 같은 동작에서 사용한다.
(4) 인라인 스탠스(Inline Stance): 발의 위치를 앞뒤로 벌려 서있는 동작으로 런지와 같은 동작을 하기 위해서 사용한다.

스탠다드 스탠스(Standard Stance)

와이드 스탠스(Wide Stance)

내로우 스탠스(Narrow Stance)

인라인 스탠스(Inline Stance)

02_ 그립(Grip)의 너비 및 방법

그립도 스탠스와 마찬가지로 보디빌딩의 기본이다. 역시 웨이트 트레이닝에 접목해서 사용됨은 물론이고 보디빌딩 실기 시험의 채점기준이 되는 부분이니 반드시 그립의 너비 및 방법을 인지해야 정확한 동작을 만들 수 있다.

1. 너비　(1) 와이드 그립(Wide Grip): 어깨너비보다 더 넓게 바를 잡는 그립 너비를 말한다.
　　　　(2) 스탠다드 그립(Standard Grip): 어깨너비만큼 바를 잡는 그립 너비를 말한다.
　　　　(3) 내로우 그립(Narrow Grip): 어깨너비보다 좁게 바를 잡는 그립 너비를 말한다.

　　　와이드 그립(Wide Grip)　　　스탠다드 그립(Standard Grip)　　　내로우 그립(Narrow Grip)

2. 방법　(1) 오버핸드 그립(Overhand Grip): 엄지손가락을 자연스럽게 바깥으로 말아 쥐고 손등이 천장을 향하는 가장 기본적인 그립의 방법으로 서서 실시하는 보디빌딩 동작의 대부분을 차지한다.

(2) 언더핸드 그립(Underhand Grip): 손바닥이 천장을 향하게 잡는 방법이다.

(3) 패러럴 그립(Parallel Grip) = 뉴트럴 그립(Neutral Grip): 손바닥이 서로 마주보게 잡는 평행 그립 방법이다.

(4) 얼터네이트 그립(Alternate Grip)=리버스 그립(Reverse Grip): 한 손은 오버핸드 그립, 다른 한 손은 언더핸드 그립으로 엇갈리게 바를 잡는 방법으로 바벨이 빙빙 돌아가지 않게 단단히 고정해서 잡을 수 있기 때문에 고중량 데드리프트 시에 주로 사용한다.

(5) 훅 그립(Hook Grip): 엄지손가락을 네 손가락 안으로 말아 넣어서 바벨이 손바닥 안에서 빙빙 돌아갈 수 있도록 잡는 방법으로 행 클린이나 파워 클린을 할 때 주로 사용한다.

(6) 섬레스 그립(Thumbless Grip): 엄지손가락을 바깥으로 꺼내서 넘버원 모양으로 만든다고 생각하면 쉽다. 엄지손가락을 뺀 나머지 네 개의 손가락으로 바를 감싸 쥐는 방법으로, 바벨 트라이셉스 익스텐션을 할 때 손목을 편안하게 해준다.

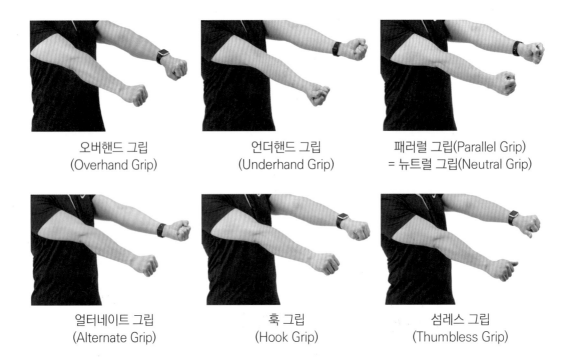

오버핸드 그립 (Overhand Grip)	언더핸드 그립 (Underhand Grip)	패러럴 그립(Parallel Grip) = 뉴트럴 그립(Neutral Grip)
얼터네이트 그립 (Alternate Grip)	훅 그립 (Hook Grip)	섬레스 그립 (Thumbless Grip)

03_ 시선처리

보디빌딩의 거의 모든 동작은 정면을 바라보고 실시하는 것이 좋으며, 벤트오버 자세는 정면 또는 앞쪽 바닥을 바라보고 실시하기도 한다. 예외적으로 스쿼트 자세는 몸통을 보다 수직으로 세우려면 약간 정면 위쪽을 바라보는 것이 좋다.

04_ 호흡방법

보디빌딩에서는 수축할 때 내쉬고 이완할 때 들이마시는 호흡법을 일반적으로 사용하는데, 근육을 수축하면서 들이마시는 호흡을 하게 되면 힘이 잘 들어가지 않고 분산되는 듯한 느낌을 받기 때문이다. 이완하거나 수축할 때에 호흡을 멈추지 않고 지속적으로 호흡을 하는 것이 중요하다. 단, 고혈압이 있는 환자는 호흡이 멈추어지지 않게 특히 주의해야 하며, 일반적으로 사용하는 호흡법과 반대로 하면 혈압이 올라가는 것을 방지할 수 있다.

> Tip 발살바 메뉴어바(Valsalva Maneuver) 호흡법과 장단점
>
> 발살바 메뉴어바 호흡법은 중·고급자들이 사용하는 호흡방법으로 보디빌딩 동작 시 한 번에 큰 힘을 내기 위해 일시적으로 숨을 참고 몸통을 보다 견고하게 만들어 동작의 마무리 단계에서 숨을 내쉬는 것을 말한다. 예를 들면, 스쿼트는 쪼그려 앉는 동작에서 호흡을 들이마시고 올라오는 동작에서 일시적으로 숨을 참았다가 거의 다 올라온 동작의 마무리 지점에서 호흡을 내쉰다.
> 주로 고중량 운동 시 사용하며, 심장으로의 정맥 흐름을 방해하여 흉강과 복강 내 압력이 상승하여 몸통이 보다 견고해져 더 무거운 무게를 들어 올릴 수 있다는 장점이 있다. 그러나 심장으로의 정맥 흐름을 방해하는 과정에서 심박출량이 감소하여 뇌로 공급되는 혈액의 양이 줄어들어 현기증, 구토, 방향감각 상실, 시력장애 등이 발생될 수 있기 때문에 초급자 및 고혈압 환자에게는 권장하지 않는다.

05_ 벤치각도

(1) 플랫 벤치(Flat Bench): 평평한 벤치로 벤치 프레스를 비롯한 다양한 동작을 실시할 수 있다.
(2) 인클라인 벤치(Incline Bench): 머리의 기울기가 위로 되어 있는 벤치로 가슴 상부 운동을 할 때 사용된다.
(3) 디클라인 벤치(Decline Bench): 머리의 기울기가 아래로 향하게 되어 있는 벤치로 가슴 하부 라인에 대한 운동 시 사용된다.

| 플랫 벤치
(Flat Bench) | 인클라인 벤치
(Incline Bench) | 디클라인 벤치
(Decline Bench) |

06_ 기본동작 설명

1. 모든 프리 웨이트 동작의 시작할 때와 끝마칠 때 자세의 주의사항

대부분의 응시자들이 바벨이나 덤벨을 들어 올리는 자세와 내려놓을 때의 자세에 대해 간과하는 부분이 있는데 중량을 다룰 때에는 반드시 몸에 가까이 붙여서 모멘트암을 줄인 상태에서 회전 관성이 커지지 않게, 즉 안전하게 다루는 모습을 보이는 것이 좋으며 바닥에 중량을 내려놓을 때와 들어 올리려고 준비할 때에도 하체를 사용해서 중량을 다루는 모습을 보이는 것이 좋다. 또한 시험 현장에서 경황이 없기 때문에 급하게 움직이느라 바벨과 덤벨을 넘어 다니거나 바벨과 덤벨이 부딪히며 쨍하는 소리가 나지 않도록 주의해야 한다.

스탠다드 스탠스를 유지한 채 팔을 허벅지 바깥 부분으로 위치시켜 바벨을 잡으면, 그립은 자동적으로 어깨너비보다 넓은 와이드 그립으로 잡을 수 있다. 시선은 정면을 응시한다.

가슴을 펴고 허리는 꼿꼿하게 유지해야 한다. 이 자세는 조금 힘들 수 있지만 부상의 위험이 낮으며 가장 안정적인 중량을 다루는 기본자세이다.

중량을 내려놓을 때에도 엉덩이를 낮추고 무릎을 굽혀서 허리 힘이 아닌 하체 힘을 사용해야 한다.

2. 바벨(Barbell)을 들고 서있는 기본자세

스탠다드 스탠스로 무릎을 아주 살짝 굽혀서 발바닥 전체에 힘이 들어가게 만든 상태에서 오버 핸드 그립으로 바벨을 어깨너비보다 약간 넓게 잡고 정면을 바라보고 선다.

3. 서있는 딥(Standing Deep)

기본자세행 클린, 파워 클린, 스내치와 같은 파워동작을 시작하는 과정에 필요한 기본자세로 가동범위를 많이 줄인 상태의 데드리프트와 비슷하다.

시선은 정면을 바라보고 허리를 꼿꼿하게 유지한 상태에서 골반을 뒤로 살짝 빼주면서 상체를 앞으로 조금 숙이고 바벨을 허벅지 앞부분으로 천천히 내린다. (딥자세)

4. 벤치 프레스(Bench Press) 기본자세

신체 5부위 접촉자세(머리, 등, 엉덩이, 양발이 지면에 닿은 상태)를 유지한다. 양발의 간격은 어깨너비보다 넓게 해야 중심 잡기가 수월하며, 허리는 척추 만곡을 유지하여 아치 형태로 지지해준다. 턱은 살짝 몸 쪽으로 당긴 후 가슴을 앞으로 내밀어서 흉곽을 움직이지 않게 고정한다. 상완과 전완이 수직인 상태를 유지하며 동작을 실시한다.

5. 벤트오버(Bentover) 기본자세

스탠다드 스탠스로 선 후 허리를 꼿꼿하게 유지하면서 상체를 지면과 평행한 정도로 굽힌 자세가 정석이지만, 상체를 지면과 평행하지 않게 45도 정도 굽혀서 실시해도 괜찮다.

벤트오버 바벨 로우(Bentover Barbell Row), 벤트오버 레터럴 레이즈(Bentover Lateral Raise)와 같은 동작에 필요한 자세이다.

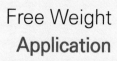

Free Weight
Application

2

실기 프리 웨이트
응용동작

Free Weight
Application

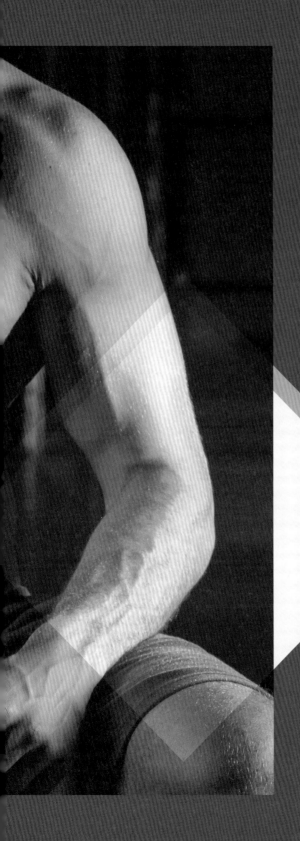

01

가슴
Chest

01 바벨 벤치 프레스
(Barbell Bench Press) ★★★

· **운동설명** ┃ 가슴 근육을 강화하는 대표적인 운동이다.
· **운동부위** ┃ 가슴, 어깨, 팔
· **운동근육** ┃ **흉근**, 전면 삼각근, 상완 삼두근

❶
신체 5부위 접촉자세(머리, 등, 엉덩이, 양발이 지면에 닿은 상태)를 유지하고 시선은 바벨과 일직선으로 맞춘 상태에서 턱을 자신의 몸쪽으로 당기고 가슴을 앞으로 내밀면서 허리를 아치 형태로 유지한 상태로 벤치에 누워 어깨 너비보다 넓게 오버핸드 그립으로 바벨을 잡는다.

❷
바벨을 가슴 중앙부위(흉골)로 천천히 내리면서 호흡을 들이마시고 가슴 위로 힘차게 밀어 올리면서 호흡을 내쉰다.

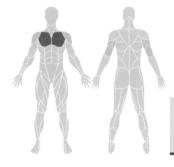

Tip 시험 유의사항 / 감점요인

• 손목이 꺾이지 않게 주의하고 팔꿈치가 어깨 위로 너무 높게 올라가거나 아래로 내려가지 않도록 하고 상완과 전완이 수직인 자세를 유지해야 한다.
• 벤치가 있는 경우에는 벤치에서 실시하고, 벤치가 없는 경우에는 매트에서 실시한다.

덤벨 벤치 프레스
(Dumbbell Bench Press) ★★★

· **운동설명** ┃ 신체 5부위 접촉자세를 유지한 채 벤치 또는 매트에 누워서 가슴의 힘으로 덤벨을 밀어 올리는 동작이다. 벤치 프레스와 다르게 덤벨을 양손에 하나씩 잡고 실시해야 하기 때문에 중심을 잡기가 다소 어려울 수 있다.

· **운동부위** ┃ 가슴, 어깨, 팔

· **운동근육** ┃ **흉근**, 전면 삼각근, 상완 삼두근

❶ 신체 5부위 접촉자세를 유지하면서 벤치 또는 매트에 누워서 덤벨이 흔들리지 않게 양손에 오버핸드 그립으로 잡는다.

❷ 양 팔꿈치가 수직인 상태를 유지하면서 덤벨을 천천히 내리며 호흡을 들이마시고 처음 동작처럼 호흡을 내쉬면서 가슴으로 힘차게 밀어 올린다.

Tip 시험 유의사항 / 감점요인

• 손목이 꺾이지 않게 주의하고 팔꿈치가 어깨 위로 너무 높게 올라가거나 아래로 내려가지 않도록 상완과 전완이 수직인 자세를 반드시 유지해야 한다.

• 실기 시험을 볼 때 감독관이 이 동작의 명칭을 줄여서 덤벨 프레스라고 칭하기도 한다. 덤벨 프레스는 흉근 운동인 이 동작을 실시하면 된다. 많은 응시생 분들이 덤벨 숄더 프레스를 실시하는 오류를 범하기도 하기 때문에 특히!! 주의가 필요하다.

03 덤벨 플라이
(Barbell Fly) ★★★

· **운동설명** ┃ 신체 5부위 접촉자세를 유지하고 벤치에 누워서 양손에 덤벨을 들고 가슴 앞으로 교
차시키는 동작으로 가슴의 라인을 만드는데 도움을 준다.
· **운동부위** ┃ 가슴, 어깨, 팔
· **운동근육** ┃ **흉근**, 전면 삼각근, 상완 이두근

❶ 팔꿈치를 살짝 구부린 상태로 움직이지 않게
단단히 고정시켜야 하며 덤벨을 양손에 들고
벤치 또는 매트에 눕는다.

❷
양팔의 상완이 몸의 중심선에서 가장 멀어
지게끔 양쪽 옆으로 최대한 내리면서 호흡
을 들이마시고 가슴을 늘려주었다가 가슴
앞으로 양손의 덤벨을 모아주면서 힘차게
당겨 올리면서 호흡을 내쉰다.

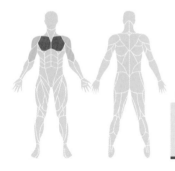

Tip 시험 유의사항 / 감점요인

덤벨 플라이는 어깨 관절 하나만 사용(One Joint Exercise)하는 고립운동으로 손
목관절과 팔꿈치 관절이 움직이지 않게 고정해서 실시해야 하며 덤벨을 가슴 위로
모아 올렸을 때 덤벨끼리 부딪치지 않게 주의한다.

04 푸시 업
(Push Up) ★★★

· **운동설명** ㅣ 우리가 팔굽혀펴기라고 알고 있는 동작이다. 바닥에 엎드린 자세에서 등과 엉덩이가 최대한 평평하게 유지한 상태로 팔꿈치를 천천히 굽혔다가 펴면서 시작자세로 되돌아온다.

· **운동부위** ㅣ 가슴, 어깨, 팔

· **운동근육** ㅣ **흉근**, 전면 삼각근, 상완 삼두근

❶
시선은 엎드린 상태에서의 정면, 즉 바닥을 바라보고 양발과 양손으로 중심을 잘 잡는다.

❷
등이 최대한 평평한 상태를 유지한 채로 팔꿈치를 굽히면서 호흡을 들이마시고 펴면서 호흡을 내쉰다.

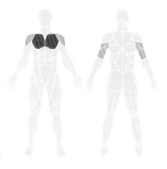

Tip 시험 유의사항 / 감점요인

상체의 근력을 많이 필요로 하는 동작이기 때문에 충분히 훈련이 되어 있지 않다면 등을 평평하게 유지한 상태로 동작을 수행하기가 힘들 것이다. 반드시 등이 굽어지거나 기울어지지 않게 주의해야 하며, 호흡은 상체가 아래로 내려가면서 들이마시고 올라오면서 내쉰다. 그리고 정확한 자세로 동작을 최소 3회 이상 실시할 수 없다면 감점을 받게 될 수 있으니 주의해야 한다.

05 니 푸시 업
(Knee Push Up) ★★

· **운동설명** ┃ 여성 응시생은 남성에 비해 상체 근력이 약하기 때문에 시험 볼 때 감독관이 푸시업을 하라고 요구하면 이 동작으로 실시하면 된다. 무릎을 바닥에 대고 실시하는 팔굽혀펴기 동작이다. 바닥에 무릎을 대고 엎드린 자세에서 등과 엉덩이가 최대한 평평하게 유지한 상태로 팔꿈치를 천천히 굽혔다가 펴면서 시작자세로 되돌아온다.

· **운동부위** ┃ 가슴, 어깨, 팔
· **운동근육** ┃ **흉근**, 전면 삼각근, 상완 삼두근

❶ 시선은 엎드린 상태에서의 정면, 즉 바닥을 바라보고 무릎을 바닥에 대고 양손으로 중심을 잘 잡는다.

❷ 등이 최대한 평평한 상태를 유지한 채로 팔꿈치를 굽히면서 호흡을 들이마시고 펴면서 호흡을 내쉰다.

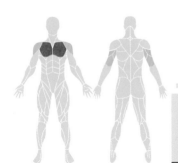

Tip 시험 유의사항 / 감점요인

상체의 근력을 많이 필요로 하는 동작이기 때문에 충분히 훈련이 되어 있지 않다면 등을 평평하게 유지한 상태로 동작을 수행하기가 힘들 것이다. 반드시 등이 굽어지거나 기울어지지 않게 주의해야 하며, 호흡은 상체가 아래로 내려가면서 들이마시고 올라오면서 내쉰다. 그리고 정확한 자세로 동작을 최소 3회 이상 실시할 수 없다면 감점을 받게 될 수 있으니 주의해야 한다. 참고로 남성은 니 푸시업이 아닌 푸시업을 할 수 있어야 한다.

06 클로즈 그립 푸시 업
(Closed Grip Push Up) ★★★

· **운동설명 ㅣ** 좁은 그립에서의 팔굽혀펴기 동작이다. 바닥에 엎드린 자세에서 등과 엉덩이가 최대
한 평평하게 유지한 상태로 팔꿈치를 옆구리에 최대한 가까이 밀착시킨 상태에서 실
시하는 푸시 업 동작이다.

· **운동부위 ㅣ** 가슴, 팔, 어깨

· **운동근육 ㅣ 흉근, 상완 삼두근,** 전면 삼각근

❶ 시선은 엎드린 상태에서의 정면, 즉 바닥을
바라보고 양발과 양손으로 중심을 잘 잡는다.

❷
양손의 너비는 어깨너비보다 좁아야 한다. 팔꿈치
가 몸통에 가까이 밀착된 상태로, 최대한 바깥으
로 벌어지지 않게 팔꿈치를 굽히면서 호흡을 들이
마시고 펴면서 호흡을 내쉰다.

Tip 시험 유의사항 / 감점요인

양손의 너비는 어깨너비보다 좁아야 하며 팔꿈치가 최대한 옆구리 쪽에 밀착되는 상
태에서 동작을 수행할 수 있도록 해야 하며 등과 엉덩이가 일자로 유지되어야 한다.

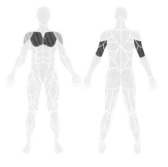

07 클로즈 그립 니 푸시 업
(Closed Grip Knee Push Up) ★★★

· 운동설명 ┃ 여성 응시생은 남성에 비해 상체 근력이 약하기 때문에 시험 볼 때 감독관이 클로즈 그립 푸시업을 하라고 요구하면 이 동작으로 실시하면 된다. 좁은 그립에서 무릎을 바닥에 대고 실시하는 팔굽혀펴기 동작이다. 무릎을 바닥에 대고 엎드린 자세에서 등과 엉덩이가 최대한 평평하게 유지한 상태로 팔꿈치를 옆구리에 최대한 가까이 밀착시킨 상태에서 가슴 안쪽과 팔 뒷부분을 주로 사용해서 실시하는 동작이다.

· 운동부위 ┃ 가슴, 팔, 어깨

· 운동근육 ┃ **흉근, 상완 삼두근**, 전면 삼각근

❶ 시선은 엎드린 상태에서의 정면, 즉 지면을 바라보고 무릎을 바닥에 대고 양손은 좁게 유지하여 중심을 잘 잡는다.

❷ 양손의 너비는 어깨너비보다 좁게 유지한 채로 팔꿈치가 몸통에 최대한 가까이 밀착된 상태로, 즉 팔꿈치가 바깥으로 벌어지지 않게 굽히면서 호흡을 들이마시고 펴면서 호흡을 내쉰다.

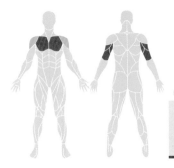

Tip 시험 유의사항 / 감점요인

양손의 너비는 어깨너비보다 좁아야하며 팔꿈치가 최대한 옆구리 쪽에 밀착되는 상태에서 동작을 수행할 수 있도록 해야 하며 등과 엉덩이가 일자로 유지되어야 한다. 참고로 남성은 니 푸시업이 아닌 푸시업을 할 수 있어야 한다.

08 덤벨 풀 오버
(Dumbbell Pull Over) ★★★

Chest

·**운동설명 ㅣ** 무거운 덤벨 한 개를 양손으로 잡고 실시하는 가슴 운동이다. 흉곽의 확장효과가 뛰어나기 때문에 순환기 계통의 문제(폐기종, 천식)를 갖고 있는 환자에게도 권장되는 운동이다.

·**운동부위 ㅣ** 가슴 하부, 흉곽 확장

·**운동근육 ㅣ 흉근**, 전면 삼각근, 상완 이두근, 전거근

❶ 신체 5부위 접촉자세를 유지한 상태에서 팔꿈치를 살짝 구부리고 가슴 위로 덤벨을 들어 올린다.

❷ 가슴이 신장성 수축이 일어날 수 있도록 머리 위쪽 정수리 방향으로 덤벨을 천천히 내리면서 호흡을 들이마셨다가 처음 시작자세로 되돌아오게끔 양팔로 덤벨을 끌어당기면서 호흡을 내쉰다.

Tip 시험 유의사항 / 감점요인

손목, 팔꿈치는 움직이지 않게 고정해야 하며 어깨 관절 하나만을 사용해서 실시해야 하는 단순관절 운동임에도 불구하고 많은 응시생 분들이 팔꿈치 관절을 사용하는 오류를 범하는 경우가 많다. 또한 덤벨을 머리 위로 넘겼을 때 덤벨이 바닥에 닿지 않게 주의해야 한다.

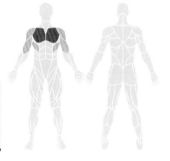

Chapter 01 ㅣ 가슴 **37**

Free Weight
Application

Chapter

02

어깨
Shoulder

09 바벨 밀리터리 프레스
(Barbell Military Press) ★★★

- **운동설명** ┃ 선 자세에서 바벨을 머리 위로 밀어 올리는 어깨 운동으로 군인들이 많이 실시한다고 해서 바벨 밀리터리 프레스라는 명칭이 붙었다.
- **운동부위** ┃ 어깨, 팔
- **운동근육** ┃ **전·측면 삼각근**, 상완 삼두근

❶
바벨을 팔의 상완과 전완이 직각인 상태에서 코 앞으로 위치시켜 준비한다.

❷
양 팔꿈치가 지면을 향하게 하고 머리 위로 밀어 올리면서 호흡을 내쉰다.

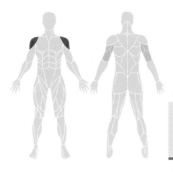

Tip 시험 유의사항 / 감점요인

- 삼각근 운동에서의 프레스 계열의 동작은 모두 전·측면 삼각근이 주동근이다. 어깨와 팔꿈치 관절을 사용하는 다중관절 운동으로 손목이 꺾이지 않게 실시해야 삼각근에 보다 더 강한 자극을 줄 수 있다.
- 다른 명칭으로는 스탠딩 오버헤드 프레스 또는 스탠딩 바벨 숄더 프레스가 있다.

10 덤벨 숄더 프레스
(Dumbbell Shoulder Press) ★★★

·**운동설명** ┃ 서서 양손에 덤벨을 들고 머리 위로 밀어 올리는 동작으로 전측면 삼각근 발달에 효과적
　　　　　　이다.

·**운동부위** ┃ 어깨, 팔

·**운동근육** ┃ **전·측면 삼각근**, 상완 삼두근

❶
상완이 바닥과 평행하도록 양손에 덤벨을
들고 준비한다.

❷
머리 위로 밀어 올리면서 호흡을 내쉰다.

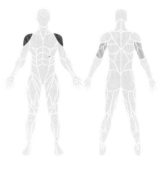

Tip 시험 유의사항 / 감점요인

• 손목이 꺾이지 않게 실시해야 하며, 덤벨을 머리 위로 밀어 올렸을 때 덤벨이 서로 부
　딪치지 않게 주의한다. 덤벨끼리 닿게 되면 주동근의 긴장이 풀리게 되기 때문이다.
• 다른 명칭으로는 스탠딩 덤벨 오버헤드 프레스가 있다.

11 비하인드 넥 프레스
(Behind Neck Press) ★★★

- **운동설명** | 머리 뒤로 바벨을 내렸다가 밀어 올리는 동작으로 등 뒤의 모습을 보다 더 강조할 수 있고 승모근과 일부 후면 삼각근의 개입도 유도할 수 있다.
- **운동부위** | 어깨, 팔, 등 상부
- **운동근육** | 전·측면 삼각근, 승모근, 상완 삼두근, 후면 삼각근

❶ 바벨을 오버핸드 그립으로 어깨너비보다 넓게 잡고 상완이 전완과 수직인 상태로 준비한다.

❷ 머리 위로 밀어 올리면서 호흡을 내쉰다.

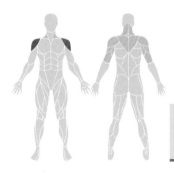

Tip 시험 유의사항 / 감점요인

사람마다 어깨 관절의 유연성에 따라 다를 수 있지만 머리 뒤로 바벨을 내릴 때에는 상완이 바닥과 평행한 지점까지만 내리는 것이 어깨 부상을 방지하는 데 도움이 된다.

12 아놀드 프레스
(Anold Press) ★★★

· **운동설명** ┃ 영화배우이자 보디빌더인 아놀드 슈왈츠제네거가, 효율적인 어깨운동을 위해 개발한 운동 동작이다. 이후 아놀드 프레스라고 불리게 되었다.
· **운동부위** ┃ 어깨, 팔
· **운동근육** ┃ 전·측면 삼각근, 상완 삼두근

❶ 양손에 덤벨을 잡고 손바닥이 자신의 몸을 향한 상태에서 시작한다.

❷ 호흡을 내쉬면서 힘차게 머리 위로 밀어 올림과 동시에 손바닥이 정면을 향하게 틀어준다.

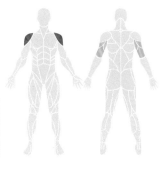

Tip 시험 유의사항 / 감점요인

어깨에서 프레스 계열의 명칭을 갖고 있는 동작은 모두 팔이 앞쪽 사선 방향이 아닌 머리 위 천장 방향으로 밀어 올려질 수 있게 실시해야 한다.

13 바벨 업라이트 로우
(Barbell Upright Row) ★★★

- **운동설명 ❙** 올림픽 바와 EZ-Bar로 실시할 수 있는 어깨와 목 운동이다.
- **운동부위 ❙** 어깨, 목
- **운동근육 ❙** **전면 삼각근, 승모근, 상완 이두근**

❶ EZ-Bar의 가운데 뾰족한 부분이 지면(바닥)을
향하게 바벨을 잡는다.

❷

양쪽 팔꿈치를 측면으로 향하게 한 상태에서
바깥쪽으로 끌어올리면서 호흡을 내쉰다.

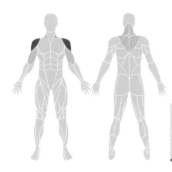

Tip 시험 유의사항 / 감점요인

손으로 바벨을 잡아당겨 올리지 않도록 주의해야 한다. 즉, 팔꿈치를 이용해서 양 옆
으로 끌어올리는 느낌으로 실시하는 것이 좋으며 손목, 팔꿈치, 어깨 순서로 높이를
점차적으로 높여야 한다. 또한 상완(팔꿈치)이 어깨보다 너무 높게 올라가면 어깨와
목 부상의 위험이 있으니 주의한다.

14 덤벨 업라이트 로우
(Dumbbell Upright Row)

· **운동설명** ┃ 양손에 덤벨을 잡고 팔꿈치를 바깥으로 향하게 상완을 들어 올리는 동작으로 어깨와
목의 발달에 효과적이다.
· **운동부위** ┃ 어깨, 목
· **운동근육** ┃ **전면 삼각근**, 승모근, 상완 이두근

❶
덤벨을 잡고 선다.

❷
양쪽 팔꿈치를 옆으로 끌어올리면서
호흡을 내쉰다.

Tip 시험 유의사항 / 감점요인

손목의 높이가 팔꿈치의 높이보다 높게 올라오지 않도록 주의한다.

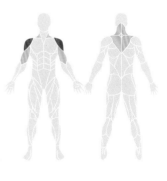

15 덤벨 프론트 레이즈
(Dumbbell Front Raise) ★★★

- **운동설명** | 선 상태에서 팔을 앞으로 들어 올리는 동작으로 앞쪽 어깨와 가슴상부의 발달에 효과적이다.
- **운동부위** | 앞쪽 어깨, 가슴 상부
- **운동근육** | **전면 삼각근, 흉근 상부**

❶ 덤벨을 허벅지 앞에 들고 선다.

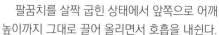

❷ 팔꿈치를 살짝 굽힌 상태에서 앞쪽으로 어깨 높이까지 그대로 끌어 올리면서 호흡을 내쉰다.

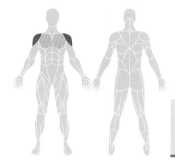

Tip 시험 유의사항 / 감점요인

팔꿈치를 쭉 펴고 동작을 하거나 어깨 높이보다 너무 높이 들어 올리면 목과 어깨에 부상을 입을 수 있으니 주의해야 한다.

16 덤벨 레터럴 레이즈 / 덤벨 사이드 레이즈
(Dumbbell Lateral Raise / Dumbbell Side Raise) ★★★

· **운동설명** ┃ 인체의 중심선에서 가장 멀어질 수 있도록 덤벨을 양 옆으로 끌어 올리는 동작으로 측면 삼각근을 집중적으로 자극해서 어깨를 넓히는데 도움이 되는 단순관절 운동이다.

· **운동부위** ┃ 어깨

· **운동근육** ┃ 측면 삼각근

❶ 선 상태에서 팔꿈치를 살짝 굽히고 덤벨을 뉴트럴 그립으로 허벅지 앞 또는 옆으로 잡고 선다.

❷ 상완을 어깨 높이까지 끌어 올리면서 호흡을 내쉬고 2초간 정지했다가 천천히 내린다.

Tip 시험 유의사항 / 감점요인

손목, 팔꿈치, 어깨 순으로 높이를 유지해야 삼각근 수축이 강하게 일어나며, 팔꿈치를 쭉 펴거나 어깨 높이 이상으로 들어 올리게 되면 목과 어깨에 부상을 입을 수 있으니 주의해야 한다. 많은 분들이 레이즈 계열의 운동에서 호흡법을 혼란스러워 하는데 보디빌딩에서의 호흡은 수축할 때 내쉬는 것을 기본으로 하기 때문에 덤벨을 끌어올렸을 때 내쉬는 호흡을 추천하지만 반대로 해도 시험의 등락에는 상관이 없다. 중요한 것은 항상 강조했듯이 호흡을 참지 않고 지속적으로 하는 것이다.

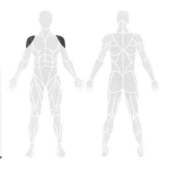

17 바벨 프론트 레이즈
(Barbell Front Raise) ★★★

· **운동설명** ❘ 바벨을 어깨너비 정도로 잡고 무릎을 살짝 굽히고 선 상태에서 팔을 앞으로 끌어 올리는 동작으로 앞쪽 어깨와 가슴 상부의 발달에 효과적이다.

· **운동부위** ❘ 앞쪽 어깨, 가슴 상부

· **운동근육** ❘ **전면 삼각근**, 흉근 상부

❶ 바벨을 허벅지 앞에 어깨너비 정도로 잡고 선다.

❷ 팔꿈치를 살짝 굽힌 상태에서 바벨을 앞쪽으로 어깨 높이까지 그대로 끌어 올리면서 호흡을 내쉰다.

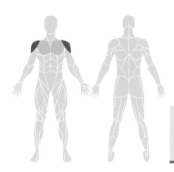

Tip 시험 유의사항 / 감점요인

보다 능숙해 보이도록 상체를 아주 살짝 앞으로 기울여주고 무릎과 팔꿈치를 가볍게 굽힌 상태로 실시한다. 바벨이 어깨 높이보다 높게 올라가지 않도록 주의한다.

18 벤트오버 레터럴 레이즈
(Bentover Lateral Raise) ★★★

· **운동설명** ┃ 허리를 숙여 상체가 바닥과 수평이 되게 유지한 상태에서 양옆으로 덤벨을 끌어 올리는 동작으로 후면 삼각근의 강화와 어깨 충돌증후군을 예방하는 데 효과적이다.

· **운동부위** ┃ 어깨, 허리

· **운동근육** ┃ **후면 삼각근**, 척추기립근

❶ 상체를 앞으로 숙여 바닥과 수평이 되게끔 유지
한 상태에서 팔꿈치를 살짝 굽혀 뉴트럴 그립으
로 양손에 덤벨을 잡고 준비한다.

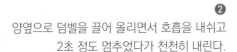

❷
양옆으로 덤벨을 끌어 올리면서 호흡을 내쉬고
2초 정도 멈추었다가 천천히 내린다.

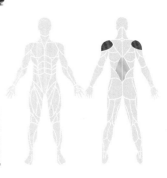

Tip 시험 유의사항 / 감점요인

견관절 하나만을 사용해서 동작을 실시해야 하며 상체가 최대한 흔들리지 않게 주
의한다.

19 덤벨 익스터널 로테이션
(Dumbbell External Rotation)

· **운동설명 |** 벤치 프레스, 숄더 프레스와 같은 동작을 부상 없이 원활하게 수행하기 위해서는 회전근개에 대한 트레이닝이 필수적이며 이 동작은 덤벨, 밴드, 맨손으로도 실시할 수 있다.

· **운동부위 |** 회전근개

· **운동근육 |** 극상근, 극하근, 소원근, 견갑하근

[case 1]

❶ 선 상태에서 상완을 들어 올려 바닥과 수평이 되게 유지한 채로 준비한다.

❷ 호흡을 내쉬면서 전완을 몸의 뒤쪽 방향으로 회전시켜 당긴다.

[case 2]

❶ 손끝이 전면을 향하게 언더그립으로 덤벨을 잡은 후 팔꿈치가 몸통에 가까이 밀착된 상태로 전완이 지면과 수평이 되게 준비한다.

❷ 호흡을 내쉬면서 덤벨을 잡은 손이 몸 바깥쪽으로 향하도록 이동시킨다.

Tip 시험 유의사항 / 감점요인

손목과 상완은 최대한 움직임이 없게 고정한 상태에서 팔꿈치 관절을 사용하여 전완 부위만 움직일 수 있게 실시한다.

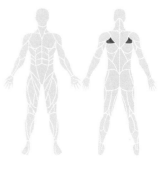

20 덤벨 인터널 로테이션
(Dumbbell Internal Rotation)

Free Weight **Application**

· **운동설명** ㅣ 벤치 프레스, 숄더 프레스와 같은 동작을 부상 없이 원활하게 수행하기 위해서는 회전근개에 대한 트레이닝이 필수적이며 이 동작은 덤벨, 밴드, 맨손으로도 실시할 수 있다.

· **운동부위** ㅣ **회전근개**

· **운동근육** ㅣ 극상근, 극하근, 소원근, 견갑하근

[case 1]

❶ 선 상태에서 상완을 전완과 수직으로 들어올린 상태(숄더 프레스 자세)로 준비한다.

❷ 호흡을 내쉬면서 전완을 앞쪽 정면 방향으로 회전시켜 당긴다.

[case 2]

❶ 손끝이 측면을 향하게 언더그립으로 덤벨을 잡은 후 팔꿈치가 몸통에 가까이 밀착된 상태로 전완이 지면과 수평이 되게 준비한다.

❷ 호흡을 내쉬면서 덤벨을 잡은 손이 몸 안쪽으로 향하도록 이동시킨다.

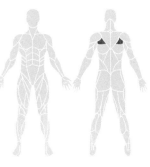

Tip 시험 유의사항 / 감점요인

손목과 상완은 최대한 움직이지 않고 고정한 상태에서 팔꿈치 관절을 사용하여 전완 부위만 움직일 수 있게 실시한다.

Free Weight
Application

03

팔
Arm

21 바벨 컬 / 이지바 암 컬 / 바이셉스 바벨컬

Free Weight Application

(Barbell Curl / EZ-Bar Arm Curl / Biceps Barbell Curl) ★ ★ ★

· **운동설명** Ⅰ 팔을 강화하는 대표적인 운동이다.
· **운동부위** Ⅰ 팔
· **운동근육** Ⅰ 상완 이두근

❶ 언더핸드 그립으로 어깨너비만큼
바벨을 잡고 선다.

❷ 바벨을 어깨 방향으로 들어 올리면서
호흡을 내쉰다.

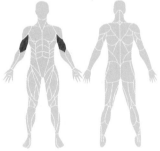

Tip 시험 유의사항 / 감점요인

손목과 팔꿈치를 고정한 상태로 상완이 앞뒤로 움직이지 않게 주의해서 실시한다.

22 투 암 덤벨 컬 / 바이셉스 덤벨 컬 (Two Arm Dumbbell Curl / Biceps Dumbbell Curl) ★★★

· **운동설명** | 덤벨을 이용하여 상완 이두근을 강화하는 동작으로 한 손으로 실시하면 원암 덤벨 컬이라고 칭한다.

· **운동부위** | 팔

· **운동근육** | 상완 이두근

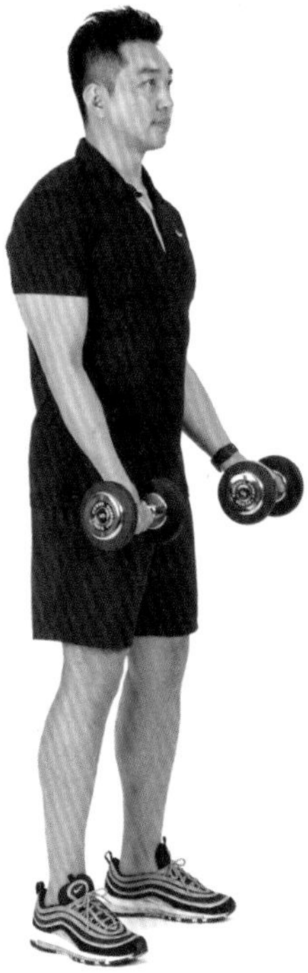

❶ 양손에 언더 그립으로 덤벨을 잡고 선다.

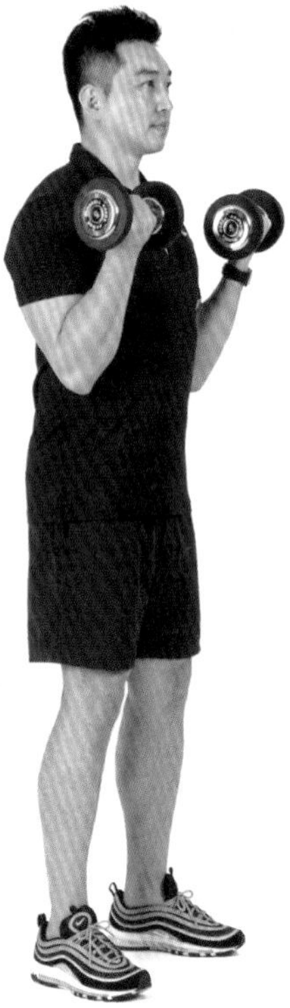

❷ 양손의 덤벨을 어깨 방향으로 끌어당기면서 호흡을 내쉰다.

Tip 시험 유의사항 / 감점요인

손목과 팔꿈치를 고정한 상태로 상완이 앞뒤로 움직이지 않게 주의해서 실시한다.

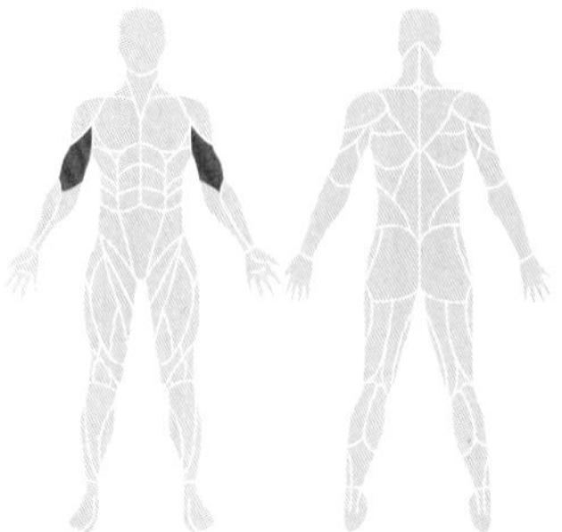

23 얼터네이트 덤벨 컬
(Barbell Front Raise) ★★★

- **운동설명** ㅣ 한 팔씩 번갈아가면서 실시하는 덤벨 컬 동작으로 실시하지 않는 팔을 쉬게 하여 더 많은 반복을 유도할 수 있다.
- **운동부위** ㅣ 팔
- **운동근육** ㅣ 상완 이두근

❶ 양손에 언더 그립으로 덤벨을 잡고 선다.

❷ 한쪽 팔은 그대로 있고 반대쪽 팔의 덤벨을 어깨 방향으로 끌어당기면서 호흡을 내쉰다.

❸ 1번의 시작자세로 돌아온다.

❹ 반대쪽 팔로 동일하게 동작을 반복한다.

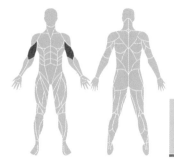

Tip 시험 유의사항 / 감점요인

손목과 상완을 움직이지 않게 고정하고 팔꿈치를 사용해서 전완 부위만 움직인다.

24 수피네이션 컬
(Supination Curl) ★★

·**운동설명 |** 양손에 덤벨을 패러럴 그립으로 잡고 손목을 바깥으로 틀어주면서 컬 동작을 하는 방
법으로 상완 이두근을 두 번 수축하는 효과를 만들 수 있는 동작이다.
·**운동부위 |** 팔
·**운동근육 |** 상완 이두근

❶ 패러럴 그립으로 양손에
덤벨을 들고 선다.

❷ 한쪽 팔은 그대로 있고 반대쪽 팔을
바깥으로 비틀어 당기면서 호흡을
내쉰다.

❸ 1번의 시작자세로
돌아온다.

❹ 반대쪽 팔로 동일하게
동작을 반복한다.

Tip 시험 유의사항 / 감점요인

상완을 움직이지 않게 고정하고 팔꿈치를 사용해서 전완 부위만 움직인다.

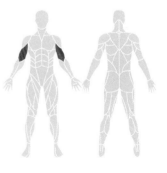

25 원 암 덤벨 컨센트레이션 컬

(One Arm Dumbbell Concentration Curl) ★★★

· **운동설명** ┃ 앉아서 자신의 대퇴부에 상완을 움직이지 않게 고정하여 실시하는 집중 컬 동작으로
상완 이두근의 높이를 만드는 데 도움이 되는 동작이다.

· **운동부위** ┃ 팔

· **운동근육** ┃ 상완 이두근

한쪽 무릎을 지면에 대고 앉은 자세로 상완을
허벅지 안쪽에 움직이지 않게 고정한다.

손목은 고정한 채로 팔꿈치 관절만을 사용해서
호흡을 내쉬면서 덤벨을 당겨 올린다.

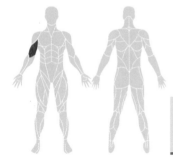

Tip 시험 유의사항 / 감점요인

팔 운동의 핵심은 상완이 움직이지 않게 고정되어 있는 상태에서 실시해야 한다는
사실을 기억해야 한다.

26 인클라인 덤벨 컬
(Incline Dumbbell Curl)

Arm

· **운동설명** ❘ 인클라인 벤치에 앉은 상태에서 실시하는 동작으로 벤치의 기울기로 인해 상완 이두
근에 신선한 자극이 전달된다.

· **운동부위** ❘ 팔

· **운동근육** ❘ 상완 이두근

❶ 손바닥이 천장을 향하게 양손에 덤벨을
잡고 인클라인 벤치에 앉는다.

❷ 어깨 방향으로 덤벨을 당겨 올리면서
호흡을 내쉰다.

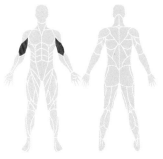

Tip 시험 유의사항 / 감점요인

상완이 최대한 움직이지 않게 주의하고 덤벨을 천천히 내리면서 신장성 수축을
느낄 수 있도록 동작을 실시한다.

27

스탠딩 바벨 트라이셉스 익스텐션
(Standing Barbell Triceps Extension) ★★★

· **운동설명 |** 선 상태에서 EZ-Bar의 가운데 뾰족하게 구부려진 부분이 지면을 향한 상태에서 양
손의 간격을 어깨너비보다 좁게 오버핸드 그립 또는 섬레스 그립으로 잡고 상완 삼두
근의 힘으로 머리 위로 들어 올리는 동작이다.

· **운동부위 |** 팔
· **운동근육 |** 상완 삼두근

❶
바벨을 어깨너비보다 좁은 간격의 섬레
스 그립으로 잡고 팔꿈치가 천장을 향하
게 유지한 상태로 준비한다.

❷
바벨을 머리 위로 밀어 올리며
호흡을 내쉰다.

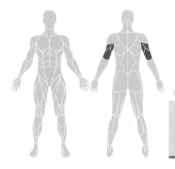

Tip 시험 유의사항 / 감점요인

팔꿈치가 천장을 향하도록 상완이 지면과 수직인 상태를 유지하며 동작을 실시한다.

28 투암 덤벨 트라이셉스 익스텐션
(Two arm Dumbbell Triceps Extension) ★★★

Arm

· **운동설명** ┃ 선 상태로 양손에 덤벨을 잡고 팔꿈치를 쭉 펴면서 머리 위로 들어 올리는 동작이다.
· **운동부위** ┃ 팔
· **운동근육** ┃ 상완 삼두근

❶ 양손에 덤벨을 잡고 선 후 양팔의 팔꿈치를 굽히면서 호흡을 들이마신다.

❷ 양팔의 팔꿈치를 쭉 펴면서 덤벨을 머리 위로 들어 올리면서 호흡을 내쉰다.

Tip 시험 유의사항 / 감점요인

감독관이 투암 덤벨 트라이셉스 익스텐션(Two arm Dumbbell Triceps Extension)을 해보라고 하면 반드시 두 팔로 실시해야 한다.

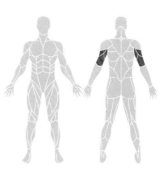

29 원 암 덤벨 오버헤드 트라이셉스 익스텐션

Free Weight Application

(One Arm Dumbbell Overhead Triceps Extension) ★★★

· **운동설명** ┃ 선 상태로 한 손에 덤벨을 잡고 팔꿈치를 쭉 펴면서 머리 위로 들어 올리는 동작이다.
· **운동부위** ┃ 팔
· **운동근육** ┃ 상완 삼두근

❶ 한 손에 덤벨을 잡고 서서 팔꿈치를 굽히면서 호흡을 들이마신다.

❷ 팔꿈치를 쭉 펴면서 머리 위로 덤벨을 들어 올리면서 호흡을 내쉰다.

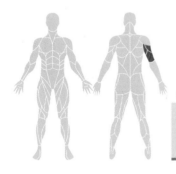

Tip 시험 유의사항 / 감점요인

원 암과 투 암에 대한 구분을 할 수 있어야 한다. 원 암은 한 팔을 의미하고, 투 암은 양쪽 팔로 실시하는 것을 의미한다. 만약 감독관의 특별한 지시가 없었다면 본인이 더 정확하게 실시할 수 있는 동작을 선택해서 실시하는 것이 좋다.

30 라잉 바벨 트라이셉스 익스텐션 / 라잉 프렌치 프레스 / 스컬 크러셔
(Lying Barbell Triceps Extension / Lying French Press / Skull Crushers) ★★★

· **운동설명** ┃ 벤치 또는 바닥에 누워서 실시하는 상완 삼두근의 운동이다.
· **운동부위** ┃ 팔
· **운동근육** ┃ 상완 삼두근

❶ 오버핸드 그립이나 섬레스 그립으로
바벨을 잡고 바닥에 누워 준비한다.

❷ 바벨을 서서히 이마 쪽으로 가져
오면서 호흡을 들이마신다.

❸ 상완은 고정한 상태로 호흡을 내쉬며 바
벨을 밀어 올려서 가슴 위에 위치시킨다.

Tip 시험 유의사항 / 감점요인

어떤 동작의 영문 이름 앞부분에 라잉(Lying)이 붙으면 누워서 실시해야 한다.

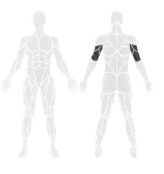

31 투 암 덤벨 킥 백
(Two Arm Dumbbell Kick Back) ★★★

Free Weight Application

· **운동설명** ┃ 양쪽 팔의 상완이 지면과 평행하게 고정한 상태에서 팔꿈치를 이용해 뒤로 차올리는
동작이기 때문에 감독관에게 측면으로 보여주면서 실시하는 것이 좋다.
· **운동부위** ┃ 팔
· **운동근육** ┃ 상완 삼두근

손바닥이 자신의 몸 쪽을 향하게 패러럴 그립으로 덤벨을 잡고
양쪽 팔의 상완이 지면과 평행하게 만든 후 감독관에게
측면으로 보여줄 수 있게 자세를 취한다.

❶ 벤트오버 자세를 취하여 상체가 지면과 평행한
상태를 만들고 양쪽 팔의 상완과 전완의 각이
직각인 자세로 준비한다.

❷ 양쪽 팔의 상완을 고정한 상태로 유지하면서
팔꿈치를 이용해 전완을 뒤로 차올리면서 호
흡을 내쉰다.

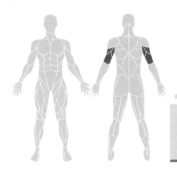

Tip 시험 유의사항 / 감점요인

• 양팔로 실시하면 투 암 킥 백이 된다. 만약 감독관으로부터 따로 투 암(Two arm),
원 암(One arm)에 대한 요구가 없다면 둘 중 아무거나 실시해도 괜찮다.
• 팔꿈치 관절만 사용하고 손목 관절은 사용하지 않아야 한다.

32 원 암 덤벨 킥 백
(One Arm Dumbbell Kick Back) ★★★

Arm

- **운동설명 Ⅰ** 한쪽 팔의 상완이 지면과 평행하게 고정한 상태에서 팔꿈치를 이용해 뒤로 차올리는 동작이기 때문에 감독관에게 측면으로 보여주면서 실시하는 것이 좋다.
- **운동부위 Ⅰ** 팔
- **운동근육 Ⅰ** 상완 삼두근

한쪽 손바닥이 자신의 몸 쪽을 향하게 패러럴 그립으로 덤벨을 잡고
한쪽 팔의 상완이 지면과 평행하게 만든 후 감독관에게
측면으로 보여줄 수 있게 자세를 취한다.

❶ 벤트오버 자세를 취하여 상체가 지면과 평행한 상태를 만들고 한쪽 팔의 상완과 전완의 각이 직각인 자세로 준비한다.

❷ 한쪽 팔의 상완을 고정한 상태로 유지하면서 팔꿈치를 이용해 전완을 뒤로 차올리면서 호흡을 내쉰다.

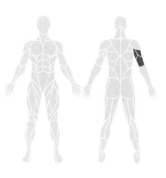

Tip 시험 유의사항 / 감점요인

- 한쪽 팔로 실시하면 원 암 킥 백이 된다. 만약 감독관으로부터 따로 투 암(Two arm), 원 암(One arm)에 대한 요구가 없다면 둘 중 아무거나 실시해도 괜찮다.
- 팔꿈치 관절만 사용하고 손목은 고정되어 있어야 한다.

33 벤치 딥스
(Bench Dips) ★★★

·**운동설명** ┃ 벤치 또는 바닥에서 언제든지 할 수 있는 상완 삼두근을 강화하기 위한 맨몸운동으로
팔꿈치를 사용해서 팔을 굽혔다가 펴는 동작이다. 시험장의 경우는 대부분 바닥에서
실시하게 된다.

·**운동부위** ┃ 팔

·**운동근육** ┃ 상완 삼두근

〈벤치에서 실시〉

❶
양팔의 팔꿈치가 뒤쪽을 향하도록 하고
양손으로 벤치를 잡고 준비한다.

❷
상체가 수직인 상태를 유지한 채로 팔꿈치
를 굽히면서 지면 방향으로 내려갔다가(들숨)
팔꿈치를 펴면서 원위치로 되돌아온다(날숨).

〈바닥에서 실시〉

❶ 양팔의 팔꿈치가 뒤쪽을 향하도록 하고 양손으로 지면을 지지하고 준비한다.

❷ 최대한 상체가 수직인 상태를 유지한 채로 팔꿈치를 굽히면서 지면 방향으로 내려갔다 가(들숨) 팔꿈치를 펴면서 원위치로 되돌아 온다(날숨).

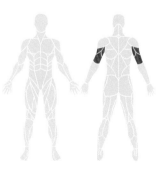

Tip 시험 유의사항 / 감점요인

시험장에 벤치가 준비되어 있다면 벤치에서 실시하고, 만약 없다면 매트 위에서 실시하면 된다. 팔꿈치가 바깥으로 벌어지지 않게 뒤쪽을 향하게 해서 상완 삼두 근이 더 강하게 수축될 수 있게 한다.

34 시티드 바벨 트라이셉스 익스텐션
(Seated Barbell Triceps Extension) ★★★

Free Weight Application

· **운동설명** Ⅰ 허리를 곧게 펴고 벤치 또는 의자에 앉은 상태에서 어깨너비보다 좁게 바벨을 잡고 팔꿈치를 이용해서 머리 위로 밀어 올리는 동작이다.
· **운동부위** Ⅰ 팔
· **운동근육** Ⅰ 상완 삼두근

〈벤치에서 실시〉

❶
오버핸드 그립 또는 섬레스 그립으로 바벨을 어깨너비보다 좁게 잡고 벤치에 앉은 후 양팔의 팔꿈치를 굽히고 머리 뒤로 바벨을 내리면서 호흡을 들이마신다.

❷
양팔의 팔꿈치를 쭉 펴면서 머리 위로 바벨을 밀어 올리면서 호흡을 내쉰다.

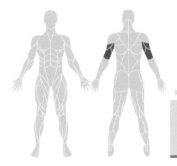

Tip 시험 유의사항 / 감점요인

동작을 실시하는 동안 팔꿈치가 천장을 향하도록 바벨을 잡은 상완이 지면과 수직인 상태를 유지해야 하며, 시험장에 벤치 또는 의자가 없다면 무릎을 꿇고 동작을 실시하는 것을 추천한다.

〈의자에서 실시〉

❶
오버핸드 그립 또는 섬레스 그립으로 바벨을 어깨너비보다 좁게 잡고 의자에 앉은 후 양팔의 팔꿈치를 굽히고 머리 뒤로 바벨을 내리면서 호흡을 들이마신다.

❷
양팔의 팔꿈치를 쭉 펴면서 머리 위로 바벨을 밀어 올리면서 호흡을 내쉰다.

〈매트에서 실시〉

❶
오버핸드 그립 또는 섬레스 그립으로 바벨을 어깨너비보다 좁게 잡고 매트에 앉은 후 양팔의 팔꿈치를 굽히고 머리 뒤로 바벨을 내리면서 호흡을 들이마신다.

❷
양팔의 팔꿈치를 쭉 펴면서 머리 위로 바벨을 밀어 올리면서 호흡을 내쉰다.

35 리버스 그립 바벨 컬
(Reverse Grip Barbell Curl) ★★★

· **운동설명** ❘ 손등이 천장을 향하게 오버핸드 그립 또는 섬레스 그립으로 손목에 부담이 되지 않게 바벨을 잡은 상태에서 바벨 컬을 실시한다고 생각하면 쉽다.

· **운동부위** ❘ 팔

· **운동근육** ❘ **상완근**, 상완 이두근, 전완근

❶ 오버핸드 그립 또는 섬레스 그립으로 바벨을 잡고 선다.

❷ 바벨을 어깨 방향으로 잡아당기면서 호흡을 내쉰다.

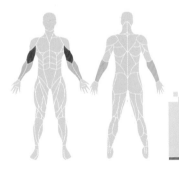

Tip 시험 유의사항 / 감점요인

손목과 상완이 움직이지 않게 고정된 상태에서 팔꿈치만 사용해서 동작을 실시한다.

36 리버스 덤벨 컬
(Reverse Dumbbell Curl)

Arm

· **운동설명 ┃** 손등이 천장을 향하게 오버핸드 그립 또는 섬레스 그립으로 손목에 부담이 되지 않게
덤벨을 잡은 상태에서 덤벨 컬을 실시한다고 생각하면 쉽다.
· **운동부위 ┃** 팔
· **운동근육 ┃** 상완근, 상완 이두근, 전완근

❶
오버핸드 그립 또는 섬레스 그립으로
덤벨을 잡고 선다.

❷
덤벨을 어깨 방향으로 잡아당기면서
호흡을 내쉰다.

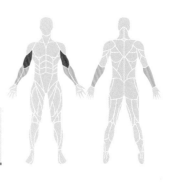

Tip 시험 유의사항 / 감점요인

손목과 상완이 움직이지 않게 고정된 상태에서 팔꿈치만 사용해서 동작을 실시한다.

37 투 암 해머 컬
(Two Arm Hammer Curl) ★★★

· **운동설명** ┃ 망치질하듯이 실시하는 동작으로 팔 근육을 강화하는 대표적인 운동이다.
· **운동부위** ┃ 팔
· **운동근육** ┃ 상완근, 상완 이두근, 전완근

❶ 손바닥이 서로 마주보게 뉴트럴(패러럴, 평행)
그립으로 양손에 덤벨을 잡고 선다.

❷ 손목과 상완을 움직이지 않게 잘 고정한
상태에서 팔꿈치를 이용해 어깨 방향으로
덤벨을 잡아당기면서 호흡을내쉰다.

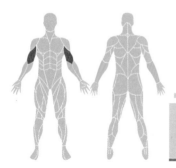

Tip 시험 유의사항 / 감점요인

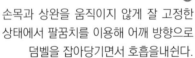

손목과 상완이 움직이지 않게 잘 고정시키고 팔꿈치를 사용해서 동작을 실시한다.

38 얼터네이트 해머 컬
(Alternate Hammer Curl)

· **운동설명 |** 양 팔을 번갈아가며 망치질하듯이 실시하는 동작으로 팔을 굵게 만들 수 있는 대표적인 운동이다.

· **운동부위 |** 팔

· **운동근육 |** 상완근, 상완 이두근, 전완근

❶ 손바닥이 서로 마주보게 양손을 뉴트럴 그립으로 한 상태에서 덤벨을 잡고 선다.

❷ 한쪽 팔은 그대로 있고, 반대쪽 팔의 손목과 상완을 움직이지 않게 잘 고정한 상태에서 덤벨을 어깨 방향으로 끌어당기면서 호흡을 내쉰다.

❸ 1번의 시작자세로 돌아온다.

❹ 반대쪽 팔로 동일하게 동작을 반복한다.

Tip 시험 유의사항 / 감점요인

손목과 상완을 움직이지 않게 고정하고 팔꿈치를 사용하여 전완 부위만 움직인다.

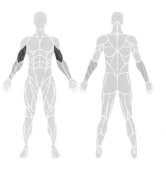

39 투 암 덤벨 뤼스트 컬
(Two Arm Dumbbell Wrist Curl) ★★★

· **운동설명** ❙ 덤벨을 이용해서 양쪽 팔의 전완근을 운동하는 동작이다.
· **운동부위** ❙ 팔
· **운동근육** ❙ 전완근

❶ 벤치를 이용하거나 벤치가 없다면 자신의 허벅지에 덤벨을 잡은 손목을 올려놓고 실시할 수 있게 한다.

❷ 덤벨을 잡은 양쪽 손목을 자신의 몸쪽으로 굽히면서 호흡을 내쉰다.

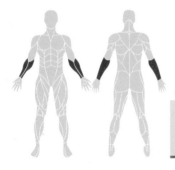

Tip 시험 유의사항 / 감점요인

손목관절을 축으로 전완이 움직이지 않게 잘 고정하고 동작을 천천히 실시한다.

40 원 암 덤벨 뤼스트 컬
(One Arm Dumbbell Wrist Curl) ★★★

· **운동설명** ┃ 한 손에 덤벨을 잡고 벤치 또는 대퇴부 위에 손목관절을 기대서 전완근을 움직이지 않게 고정한 채 손목으로 덤벨을 말아 올리는 동작이다.

· **운동부위** ┃ 아래 팔

· **운동근육** ┃ 전완근

 ❶ 언더핸드 그립으로 한 손으로 덤벨을 잡고 손목부위를 벤치 또는 자신의 대퇴부 위에 올려서 전완근이 움직이지 않게 잘 고정한 상태로 준비한다.

❷ 호흡을 내쉬면서 손목을 말아 올리고 호흡을 들이마시면서 손목을 천천히 내린다.

Tip 시험 유의사항 / 감점요인

손목에 가까운 쪽을 축으로 만들어서 손목의 방향이 틀어지지 않도록 주의하며 굴곡 2초와 신전 4초의 느낌으로 동작을 명확히 보여줄 수 있도록 실시한다.

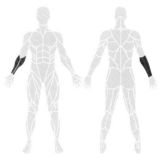

41 바벨 뤼스트 컬
(Barbell Wrist Curl) ★★★

· **운동설명** ┃ 바벨을 이용해서 전완근을 운동하는 동작이다.
· **운동부위** ┃ 아래 팔
· **운동근육** ┃ 전완근

❶ 벤치를 이용하거나 벤치가 없다면 자신의 허벅지에 바벨을 잡은 손목을 올려놓고 실시하도록 한다.

❷ 바벨을 잡은 손목을 자신의 몸 쪽으로 굽히면서 호흡을 내쉰다.

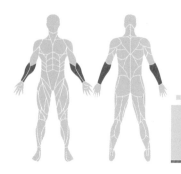

Tip 시험 유의사항 / 감점요인

손목관절을 축으로 전완이 움직이지 않게 잘 고정하고 동작을 천천히 실시한다.

42 바벨 리버스 뤼스트 컬

(Barbell Reverse Wrist Curl) ★★★

· **운동설명** ┃ 손등이 천장을 향하게 오버핸드 그립 또는 섬레스 그립으로 바벨을 잡고 전완근을 운동하는 동작이다.

· **운동부위** ┃ 아래 팔

· **운동근육** ┃ 전완근

❶
손등이 천장을 향하게 오버핸드 그립이나 섬레스 그립으로 바벨을 잡고 손목을 자신의 허벅지에 움직이지 않게 고정한다.

❷
손목을 최대한 자신의 몸 쪽으로 감아올리면서 호흡을 내쉰다.

Tip 시험 유의사항 / 감점요인

손목관절을 축으로 전완이 움직이지 않게 잘 고정하고 동작을 천천히 실시한다.

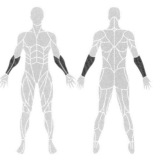

43

투 암 덤벨 리버스 뤼스트 컬

Free Weight Application

(Two Arm Dumbbell Reverse Wrist Curl) ★★★

· **운동설명 |** 오버핸드 그립 또는 섬레스 그립으로 양손의 손등이 천장을 향하게 덤벨을 잡고 전완
근을 운동하는 동작이다.
· **운동부위 |** 아래 팔
· **운동근육 |** 전완근

❶ 양손의 손등이 천장을 향하게 오버핸드 그립이
나 섬레스 그립으로 덤벨을 잡고 손목관절을
축으로 전완이 움직이지 않게 잘 고정한다.

❷ 양손의 손목을 최대한 자신의 몸 쪽으로
감아올리면서 호흡을 내쉰다.

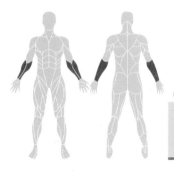

Tip 시험 유의사항 / 감점요인

손목관절을 축으로 전완이 움직이지 않게 잘 고정하고 동작을 천천히 실시한다.

44 원 암 덤벨 리버스 뤼스트 컬
(One Arm Dumbbell Reverse Wrist Curl)

Arm

· **운동설명** ┃ 오버핸드 그립 또는 섬레스 그립으로 한 손의 손등이 천장을 향하게 덤벨을 잡고 전
완근을 운동하는 동작이다.

· **운동부위** ┃ 아래 팔

· **운동근육** ┃ 전완근

❶
한 손의 손등이 천장을 향하게 오버핸드 그립
이나 섬레스 그립으로 덤벨을 잡고 손목관절을
축으로 전완이 움직이지 않게 잘 고정한다.

한 손의 손목을 최대한 자신의 몸 쪽으로 ❷
감아올리면서 호흡을 내쉰다.

Tip 시험 유의사항 / 감점요인

손목관절을 축으로 전완이 움직이지 않게 잘 고정하고 동작을 천천히 실시한다.

45 뉴트럴(패러럴) 그립 투 암 덤벨 뤼스트 컬
[Neutral(Parallel) Grip Two Arm Dumbbell Wrist Curl]

· **운동설명** ┃ 양 손바닥이 마주보게 뉴트럴(패러럴) 그립으로 덤벨을 잡고 손목관절을 이용해서 전완근을 운동하는 동작이다.

· **운동부위** ┃ 아래 팔

· **운동근육** ┃ 전완근

❶
양 손바닥이 마주보게 뉴트럴(패러럴) 그립으로 덤벨을 잡고 손목관절을 축으로 전완이 움직이지 않게 잘 고정한다.

양 손목을 최대한 자신의 몸 쪽으로 감아올리면서 호흡을 내쉰다. ❷

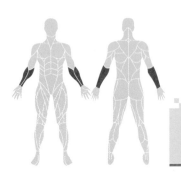

Tip 시험 유의사항 / 감점요인

손목관절을 축으로 전완이 움직이지 않게 잘 고정하고 동작을 천천히 실시한다.

46 뉴트럴(패러럴) 그립 원 암 덤벨 뤼스트 컬

[Neutral(Parallel) Grip One Arm Dumbbell Wrist Curl]

· **운동설명** ┃ 뉴트럴(패러럴) 그립으로 한 손에 덤벨을 잡고 손목관절을 이용해서 전완근을 운동하
는 동작이다.
· **운동부위** ┃ 아래 팔
· **운동근육** ┃ 전완근

❶ 뉴트럴(패러럴) 그립으로 한 손에 덤벨을 잡고 손
목관절을 축으로 전완이 움직이지 않게 잘 고정
한다.

❷ 손목을 최대한 자신의 몸 쪽으로
감아올리면서 호흡을 내쉰다.

Tip **시험 유의사항 / 감점요인**

손목관절을 축으로 전완이 움직이지 않게 잘 고정하고 동작을 천천히 실시한다.

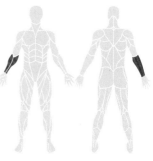

➕ 지식 더하기

팔(상완 이두근, 상완 삼두근, 상완근)에 대한 모든 운동은 무게를 낮춰서라도 반드시 손목과 상완, 어깨의 움직임이 없게끔 단단하게 고정한 채로 전완 부위만을 움직여서 실시해야 하는 단순관절 운동이다.

상완근은 상완 이두근과 상완 삼두근의 가운데 위치한 근육으로 팔의 두께를 보다 더 두껍게 보이게 만들 수 있다. 상완 이두근은 근두가 두 개인 근육으로 팔을 굴곡시킴으로써 수축되는 근육(굴근)이고 상완 삼두근은 근두가 세 개인 근육으로 팔을 폄으로써 수축되는 근육(신근)이다.

평상시에 팔을 두껍게 보이게 만들고 싶다면 상완근과 상완 삼두근 그리고 상완 이두근의 순서로 운동을 진행하는 것이 좋다.

실기 시험을 볼 때는 응시한 많은 인원이 짧은 시간 안에 모두 시험을 치러야 하기 때문에 보통 서서 실시할 수 있는 프리 웨이트 동작을 주로 출제하는 경향이 있다.

바벨 컬은 ST-Bar와 EZ-Bar 모두 사용해도 되지만 정확한 자세로 실시할 수 있는 EZ-Bar를 사용하는 것을 권한다.

Free Weight
Application

Chapter

04

등
Back

47 바벨 슈러그
(Barbell Shrug) ★★★

· **운동설명** ❘ 선 상태에서 바벨을 잡고 어깨를 귀까지 으쓱하고 끌어 올리는 동작으로 승모근을 발달시키는 동작이다.

· **운동부위** ❘ 목

· **운동근육** ❘ 승모근

❶ 바벨을 오버핸드 그립으로 잡고 준비 자세를 취한다.

❷ 어깨를 귀에 최대한 가깝게 끌어 올리면서 호흡을 내쉰다.

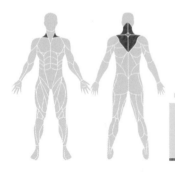

Tip 시험 유의사항 / 감점요인

손이나 팔꿈치의 움직임이 없이 어깨관절을 거상(어깨를 으쓱하고 최대한 귀에 가깝게 끌어올리기)해야 한다.

48 덤벨 슈러그
(Dumbbell Shrug) ★★★

·**운동설명** ┃ 선 상태에서 덤벨을 잡고 어깨를 으쓱하고 귀까지 끌어 올리는 동작으로 승모근을 발달시키는 동작이다.

·**운동부위** ┃ 목

·**운동근육** ┃ 승모근

❶ 양손에 덤벨을 뉴트럴 그립으로 잡고 준비 자세를 취한다.

❷ 어깨를 귀에 최대한 가깝게 끌어 올리면서 호흡을 내쉰다.

Tip 시험 유의사항 / 감점요인

손이나 팔꿈치의 움직임이 없이 어깨관절을 거상(어깨를 으쓱하고 최대한 귀에 가깝게 끌어올리기)해야 한다.

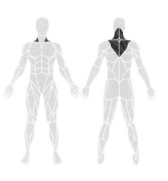

49 벤트오버 바벨 로우 / 벤트오버 바벨 로윙

(Bent-Over Barbell Row / Bent-Over Barbell Rowing) ★★★

· **운동설명 ┃** 벤트오버 자세는 무릎과 고관절을 굽힌 상태에서 상체가 앞으로 숙여진 일명 '하체굽신 자세'를 말하며 바벨을 자신의 배꼽 방향 또는 윗배(흉골) 방향으로 잡아당기는 광배근 운동이다.

· **운동부위 ┃** 등

· **운동근육 ┃** **광배근**, 능형근, 상완 이두근, 척추기립근

❶ 안정적인 기저면을 확보한 하체굽신 자세와 오버핸드 그립으로 바벨을 잡고 준비한다.

❷ 자신의 배꼽 방향으로 바벨을 당기면서 호흡을 내쉰다.

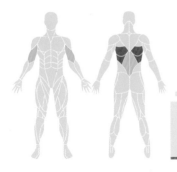

Tip 시험 유의사항 / 감점요인

바벨 로우의 벤트오버 자세는 몸통이 지면과 수평을 이루는 것이 정석이지만 45도 정도의 각도를 유지해도 괜찮다. 하지만 최대한 몸통이 흔들리지 않게 실시해야 한다.

50 언더 그립 바벨 로우
(Under Grip Barbell Row) ★★★

Back

· **운동설명 ┃** '하체굽신' 자세 중, 바벨을 어깨너비 정도의 언더핸드 그립으로 잡은 상태에서 자신의 배꼽 방향 또는 윗배(흉골) 방향으로 잡아당기는 광배근 운동이다.

· **운동부위 ┃** 등

· **운동근육 ┃** **광배근**, 능형근, 상완 이두근, 척추기립근

❶ 안정적인 기저면을 확보한 하체굽신 자세와 언더핸드 그립으로 바벨을 잡고 준비한다.

❷ 자신의 배꼽 방향으로 바벨을 당기면서 호흡을 내쉰다.

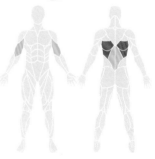

Tip 시험 유의사항 / 감점요인

동작 시 바벨 무게에 몸이 휘청이지 않도록 주의하며 실시하고, 바벨이 어느 한쪽으로 기울어지지 않도록 손(그립)의 간격을 유념해서 잘 잡아야 한다.

51 벤트오버 원 암 덤벨 로우
(Bentover One Arm Dumbbell Row) ★★★

· **운동설명** ┃ '하체굽신' 자세에서 한 손에 덤벨을 잡고 옆구리 쪽으로 잡아당기는 동작이다.
· **운동부위** ┃ 등, 팔
· **운동근육** ┃ 광배근, 능형근, 상완 이두근

❶ 뉴트럴 그립으로 덤벨을 잡고 준비한다.

❷ 상완이 몸통 옆을 스치듯이 덤벨을
잡아당기며 호흡을 내쉰다.

Tip **시험 유의사항 / 감점요인**

팔꿈치가 밖으로 벌어지지 않도록 주의하며 실시한다.

52 뉴트럴 그립 투 암 덤벨 로우
(Neutral Grip Two Arm Dumbbell Row) ★★★

· **운동설명** ┃ '하체굽신' 자세에서 양손에 덤벨을 손바닥이 서로 마주보도록 평행그립으로 잡고 덤벨을 자신의 옆구리 쪽으로 잡아당기는 광배근 운동이다.

· **운동부위** ┃ 등

· **운동근육** ┃ 광배근, 능형근, 상완 이두근, 척추기립근

❶
뉴트럴(패러럴) 그립으로 덤벨을
잡고 준비한다.

❷
양손의 덤벨을 자신의 옆구리 방향으로
당기면서 호흡을 내쉰다.

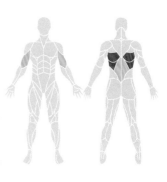

Tip 시험 유의사항 / 감점요인

• 덤벨 로우의 벤트오버 자세는 상체가 지면과 수평을 이루는 것이 정석이지만 45도 각도로 실시해도 괜찮다. 하지만 상체가 너무 휘둘리는 느낌이 들지 않도록 주의하는 것이 좋다.

• 다른 명칭으로는 벤트오버 덤벨 로우, 벤트 오버 덤벨 로윙이 있다.

53 풀 업 / 친 업 / 턱걸이
(Pull Up / Chin Up)

· **운동설명** ㅣ 우리가 일반적으로 알고 있는 턱걸이 동작으로 체중을 이용해서 역삼각형의 등을 만
들 수 있는 대표적인 등 운동이다.

· **운동부위** ㅣ 등, 팔

· **운동근육** ㅣ 광배근, 능형근, 상완 이두근, 전완근

❶
어깨너비보다 넓게 오버핸드 또는 섬레스 그립
으로 철봉에 매달린 상태에서 준비한다.

❷
시선은 살짝 천장을 향하고 철봉을 잡아당기
면서 몸이 위로 올라갈 때 호흡을 내쉰다.

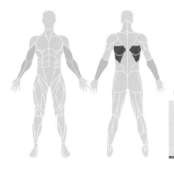

Tip 시험 유의사항 / 감점요인

시선은 살짝 천장을 향하고 상체가 약간 뒤로 기울어져야 광배근에 효과적으로
자극이 전달된다.

54 바벨 풀 오버
(Barbell Pull Over) ★★★

· **운동설명** ㅣ 바벨을 이용하여 등에 강한 자극을 주는 운동이다.
· **운동부위** ㅣ 등, 팔
· **운동근육** ㅣ 광배근, 능형근

❶ 바벨을 어깨너비보다 넓게 오버핸드
그립으로 잡고 바닥에 눕는다.

❷ 바벨을 정수리 위쪽으로 넘기면서
호흡을 들이마신다.

처음의 시작 자세로
되돌아오면서 호흡을 내쉰다.

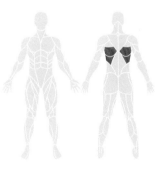

Tip 시험 유의사항 / 감점요인

손목은 고정하고 팔꿈치를 살짝 굽힌 상태에서 고정 후 견관절 하나만을 사용해서
동작을 수행할 수 있도록 한다.

55 루마니안 데드리프트
(Romanian Dead Lift) ★★★

Free Weight Application

· **운동설명** ┃ 데드리프트에는 크게 세 가지 종류가 있다. 우리나라에서 대중적으로 가장 많이 알려진 데드리프트는 바벨을 바닥에 내려놓지 않고 수행하는 루마니안 데드리프트이다. 무릎을 살짝 굽히고 골반을 뒤로 빼면서 상체를 앞으로 숙여주며 실시하는 동작으로 가동성이 잘 나오지 않는 사람들도 수행 가능하다는 장점이 있다.

· **운동부위** ┃ 허리, 허벅지 뒤, 엉덩이

· **운동근육** ┃ 척추기립근, 슬굴곡근, 둔근

〈얼터네이트 그립으로 실시〉

❶ 바벨을 어깨너비 또는 어깨너비보다 조금 넓게 얼터네이트 그립(리버스 그립)으로 잡고 준비한다.

❷ 허리를 꼿꼿이 중립으로 유지하고 골반을 뒤로 뺌과 동시에 상체를 앞으로 천천히 숙이면서 호흡을 들이마신다.

〈오버그립으로 실시〉

고중량으로 실시하지 않거나, 얼터네이
트 그립으로 실시할 때 바벨이 기울어지
는 경우에는 오버그립으로 동작을 수행
할 수도 있다.

Tip 시험 유의사항 / 감점요인

• 등 하부가 둥글게 굽어지거나 너무 신전되지 않게 중립적인 상태를 유지한다. 손 또는
  팔꿈치로 바벨을 잡아당기지 않게 유의하며 손은 바벨을 연결해 주는 연결고리라고
  생각하고 고관절과 무릎관절, 발목관절의 움직임으로 동작이 이루어지게 수행한다.
• 바벨을 얼터네이트(리버스)그립으로 잡으면 바벨이 빙빙 돌아가는 것을 방지할 수 있
  어서 고중량으로 실시하는 데드리프트에서 주로 사용하지만 이때 바벨이 기울어질
  수 있는 것에 주의해야 한다.

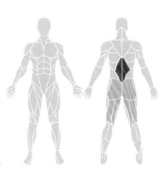

56 컨벤셔널 데드리프트
(Conventional Dead Lift) ★★★

- **운동설명 |** 바닥에 있는 바벨을 들어올리는 동작이다. 루마니안 데드리프트보다 골반을 뒤로 많이 빼지 않고 무릎을 많이 사용하면서 가동범위를 조금 더 크게 실시하는 동작으로 가동성이 좋은 사람에게는 최고의 전신 운동 중 하나이다.
- **운동부위 |** 등, 허리, 엉덩이, 허벅지, 종아리, 아래 팔
- **운동근육 | 전신,** 승모근, 광배근, 척추기립근, 둔근, 대퇴사두근, 슬굴곡근, 비복근, 전완근

❶ 바벨을 어깨너비 또는 어깨너비보다 조금 넓게 오버 그립으로 잡고 준비한다.

❷ 가슴을 펴고 허리를 꼿꼿이 중립으로 유지한 채 골반을 뒤로 살짝 눌러주며 상체를 숙이면서 호흡을 들이마신다.

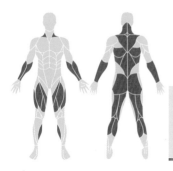

Tip 시험 유의사항 / 감점요인

- 등 하부가 둥글게 굽어지거나 너무 신전되지 않게 중립적인 상태를 유지한다. 손 또는 팔꿈치로 바벨을 잡아당기지 않게 유의하며 손은 바벨을 연결해 주는 연결고리라고 생각하고 고관절과 무릎관절, 발목관절의 움직임으로 동작이 이루어지게 한다.
- 바벨을 전경골근(정강이)에 가까이 위치시켜 놓고 시선은 정면을 바라보고 가슴을 편 상태로 무릎과 고관절을 사용해서 동작을 수행한다는 느낌으로 실시한다.

57 바벨 굿모닝 엑서사이즈
(Barbell Good-morning Exercise) ★★★

·운동설명 | '아침 인사하듯이 동작을 수행하기 때문에 붙여진 이름인 것으로 추정된다. 바벨을 승모근 위에 올린 상태에서 허리를 꼿꼿이 해 중립된 상태를 유지하면서 상체가 바닥과 수평이 되게 숙였다가 다시 일어서는 동작으로, 허리와 함께 엉덩이, 허벅지 뒷부분의 근육을 강화하는 데 효과적이다.

·운동부위 | 허리, 허벅지 뒤, 엉덩이

·운동근육 | 척추기립근, 슬굴곡근, 둔근

등 하부가 너무 펴지거나 둥글게 굽지 않도록 주의한다.

❶ 스탠다드 스탠스로 서서 바벨을 승모근에 올린 상태에서 준비한다.

❷ 허리를 꼿꼿이 중립된 상태를 유지한 채 골반을 뒤로 빼며 인사하듯이 시선은 정면을 바라보고 천천히 상체를 앞으로 숙이면서 호흡을 들이마신다.

Tip 시험 유의사항 / 감점요인

• 등 하부가 둥글게 굽어지거나 너무 신전되지도 않게 중립적인 상태를 유지한다.
• 고관절과 무릎관절, 발목관절의 움직임으로 동작이 이루어지게 실시한다.

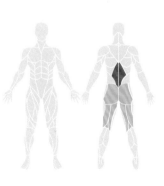

백 익스텐션 / 하이퍼 익스텐션

Free Weight Application

(Back Extension / Hyper Extension) ★★★

· **운동설명** ┃ 척추를 뒤로 신전시키며 허리를 강화하는 운동으로 하이퍼 익스텐션보다 백 익스텐션이 더 좋은 명칭이라고 생각된다. 하이퍼 익스텐션은 단어 그대로 과도한 신전을 의미하기 때문이다.

· **운동부위** ┃ 허리, 엉덩이

· **운동근육** ┃ 척추기립근, 둔근,

 바닥에 엎드린 상태(Prone Pose)에서 양팔을 머리 위로 하고 준비한다.

❷ 상체와 하체를 동시에 들어 올리면서 호흡을 내쉰다.

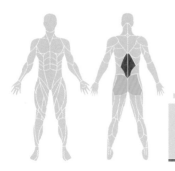

Tip 시험 유의사항 / 감점요인

허리를 과신전하는 것보다 꼿꼿하게 중립된 상태에서 뒤로 신전하는 느낌으로 실행한다.

Free Weight
Application

Chapter

05

하체
Lower Body

59 백 스쿼트
(Back Squat) ★★★

· **운동설명** ┃ 바벨을 승모근 위에 올려놓고 실시하는 대표적인 대퇴사두근 강화 운동이다.
· **운동부위** ┃ 허벅지, 엉덩이
· **운동근육** ┃ **대퇴사두근**, 둔근, 슬굴곡근, 척추기립근

❶ 정면을 바라보고 선 상태에서 승모근 위에
바벨을 올려놓고 양손으로 단단히 잡는다.

❷ 허리의 아치 굴곡을 유지한 상태에서 골반을 뒤
로 살짝 누르면서 무릎이 발끝보다 나오지 않도
록 주의해서 대퇴부가 지면과 평행이 되는 지점
까지 쪼그려 앉으며 호흡을 들이마신다.

❸ 발뒤꿈치로 지면을 힘차게 밀면서 호흡을
내쉬고 처음 시작자세로 되돌아온다.

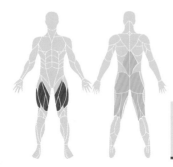

Tip 시험 유의사항 / 감점요인

운동할 때 시선을 정면보다 조금 위를 바라보는 것이 몸통을 보다 더 수직으로 세
울 수 있고 그로 인해 대퇴사두근에 더 많은 자극을 전달할 수 있게 된다.

60 프론트 스쿼트
(Front Squat) ★★★

· **운동설명** ┃ 중량을 앞쪽에 위치시켜서 실시하는 스쿼트로 무게감이 대퇴부로 직접적으로 전달되기 때문에 대퇴부 전면 부위의 강화에 아주 효과적인 동작이다.

· **운동부위** ┃ 허벅지 전면

· **운동근육** ┃ 대퇴사두근

❶
바벨을 쇄골 부위와 어깨에 걸쳐 올려 놓고 정면을 바라보고 선다.

❷
의자에 앉듯이 골반을 뒤로 살짝 눌러 주며 천천히 앉으면서 호흡을 들이마신다.

마지막 동작은 발바닥으로 지면을 힘차게 밀면서 호흡을 내쉬고 서 있는 자세로 되돌아오는 것인데, 이때 무릎은 완전히 다 펴는 것이 아니라 살짝 굽혀주는 정도까지로 제한한다.

Tip 시험 유의사항 / 감점요인

반드시 팔꿈치가 정면을 향하게 하고 상완은 지면과 평행하게 만들고 실시해야 한다. 평행한 팔 자세(Parallel Arm Position)가 유지되어야 한다.

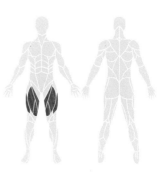

61 스쿼트 / 바디 웨이트 프리 스쿼트
(Squat / Body Weight Free Squat) ★★

- **운동설명 |** 맨몸으로 하는 스쿼트(쪼그려 앉기) 동작이다. 크로스핏에서는 에어 스쿼트(Air Squat)라고도 한다. 언제 어디서든지 하고자 하는 의지만 있다면 실시할 수 있는 대표적인 맨몸 운동이다.
- **운동부위 |** 허벅지, 엉덩이
- **운동근육 |** **대퇴사두근**, 둔근, 슬굴곡근, 척추기립근

❶ 스탠다드 스탠스로 서서 시선은 정면의 약간 위를 바라보고 양팔은 중심을 잡기 쉽게 앞으로 위치시킨다.

❷ 허리 아치를 유지한 채 골반을 뒤로 빼면서 의자에 앉듯이 천천히 내려가고 호흡은 들이마신다.

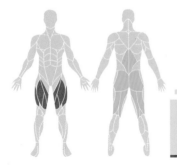

Tip 시험 유의사항 / 감점요인

무릎이 발끝보다 앞으로 나가는 느낌이 아니라 골반을 뒤로 눌러주면서 쪼그려 앉는다고 생각하고 동작을 실시해야 하며, 상체가 너무 앞으로 기울어지지 않도록 주의한다.

62 풀 스쿼트 / 딥 스쿼트
(Full Squat / Deep Squat) ★★★

· **운동설명** ㅣ 허벅지 전면을 집중적으로 자극할 수 있는 최고의 하체운동이다.
· **운동부위** ㅣ 허벅지 전면
· **운동근육** ㅣ 대퇴사두근

❶ 양쪽 발끝을 살짝 바깥으로 향하게 하고,
양발의 간격이 어깨너비보다 좁게 선다.

❷ 허리의 아치를 자연스럽게 유지한 채, 호흡을 들
이마시면서 의자에 앉듯이 깊이 쪼그려 앉는다.

Tip 시험 유의사항 / 감점요인

일어설 때 반동을 이용하거나 상체를 너무 앞으로 쏠리지 않도록 주의해야 한다.
그리고 반드시 엉덩이의 높이가 무릎보다 아래에 위치하도록 깊이 쪼그려 앉는다.

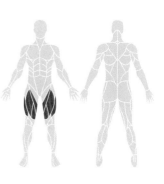

63 와이드 스탠스 스쿼트
(Wide Stance Squat) ★★★

· **운동설명** ㅣ 어깨너비보다 2배 정도로 넓게 서서 실시하는 동작으로 엉덩이 근육과 허벅지 안쪽을 강화할 수 있다.

· **운동부위** ㅣ 엉덩이와 허벅지 안쪽

· **운동근육** ㅣ **둔근, 내전근, 슬굴곡근, 대퇴사두근**

❶ 어깨너비보다 2배 정도로 넓게
와이드 스탠스로 선다.

❷ 허리의 아치를 자연스럽게 유지한 채 호흡을 들이
마시면서 의자에 앉듯이 대퇴부가 지면과 평행이
되는 지점까지 천천히 쪼그려 앉는다.

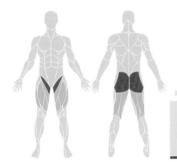

Tip 시험 유의사항 / 감점요인

양발과 무릎은 같은 방향을 바라보고 있어야 한다. 쪼그려 앉을 때 시선은 정면보
다 살짝 위쪽을 바라보고 실시해서 상체가 너무 앞쪽으로 쏠리지 않도록 주의한다.

64 덤벨 와이드 스탠스 스쿼트
(Dumbbell Wide Stance Squat)

Lower Body

· **운동설명** ┃ 허벅지 안쪽 라인을 자극하는 데 효과적인 스쿼트 동작으로 바깥쪽 허벅지가 발달되는 것을 꺼려하는 여성들이 하면 좋은 동작이다.

· **운동부위** ┃ 엉덩이와 허벅지 안쪽

· **운동근육** ┃ **둔근, 내전근,** 슬굴곡근, 대퇴사두근

❶ 와이드 스탠스로 서서 덤벨을 오버핸드 그립으로 잡는다.

❷ 허리 아치를 유지하고 대퇴부가 지면과 평행한 지점까지 호흡을 들이마시면서 천천히 골반을 뒤로 살짝 눌러주는 느낌으로 내려간다.

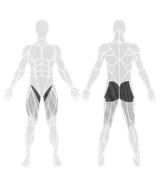

Tip 시험 유의사항 / 감점요인

어깨너비보다 넓게 발끝을 살짝 바깥으로 틀어서 실시하면 중심 잡기도 수월하고 내전근의 자극이 더 극대화될 수 있다.

65 덤벨 스쿼트
(Dumbbell Squat)

- **운동설명 ㅣ** 스쿼트 동작을 덤벨을 들고 실시하는 동작으로 덤벨만 있으면 집에서도 간편하게 할 수 있는 동작이다.
- **운동부위 ㅣ** 허벅지, 엉덩이
- **운동근육 ㅣ** **대퇴사두근**, 둔근, 슬굴곡근

❶ 스탠다드 스탠스로 양손에 덤벨을 들고 정면을 바라보고 선다.

❷ 허리의 아치를 유지한 채 호흡을 들이마시면서 의자에 앉듯이 대퇴부가 지면과 평행이 되는 지점까지 천천히 쪼그려 앉는다.

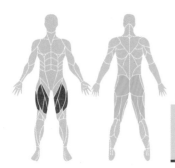

Tip 시험 유의사항 / 감점요인

시선은 정면보다 조금 위를 바라보고 무릎이 발끝보다 나오지 않도록 주의한다.

66 싱글 레그 스쿼트
(Single Leg Squat)

- **운동설명 ㅣ** 기능성 트레이닝의 중요성을 인식한 미국에서는 TRX(Total Resistance eXrcise)를 이용하거나 맨몸을 이용하여 한쪽 다리로 쪼그려 앉는 싱글 레그 스쿼트를 많이 실시한다.
- **운동부위 ㅣ** 허벅지, 엉덩이
- **운동근육 ㅣ** **대퇴사두근**, 둔근, 슬굴곡근, 복근

❶ 정면을 바라본 상태에서 한쪽 다리를 들고 양팔로 중심을 잡는다.

❷ 호흡을 들이마시면서 한쪽 다리로 쪼그려 앉는다.

Tip 시험 유의사항 / 감점요인

중심을 잘 잡아야 하며 무릎이 발끝보다 너무 나가지 않도록 주의해서 실시한다.

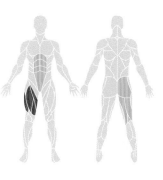

67 스플릿 스쿼트
(Split Squat)

· **운동설명 |** 제자리에서 실시하는 런지라고 잘못 알고 있는 경우가 많은데 사실은 한쪽 다리씩 나눠서 하는 스쿼트라는 의미에서 스플릿 스쿼트가 더 정확한 표현이다. 런지는 무게 중심이 앞(전방)과 뒤(후방)로 이동하지만 스쿼트는 제자리에서 실시하기 때문에 위·아래로 이동한다.

· **운동부위 |** 허벅지, 엉덩이

· **운동근육 |** 대퇴사두근, 슬굴곡근, 둔근

❶ 정면을 바라보고 안정적인 기저면을 확보한 인라인 스탠스로 서서 준비한다.

❷ 제자리에서 뒤쪽 다리의 무릎이 바닥에 닿을 듯 말 듯 하는 지점까지 내려가면서 호흡을 들이마셨다가 처음 자세로 되돌아오면서 호흡을 내쉰다.

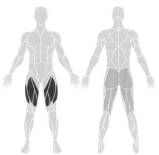

Tip 시험 유의사항 / 감점요인

대부분 상체가 앞으로 쏠리는 경우가 많다. 의식적으로 상체를 뒤로 젖혀주는 느낌으로 동작을 해야 몸통이 수직으로 바로 서 있을 수 있게 된다는 사실을 인지하고 동작을 실시한다.

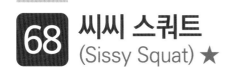

68 씨씨 스쿼트
(Sissy Squat) ★

· **운동설명** ┃ 예전의 보디빌더들은 즐겨했었던 동작이지만 요즘은 무릎에 부하가 많이 전달된다고
　　　　　　하여 잘 실시하지 않는 동작이다.

· **운동부위** ┃ 허벅지, 종아리

· **운동근육** ┃ **대퇴사두근**, 슬굴곡근, 비복근, 가자미근

❶
시선은 정면을 향하고 양팔을 앞으로 팔짱을
끼거나 포갠 후 발 뒤꿈치를 들어올린 상태
(스탠딩 카프 레이즈, Standing Calf Raise)
에서 준비한다.

❷
상체를 뒤로 기울이고 무릎이 유일하게 발끝
보다 앞으로 나오면서 스쿼트를 실시하는 동
작으로 무릎을 구부리면서 엉덩이가 발뒤꿈치
에 가깝게 내려가면서 호흡을 들이마시고 올
라갈 때 내쉰다.

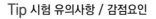

Tip 시험 유의사항 / 감점요인

사실 손으로 지지할 수 있는 무언가를 잡고 실시하는 동작이지만 시험장에서는 그
런 환경이 되지 않기 때문에 맨몸으로도 수행할 수 있도록 훈련할 필요가 있다.

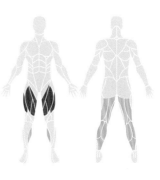

69 바벨 런지
(Barbell Lunge) ★★★

· **운동설명** Ⅰ 런지와 비슷한 운동이지만 승모근 위에 바벨을 얹어놓은 상태에서 실시해야 하는 난
  이도가 높은 동작이다.
· **운동부위** Ⅰ 허벅지, 엉덩이
· **운동근육** Ⅰ 대퇴사두근, 둔근

❶ 스탠다드 스탠스로 바벨을
승모근 위에 얹어 놓은 상태
로 선다.

❷ 중심을 잘 잡고 앞쪽을 향해
서 한쪽 발을 내딛으면서 호
흡을 들이마신다.

❸ 앞쪽에 나간 발로 지면을
힘차게 밀면서 제자리로
돌아온다((날숨).

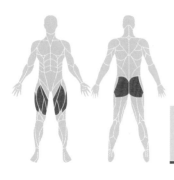

❹ 반대쪽 발을 내딛으면서
호흡을 들이마신다.

Tip 시험 유의사항 / 감점요인

승모근에 바벨을 잘 안착시킨 상태에서 실시해야 하며, 바벨이 기울어지지 않도록
주의해야 한다. 허리와 등을 곧게 편 상태를 유지하고, 앞발과 무릎이 일직선이 되
도록 유지해야 하며 무릎이 발끝보다 나가지 않도록 유념한다.

70 덤벨 런지
(Dumbbell Lunge) ★★★

· **운동설명** ┃ 런지와 비슷한 운동이지만 양손에 덤벨이 흔들리지 않게 잘 잡은 상태에서 실시하는 난이도가 높은 동작이다.

· **운동부위** ┃ 허벅지, 엉덩이

· **운동근육** ┃ 대퇴사두근, 둔근

❶ 스탠다드 스탠스로 덤벨을 양손에 잡고 선다.

❷ 중심을 잘 잡고 앞쪽을 향해서 한쪽 발을 내딛으면서 호흡을 들이마신다.

❸ 앞쪽에 나간 발로 지면을 힘차게 밀면서 제자리로 돌아온다((날숨).

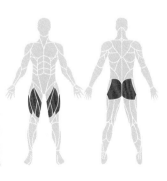

❹ 반대쪽 발을 내딛으면서 호흡을 들이마셨다가 처음 자세로 되돌아온다.

Tip 시험 유의사항 / 감점요인

양손에 덤벨이 흔들리지 않게 잘 잡은 상태에서 실시해야 한다. 허리와 등이 곧게 편 상태로 유지하고, 앞발과 무릎이 일직선이 되도록 유지해야 하며 무릎이 발끝보다 나가지 않도록 유념한다.

71 런지
(Lunge) ★★★

- **운동설명** ┃ 힙업을 원하는 여성들이 스쿼트, 데드리프트 다음으로 많이 해야 하는 운동이다. 반드시 인라인 스탠스의 보폭을 멀리 내딛고 한쪽 발이 앞으로 나갔다가 다시 제자리로 돌아오면서 실시해야 한다는 것을 기억해야 한다.
- **운동부위** ┃ 엉덩이, 허벅지
- **운동근육** ┃ 둔근, 대퇴사두근

❶
허리 뒤 또는 옆구리에 양손을 올린 상태에서 정면을 바라보고 선다.

❷
앞쪽을 향해서 한쪽 발을 내딛으면서 호흡을 들이마신다.

❸
앞쪽에 나간 발로 지면을 힘차게 밀면서 제자리로 돌아온다(날숨).

❹
반대쪽 발을 내딛으면서 호흡을 들이마신다.

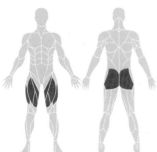

Tip 시험 유의사항 / 감점요인

정면을 향해서 발이 나가는 런지 동작을 포워드 런지, 프론트 런지라고 칭하기도 한다. 런지 동작은 한쪽 발씩 번갈아가는 얼터네이트(Alternate)로 실시한다.

72 리버스 런지
(Reverse Lunge) ★★

· **운동설명 ┃** 런지를 하기 힘든 초보자에게 리버스 런지를 지도하기도 하지만 조금만 변형해서 실시하면 힙업에 탁월한 효과가 있는 동작이다.

· **운동부위 ┃** 허벅지, 엉덩이

· **운동근육 ┃** 대퇴사두근, 둔근, 슬굴곡근

❶ 허리 뒤 또는 옆구리에 양손을 올린 상태에서 정면을 바라보고 선다.

❷ 한쪽 발을 뒤로 내딛으면서 호흡을 들이마시고 무릎이 바닥에 닿을 듯 말 듯 할 정도로 앉는다.

❸ 뒤쪽에 나간 발로 지면을 힘차게 밀면서 제자리로 돌아온다(날숨).

❹ 반대쪽 발을 내딛으면서 호흡을 들이마신다.

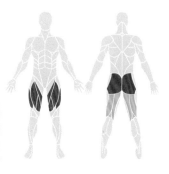

Tip 시험 유의사항 / 감점요인

대부분 상체가 앞으로 쏠리는 경우가 많다. 의식적으로 상체를 뒤로 조금 젖혀주는 느낌으로 동작을 해야 몸통이 수직으로 바로 서 있을 수 있게 된다는 사실을 인지하고 동작을 실시한다.

73 사이드 런지
(Side Lunge) ★★★

· **운동설명** ┃ 여성 할리우드 스타들이 허벅지 안쪽 살을 빼기 위해서 주로 하는 운동으로 국내에서는 잘 실시하지 않는 경향이 있지만 하체비만에 효과가 탁월한 동작이다.
· **운동부위** ┃ 허벅지 안쪽, 허벅지, 엉덩이
· **운동근육** ┃ **내전근, 대퇴사두근,** 슬굴곡근, 둔근

❶
양손은 허리에 올려놓고 시선과 발끝이 정면을 바라보게 유지한 상태에서 준비한다.

❷
허리는 아치를 유지한 상태에서 발 보폭을 옆으로 최대한 넓게 벌린 후 한쪽 무릎은 구부리고 반대쪽 무릎은 쭉 편다.

❸
준비자세로 돌아온다.

❹
반대쪽 다리도 실시한다.

Tip 시험 유의사항 / 감점요인

무릎이 발끝과 함께 최대한 정면을 향하게 실시하고 반대쪽 다리는 쭉 편다.

74 점프 스쿼트
(Jump Squat)

· **운동설명** ┃ 대표적인 플라이오메트릭(순발력) 운동으로 지루한 운동을 보다 다이내믹하게 할 수 있고 결합조직(인대, 건, 뼈)을 강화할 수 있기 때문에 중량을 늘리는 데 도움을 주는 방식의 운동이다.

· **운동부위** ┃ 허벅지, 엉덩이

· **운동근육** ┃ **대퇴사두근, 둔근,** 슬굴곡근

❶ 양팔을 앞으로 위치시켜 중심을 잡기 수월하게 만든 상태로 준비자세를 취한다.

❷ 스쿼트 자세로 호흡을 들이마시면서 앉는다.

❸ 발바닥으로 지면을 힘차게 밀면서 호흡을 내쉬고 점프한다.

❹ 스쿼트 자세로 착지한다.

❺ 시작자세로 돌아온다.

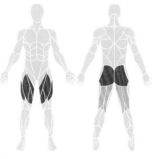

Tip 시험 유의사항 / 감점요인

인대와 건과 같은 결합조직의 손상이 없기 위해서는 충분히 웜업이 된 상태에서 실시하는 것이 좋다.

75 스티프 레그 데드리프트
(Stiff Leg Dead Lift) ★★★

· **운동설명** ┃ 양발의 보폭을 좁게 벌린 상태, 즉 내로우 스탠스로 서서 무릎을 쭉 펴거나 아주 살짝 굽힌 상태에서 정면을 바라보며 허리의 중립을 유지하면서 허벅지 뒷부분을 자극하는 동작이다.

· **운동부위** ┃ 허벅지 뒷부분, 엉덩이

· **운동근육** ┃ **슬굴곡근**, 둔근

❷
허리를 곧게 중립으로 유지한 채 무릎을 쭉 펴거나 아주 살짝 굽힌 상태로 바벨을 전경골근(정강이) 앞부분에서 10센티 정도 떨어뜨린 간격을 유지하며 골반을 뒤로 빼면서 상체를 천천히 앞으로 숙이며 호흡을 들이마신다.

❶
오버핸드 그립으로 바를 어깨너비로 잡고 시선은 정면을 향하게 선다.

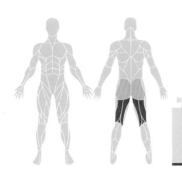

Tip 시험 유의사항 / 감점요인

동작 시 허리를 굴곡시키거나 너무 과신전되지 않도록 주의하며 실시한다.

76 힙 브릿지
(Hip Bridge) ★★★

· **운동설명 ㅣ** 바닥에 누워서 무릎을 세운 상태로, 골반을 천장 쪽으로 들어올리는 동작이다.
· **운동부위 ㅣ** 엉덩이
· **운동근육 ㅣ** 둔근

❶
바닥에 누워서 안정적인 기저면을 확보하고
무릎을 세운 상태로 준비한다(Supine pose).

❷
골반을 천장 방향으로 들어올리면서
호흡을 내쉰다.

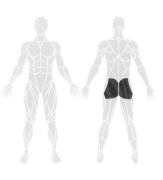

Tip 시험 유의사항 / 감점요인

동작 시 최대한 둔근을 쥐어짜준다는 생각으로 실시한다.

77 바벨 힙 트러스트[둔근]
(Barbell Hip Thrust) ★★★

· **운동설명** ∣ 엉덩이 근육을 강화할 수 있는 대표적인 고중량 운동이다.
· **운동부위** ∣ 엉덩이
· **운동근육** ∣ 둔근

❶
바벨을 잡고 하복부 위에 올려놓고 벤치에
가로질러 등을 대고 무릎을 세워 눕는다.

❷
바닥과 수평이 되게끔 골반을 천장 방향
으로 밀어 올리면서 호흡을 내쉰다.

❸
처음의 시작자세로 돌아온다.

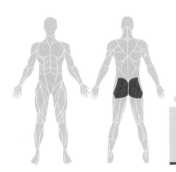

Tip 시험 유의사항 / 감점요인

발끝을 살짝 바깥으로 향하게 한 상태에서 동작을 실시하면 둔근을 더 강하게 수축
할 수 있다.

78 덩키 킥
(Donkey Kick) ★★★

· **운동설명** ┃ 동작의 명칭처럼 당나귀가 뒷발차기를 하는 듯한 자세로 실시하는 엉덩이 운동이다.
· **운동부위** ┃ 엉덩이
· **운동근육** ┃ 둔근

❶
네발기기 자세(quadruped position)를 취한다.

❷
한쪽 다리의 허벅지가 지면과 수평이 되도록, 또
는 수평보다 더 높이 천장 방향으로 들어올리며
호흡을 내쉰다.

(A)   (B)   (C)

Tip 시험 유의사항 / 감점요인

골반이 틀어지지 않도록 주의하며, 골반의 위치가 중립적인 상태에서 실시하는 것이 좋다.
그리고 시험 감독관에게 보이는 쪽의 다리로 동작을 실시하는 것을 권한다. 이 동작은 대
퇴가 지면과 평행하거나 그 이상 들어올리면 둔근이 수축하는 운동으로 다리를 들어올리
는 모양이 시험의 등락을 좌우하지는 않기 때문에 다양하게 실시할 수 있다.

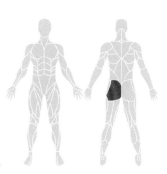

79 라잉 덤벨 레그 컬
(Lying Dumbbell Leg Curl) ★★★

· **운동설명** ┃ 레그 컬은 주로 머신에서 하는 동작이지만 프리 웨이트 실기시험 현장에서 덤벨을 이
  용하여 실시하는 방식으로 출제되고 있으니 반드시 연습해봐야 한다.

· **운동부위** ┃ 허벅지 뒤, 종아리

· **운동근육** ┃ 슬굴곡근, 비복근

❶
덤벨을 양발 사이에 잘 고정시킨 후 바닥에
엎드린 상태에서 준비한다.

❷
다리를 힘차게 당겨 올리면서 호흡을 내쉰다.

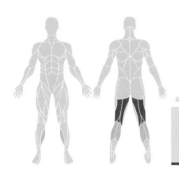

Tip 시험 유의사항 / 감점요인

덤벨을 떨어뜨리지 않도록 주의하고 다리를 내리는 동작에서 천천히 실시한다.

80 스탠딩 카프 레이즈
(Standing calf raise) ★★★

· **운동설명 ┃** 자신의 체중을 이용하여 언제 어디서든 수행할 수 있는 동작이다. 발끝 방향을 다르게 해서 종아리 안쪽과 바깥쪽을 운동할 수도 있지만, 기본적으로 발끝 방향을 11자로 해서 동작을 수행한다.

· **운동부위 ┃** 종아리

· **운동근육 ┃** 비복근, 가자미근

❶ 어깨너비보다 약간 좁은 간격으로 양발을 평행하게 11자로 선다.

❷ 발뒤꿈치를 들어올려 종아리 근육을 수축하면서 호흡을 내쉰다.

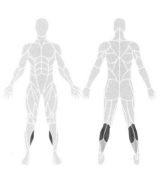

Tip 시험 유의사항 / 감점요인

평평한 바닥에서 동작을 수행할 수도 있지만, 가동범위를 더 크게 해서 비복근의 더 강한 수축을 하기 위해 원판이나 스텝박스 위에서 동작을 수행하기도 한다.

81 바벨 스탠딩 카프 레이즈
(Barbell Standing Calf Raise) ★★★

· **운동설명** ┃ 종아리를 강화하는 운동이기 때문에 보디빌더가 아닌 이상 대부분 이 동작을 실시하지 않는다. 하지만 발목 염좌를 경험했었던 사람에게는 좋은 운동이 될 수 있다.

· **운동부위** ┃ 종아리

· **운동근육** ┃ 비복근, 가자미근

❶ 바벨을 승모근 위에 올려놓고 선다.

❷ 발뒤꿈치를 들어올리면서 호흡을 내쉰다.

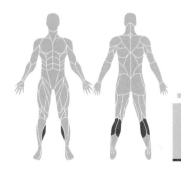

Tip 시험 유의사항 / 감점요인

비복근(Gastrocnemius)은 두 개의 근두로 이루어져 있으며, 근두는 대퇴골(Femur) 하부에서 시작된다. 두 근두는 합쳐져 가자미근(Soleus)을 덮고 있으며 아킬레스건(Achilles tendon)에 부착되어 있기 때문에 무릎을 편 상태에서 뒤꿈치를 들어야 완전하게 비복근의 수축을 유도할 수 있다.

82 덤벨 스탠딩 카프 레이즈
(Dumbbell Standing Calf Raise)

Lower Body

· **운동설명** ┃ 덤벨을 양손에 들고 서서 양쪽 발의 뒤꿈치를 들어 올렸다가 내리는 동작이다.
· **운동부위** ┃ 종아리
· **운동근육** ┃ 비복근, 가자미근

❶
덤벨을 양손에 잡고 선다.

❷
양쪽 발의 뒤꿈치를 들어 올리면서
호흡을 내쉰다.

Tip 시험 유의사항 / 감점요인

무릎을 쭉 펴고 실시해야 비복근의 수축을 최대로 이끌어 낼 수 있다.

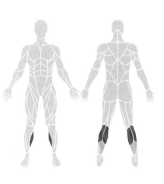

83 시티드 카프 레이즈
(Seated Calf Raise) ★★★

· **운동설명** ㅣ 여성들은 근육 운동으로 S라인을 세 군데 만들 수 있다고 생각하는데 바로 목 뒤, 허리 뒤, 발목 뒤다. 이 동작은 종아리가 아닌 발목 라인을 가늘게 만드는 데 도움을 준다.

· **운동부위** ㅣ 발목 뒤, 종아리

· **운동근육** ㅣ **가자미근**, 비복근

❶ 의자에 앉아서 덤벨을 무릎 위에 올려놓고 준비한다.

❷ 양쪽 발뒤꿈치를 들어올리면서 호흡을 내쉰다.

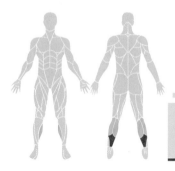

Tip 시험 유의사항 / 감점요인

가자미근(Soleus)은 하퇴의 비골(Fibula)과 경골(Tibia)에서 시작된다. 그러므로 앉아서 무릎을 굽히고 뒤꿈치를 들어올리는 시티드 카프 레이즈(Seated Calf Raise)를 하게 되면, 비복근(Gastrocnemius)보다 가자미근(Soleus)을 더 수축시킬 수 있다.

84 토우 레이즈 / 토우 업 / 돌시 플렉션
(Toe Raise / Toe Up / Dorsi Flexion) ★★

· **운동설명** ┃ 자동차 운전할 때 액셀레이터에서 발을 뗄 때의 움직임이라고 생각하면 쉽다.
· **운동부위** ┃ 정강이
· **운동근육** ┃ 전경골근

❶
발바닥을 바닥에 밀착하고 서 있거나
혹은 앉은 상태에서 준비한다.

❷
발끝을 들어올리면서 호흡을 내쉰다.

Tip 시험 유의사항 / 감점요인

반대쪽으로의 움직이는 동작을 Calf Raise 또는 저측굴곡 Plantar Flexion이라고 한다.

85 스쿼팅 바벨 컬
(Squating Barbell Curl) ★★★

· **운동설명** ┃ 하체와 팔을 동시에 운동시킬 수 있는 고난이도 동작이다.
· **운동부위** ┃ 허벅지, 엉덩이, 팔
· **운동근육** ┃ **대퇴사두근**, 대둔근, 상완 이두근

❶
바벨을 들고 스쿼트 자세에서 팔꿈치를
무릎에 고정시킨다.

❷
하체는 고정된 상태에서 반동없이
바벨을 얼굴 방향으로 당기며 호흡을 내쉰다.

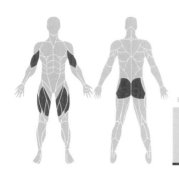

Tip 시험 유의사항 / 감점요인

요추가 둥글게 말리지 않도록 유념해야 하고, 반동 없이 동작을 실시한다.

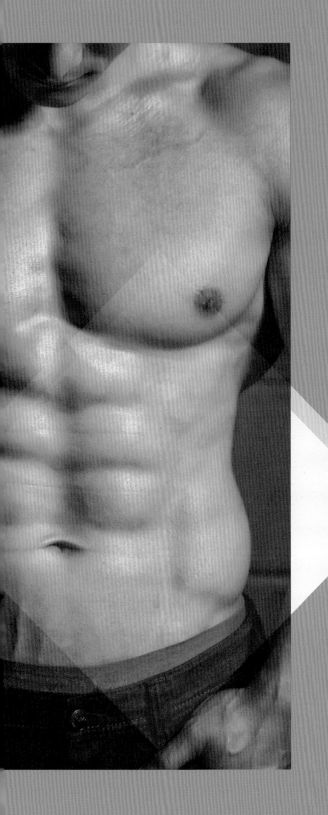

06

복근
Abdomen

86 싯업
(Sit-Up) ★★

· **운동설명** ┃ 학창시절 체력장의 테스트로 실시했던 윗몸일으키기 동작이 바로 싯업(Sit-Up)이다.
· **운동부위** ┃ 복부
· **운동근육** ┃ 복직근

❶ 천장을 보고 눕는다(Supine Pose).

❷ 척추를 굴곡시키면서 호흡을 내쉬고
상체를 일으킨다.

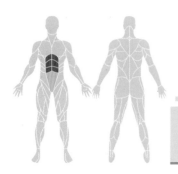

Tip 시험 유의사항 / 감점요인

실기 시험장에는 발목을 잡아주는 사람이 없으므로 혼자 상체를 일으켜 세울 수 있도
록 훈련하는 것이 좋다.

87 크런치
(Crunch) ★★★

· **운동설명** ┃ 싯업은 요추의 추간판을 뒤로 밀어내며 요통을 유발할 수도 있고 복직근에 대한 집중
력이 강하지 않기 때문에 대신 크런치를 주로 실시한다.
· **운동부위** ┃ 복부
· **운동근육** ┃ 복직근

❶ 손은 머리 뒤로 가져간 상태에서 천장을
보고 눕는다.

❷ 바닥에서 어깨가 살짝 떨어질 정도로만 상체를
일으켜 세우면서 호흡을 내쉰다.

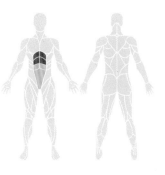

Tip 시험 유의사항 / 감점요인

목을 너무 심하게 앞으로 잡아당기지 않게 주의한다.

88 리버스 크런치
(Reverse Crunch) ★★

· **운동설명** ㅣ 골반을 상체의 흉골 방향으로 말아 올리는 동작이다.
· **운동부위** ㅣ 복부
· **운동근육** ㅣ 복직근

❶
다리를 직각으로 고정한 상태에서
천장을 보고 눕는다.

❷
바닥에서 엉덩이가 살짝 떨어지게끔 한
상태에서 상체의 흉골 방향으로 말아 올
리며 호흡을 내쉰다.

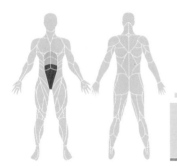

Tip 시험 유의사항 / 감점요인

치골이 흉골 방향으로 가까이 올 수 있게 만든다는 생각으로 골반을 말아 올리면서
실시한다.

89 레그 레이즈
(Leg Raise) ★★★

·**운동설명** ┃ 레그 레이즈를 제대로 실시할 수 있으려면 척추 기립근이 강해야 하며 다리가 지면으로 내려갈 때 복직근의 익센트릭 수축을 최대한 이끌어 낼 수 있어야 효과적이다.
·**운동부위** ┃ 복부
·**운동근육** ┃ 복직근

❶
양쪽 다리의 무릎을 아주 살짝 굽히고
천장을 보고 눕는다.

❷
허리가 지면에서 뜨지 않도록 유의하며 다리가
지면과 수직이 될 정도로 들어올리면서 호흡을
내쉰다.

Tip 시험 유의사항 / 감점요인

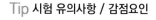

허리가 지면에서 과도하게 뜨지 않도록 주의한다.

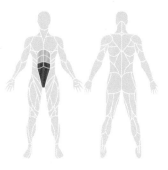

90 업도미널 힙 트러스트[하복부]
(Abdominal Hip Thrust) ★★★

Free Weight Application

· **운동설명** ┃ 하복부를 강화할 수 있는 고난이도의 운동이다.
· **운동부위** ┃ 복부
· **운동근육** ┃ 복직근

〈벤치에서 실시〉

❶ 벤치에 등을 대고 누워서 두 팔을 머리 위쪽으로 벤치를 잘 잡고, 엉덩이가 지면에서 떨어지게끔 골반을 말아올려서 다리가 천장을 향하게 한 상태로 준비한다.

❷ 다리를 편 상태에서 천장을 향해 찌르듯이 골반을 들어 올리며 호흡을 내쉰다.

〈바닥에서 실시〉

❶
바닥에 등을 대고 누워서 두 팔을 몸통 옆
바닥에 놓고 엉덩이가 지면에서 떨어지게
끔 골반을 말아올려서 다리가 천장을 향하
게 한 상태로 준비한다.

❷
다리를 편 상태에서 천장을 향해 찌르듯이
골반을 들어 올리며 호흡을 내쉰다.

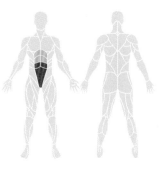

Tip 시험 유의사항 / 감점요인

시험장에 벤치가 준비되어 있다면 벤치에서 실시하고, 만약 없다면 매트 위에서 실시
하면 된다. 골반을 천장 방향으로 복부 근육을 이용하여 찌르듯이 들어 올린 후 지면으
로 골반이 쿵하고 떨어지지 않도록 최대한 천천히 버티면서 내린다.

91 브이 싯업 (V-Sit Up) ★★★

Free Weight Application

· **운동설명** ┃ 행잉 레그 레이즈 못지않은 고강도 복근 운동으로 크로스핏의 할로우 동작과 흡사하다.
상체와 하체를 동시에 움직여서 복근을 아주 강하게 수축시킬 수 있다.

· **운동부위** ┃ 복부

· **운동근육** ┃ 복직근

❶
양팔을 머리 위로 올린 상태로 천장을
보고 바닥에 눕는다.

❷
바닥에서 양팔과 어깨, 그리고 양쪽 다리를
동시에 들어올리면서 호흡을 내쉰다.

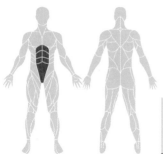

Tip 시험 유의사항 / 감점요인

맥가이버 칼과 비슷하다고 해서 잭나이프 니 업이라는 명칭으로 불리기도 한다.
동작은 상체와 하체가 동시에 접히는 느낌으로 실시해주는 것이 좋다.

92 시티드 니 업
(Seated Knee UP) ★★★

· **운동설명 ┃** 시티드 니 업은 두 가지 방법으로 수행할 수 있다. 하나는 무릎을 가슴 방향으로 당기며 실시하는 전통적인 방법이고, 다른 하나는 무릎을 고정한 상태로 고관절을 사용해서 발끝이 천장 방향으로 들어올려지게끔 하는 것이다.

· **운동부위 ┃** 복부

· **운동근육 ┃** 복직근

❶
양손은 지면을 짚고 바닥에 앉아서 발끝이 지면에 닿지 않게 준비한다.

❷
상체가 흔들리지 않게 무릎을 가슴 방향으로 끌어당기면서 호흡을 내쉰다.

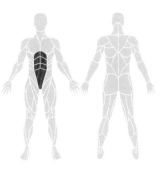

Tip **시험 유의사항 / 감점요인**

상체가 앞뒤로 흔들리지 않게 주의하고 발끝이 지면에 닿지 않게 동작을 실시한다.

93 플랭크
(Plank) ★★★

· **운동설명** ┃ 버티는 형태로 등척성 수축을 초래하는 동작이기 때문에 고혈압 환자에게는 권장하지 않는다.
· **운동부위** ┃ 복부
· **운동근육** ┃ 복직근

❶ 상완이 지면과 수직인 상태에서 전완부위와 팔꿈치를 지면에 대고 바닥에 엎드려 준비한다.

❷ 하체를 바닥에서 떨어뜨린 후 시선은 정면을 바라보고 호흡을 자연스럽게 유지하며 최대한 버틴다.

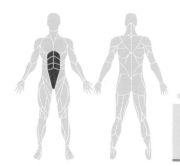

Tip 시험 유의사항 / 감점요인

몸이 일직선이 되도록 하고 호흡은 참지 않고 지속적으로 해야한다.

94 행잉 레그 레이즈
(Hanging Leg Raise)

· **운동설명** ┃ 복근 운동 중에서 가장 강도가 센 동작으로 손꼽히는 운동이다. 철봉에 매달린 상태에서 골반을 들어올리는 동시에 팔로 바를 잡아당기면서 실시한다. 크로스핏에서는 행잉 레그 레이즈와 비슷한 동작이지만 가동범위가 좀 더 큰 '토우 투 바(Toe To Bar)'라는 동작이 있다.

· **운동부위** ┃ 복부
· **운동근육** ┃ 복직근

❶
철봉에 매달린다.

❷
팔을 잡아당김과 동시에 골반을 앞으로 들어올리면서 호흡을 내쉰다.

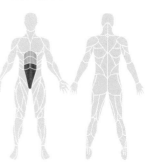

Tip 시험 유의사항 / 감점요인

상체가 앞뒤로 흔들리지 않게 최대한 고정해서 실시할 수 있도록 해야 한다.

95 사이드 크런치
(Side Crunch) ★★★

- **운동설명 ┃** 옆구리 라인을 만드는 데 효과적인 운동으로, 여성들은 추가 저항 없이 본인의 체중만을 이용해서 실시하는 것이 날씬한 허리 라인을 만드는 데 더 효과적이다.
- **운동부위 ┃** 허리
- **운동근육 ┃** 외·내복사근

❶ 오른쪽 다리를 반대쪽 다리 위에 올려놓고 좌측 팔은 머리 뒤에 놓고 준비한다.

❷ 바닥에서 어깨를 들어 사선으로 크런치 동작을 실시하면서 호흡을 내쉰다.

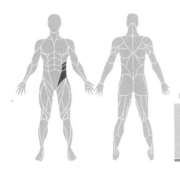

Tip 시험 유의사항 / 감점요인

머리를 손으로 잡아당기면 목이 아프거나 복사근의 힘이 분산될 수 있으니 집중해서 복사근의 힘으로 상체를 일으킬 수 있도록 실시한다.

96 오블리크 크런치
(Oblique Crunch) ★★★

· **운동설명** | 하체는 측면을 향하게 하고 상체는 천장 방향을 바라본 상태에서 크런치를 실시하는 동작이기 때문에 사실 해부학적으로 봤을 때 좋은 동작은 아니라고 생각된다. 척추가 회전된 상태에서 굴곡이 일어나기 때문에 요통이 생길 수도 있다.

· **운동부위** | 옆구리

· **운동근육** | 외·내복사근

❶
하체는 측면을 향하게 하고 상체는 천장 방향을 바라본 상태에서 준비한다.

❷
바닥에서 어깨를 들어올리면서 옆구리를 수축하면서 호흡을 내쉰다.

Tip **시험 유의사항 / 감점요인**

상체를 비틀면서 일으켜 세우지 않도록 주의한다. 상체는 천장 방향 그대로 일으켜 올린다.

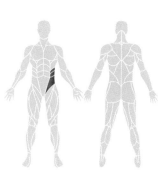

97 덤벨 사이드 밴드
(Dumbbell Side Bend) ★★★

· **운동설명 ┃** 사이드 밴드를 실시할 때 대부분의 사람들은 고중량으로 실시하는 데 그렇게 하면 통자 허리가 만들어지게 된다. 허리 라인을 슬림하게 가꾸기 위해서는 사실 중량 없이 본인의 체중이면 충분하다.

· **운동부위 ┃** 옆구리

· **운동근육 ┃** 외·내복사근

❶ 덤벨을 한손에 잡고 정면을 바라보고 선다.

❷ 정면을 바라 본 상태에서 덤벨을 잡은 측면 방향으로 천천히 상체를 내리면서 호흡을 들이마셨다가 시작자세로 되돌아간다.

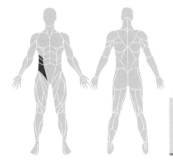

Tip 시험 유의사항 / 감점요인

무릎을 살짝 굽힌 상태에서 골반이 앞뒤는 물론이고 좌우로도 움직이지 않게 잘 고정한 상태에서 실시해야 하며 덤벨을 잡은 반대쪽 복사근이 수축되는 운동이다.

98 사이드 플랭크
(Side Plank) ★★★

· **운동설명** ┃ 측면으로 버티는 동작으로 고혈압 환자는 실시하지 않는 것이 좋다.
· **운동부위** ┃ 허리
· **운동근육** ┃ 외·내복사근

❶ 한 팔로 지면을 지지하고 측면으로 누워서
준비한다.

❷ 골반을 천장 방향으로 들어올리면서 전완
과 발만 지면에 닿게 한 상태를 유지하며
버틴다.

Tip 시험 유의사항 / 감점요인

몸이 측면으로 최대한 일직선이 되도록 하고 호흡을 참지 않도록 주의한다.

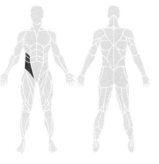

+ 지식 더하기

복근은 복직근과 복횡근 복사근으로 구분할 수 있는데 일반적으로 복직근에 대한 효율적인 운동을 하기 위해서는 복근의 속성을 이해할 필요가 있다. 복근은 대부분 지근섬유로 이루어져 천천히 실시하는 것이 효과적이며 구조상 하복부는 상복부에 비해 발달이 더디게 되어 있다. 그렇기 때문에 복직근의 하부를 자극할 수 있는 레그레이즈와 리버스 크런치 같은 동작을 먼저 실시하는 것이 좋으며 상복부에 비해 더 많은 세트 수로 시행해야 한다.

인체의 모든 근육은 서로 연결되어 있기 때문에 하복부 운동을 해도 하복부와 중간북부 그리고 상복부 순서로 함께 수축이 일어나게 된다. 복직근의 상부 운동인 크런치와 같은 운동은 하복부에 비해 적은 빈도의 세트 수로 실시하여도 발달이 빠른 특징을 갖는다.

Free Weight
Application

Chapter

07

복근
Whole Body

99 행 클린
(Hang Clean)

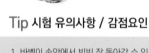Free Weight Application

· **운동설명** ㅣ 훅 그립을 이용하여 허벅지 전면에 바벨을 위치시키고 딥 자세에서부터 시작해서 스탠딩 카프 레이즈와 숄더 슈러그, 업라이트 로우를 동시에 실시하면서 확보된 공간 (Interval)을 이용해서 재빨리 프론트 스쿼트 동작으로 전환하면서 쇄골 부위에 바벨을 안착시켜야 하는 전신운동이다.
· **운동부위** ㅣ 등 상부, 어깨, 팔, 허리, 엉덩이, 허벅지, 종아리
· **운동근육** ㅣ **전신**, 승모근, 삼각근, 상완 이두근, 척추기립근, 둔근, 대퇴사두근, 슬굴곡근, 비복근, 가자미근

❶
어깨너비의 훅 그립으로 바벨을 들고 서 있는 기본자세에서 준비한다.

❷
바가 허벅지 전면에 위치할 수 있도록 딥(Deep) 자세를 취한다.

❸
스탠딩 카프 레이즈와 숄더 슈러그를 복합적으로 실시한다.

❹
동시에 바가 몸 가까이 위치하게끔 업라이트 로우를 실시한다.

❺
재빨리 프론트 스쿼트 동작으로 앉으면서 쇄골 부위에 바벨을 올려놓는다.

Tip 시험 유의사항 / 감점요인

1. 바벨이 손안에서 빙빙 잘 돌아갈 수 있도록 훅 그립을 잡고 실시한다.
2. 바벨을 당겨 올리는 동작을 할 때 리버스 컬 동작이 나오지 않도록 주의해야 한다.
3. 프론트 스쿼트로 전환했을 때 반드시 팔꿈치가 정면을 향하게 하고 상완은 지면과 평행하게 만들어야 한다. 평행한 팔 자세(Parallel Arm Position)가 유지되어야 한다.
4. 바벨을 쇄골 부위로 안착시킬 수 있게 스탠딩 카프 레이즈, 숄더 슈러그, 업라이트 로우를 복합적으로 동시에 실시함으로써 확보된 공간(Interval)을 이용하여 재빨리 프론트 스쿼트로 전환한다.

100 파워 클린
(Power Clean)

Whole Body

- **운동설명** ❘ 바닥으로부터 동작을 시작하고 마지막 동작에서 좀 더 서 있는 자세로 바벨을 받아내는 동작이다.
- **운동부위** ❘ 등 상부, 어깨, 팔, 허리, 엉덩이, 허벅지, 종아리
- **운동근육** ❘ 전신, 승모근, 삼각근, 상완 이두근, 척추기립근, 둔근, 대퇴사두근, 슬굴곡근, 비복근, 가자미근

❶
컨벤셔널 데드리프트(Conventional Deadlift) 자세로 준비한다.

❷
그대로 바벨을 끌어당기면서 스탠딩 카프 레이즈와 숄더 슈러그를 복합적으로 동시에 실시한다.

❸
동시에 바가 몸 가까이 위치하게끔 업라이트 로우를 실시한다.

❹
확보된 공간을 이용해 재빨리 프론트 스쿼트 동작으로 전환하면서 쇄골 부위에 바벨을 올려놓는다.

Tip 시험 유의사항 / 감점요인

1. 바벨이 손안에서 빙빙 잘 돌아갈 수 있도록 훅 그립을 잡고 실시한다.
2. 바벨을 당겨 올리는 동작을 할 때 리버스 컬 동작이 나오지 않도록 주의해야 한다.
3. 프론트 스쿼트로 전환했을 때 반드시 팔꿈치가 정면을 향하게 하고 상완은 지면과 평행하게 만들어야 한다. 즉, 평행한 팔 자세(Parallel Arm Position)가 유지되어야 한다.
4. 바벨을 쇄골 부위로 안착시키는 마지막 동작에서 무릎을 살짝 사용하는 느낌으로 거의 서서 바벨을 받아내야 한다. (쿼터 프론트 스쿼트 정도의 느낌

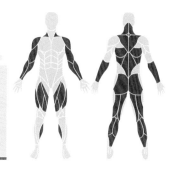

101 행 스내치
(Hang Snatch)

· **운동설명** ┃ 스내치를 안전하게 수행하기 위해서는 와이드 오버핸드 그립으로 바벨을 잡는 것이 좋으며 오버헤드 스쿼트 자세에서 팔꿈치를 쫙 펴고 양손으로는 바벨을 부러뜨린다는 느낌으로 꺾어주면 견갑골이 단단하게 잠기게(Locking) 된다. 눈으로 보기에는 행 클린보다 다소 어려워 보이지만 실제로 실시해보면 오히려 더 쉬울 수 있다.
· **운동부위** ┃ 등 상부, 어깨, 팔, 허리, 엉덩이, 허벅지, 종아리
· **운동근육** ┃ **전신**, 승모근, 삼각근, 상완 이두근, 척추기립근, 둔근, 대퇴사두근, 슬굴곡근, 비복근, 가자미근

❶ 어깨너비보다 넓은 간격의 오버그립으로 바벨을 들고 서 있는 기본자세에서 준비한다.

❷ 바가 허벅지 전면에 위치할 수 있도록 딥(Deep) 자세를 취한다.

❸ 스탠딩 카프 레이즈와 숄더 슈러그를 복합적으로 실시한다.

❹
동시에 바가 몸 가까이
위치하게끔 업라이트 로
우를 실시한다.

❺
확보된 공간을 이용해 재빨리
양팔로 바벨을 머리 위로 쭉
펴고 들어올리면서 오버헤드
스쿼트 자세를 만든다(날숨).

스내치 동작에서 바벨의 너비를 확보하는 방법

양손을 오버그립으로 바벨을 잡은 채로 무릎과 고관절을 굴곡해서 한쪽 다리를 들어
올렸을 때 양쪽 팔꿈치가 굽혀지지 않는지를 보면서 바벨의 그립 너비를 확인한다.
만약 팔꿈치가 굽혀진다면 바벨의 그립을 더 넓게 잡아야 한다.

Tip 시험 유의사항 / 감점요인

허벅지 앞부분에서 바벨을 들고 스탠딩 카프 레이즈, 숄더 슈러그, 업라이트 로우를
복합적으로 동시에 실시함으로써 확보된 공간(Interval)을 이용하여 재빨리 바벨을
머리 위로 들어 올리면서 오버헤드 스쿼트 자세로 전환한다.

102 파워 스내치[역도의 인상]
(Power Snatch)

Free Weight Application

- **운동설명** | 행 스내치와 거의 모든 동작이 동일하고 데드리프트(Deadlift)가 추가된 동작이다.
- **운동부위** | 등 상부, 어깨, 팔, 허리, 엉덩이, 허벅지, 종아리
- **운동근육** | **전신**, 승모근, 삼각근, 상완 이두근, 척추기립근, 둔근, 대퇴사두근, 슬굴곡근, 비복근, 가자미근

② 그대로 바벨을 끌어당기면서 스탠딩 카프
레이즈와 숄더 슈러그를 복합적으로 동시에
실시한다.

③ 확보된 공간을 이용해 재빨리 양
팔로 바벨을 머리 위로 쭉 펴고 들
어올리면서 쿼터 오버헤드 스쿼트
자세를 만든다(날숨).

① 컨벤셔널 데드리프트(Conventional
Deadlift) 자세로 준비한다.

④ 동시에 바가 몸 가까이 위치하게
끔 업라이트 로우를 실시한다.

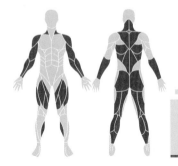

Tip 시험 유의사항 / 감점요인

스탠딩 카프 레이즈, 숄더 슈러그, 업라이트 로우를 복합적으로 동시에 실시함으로
써 확보된 공간(Interval)을 이용하여 재빨리 바벨을 머리 위로 들어올리면서 쿼터
오버헤드 스쿼트 자세로 전환한다.

103 클린 앤 저크[역도의 용상]
(Clean And Jerk)

· **운동설명** ┃ 바닥에서 바벨을 끌어올리면서 스탠딩 카프 레이즈와 숄더 슈러그, 업라이트 로우를 동시에 실시하면서 확보된 공간(Interval)을 이용해서 재빨리 프론트 스쿼트 동작으로 전환한다. 그 후 발을 앞뒤로 벌리며 바벨을 머리 위로 밀어올리는 동작이다.

· **운동부위** ┃ 등 상부, 어깨, 팔, 허리, 엉덩이, 허벅지, 종아리

· **운동근육** ┃ **전신**, 승모근, 삼각근, 상완 이두근, 척추기립근, 둔근, 대퇴사두근, 슬굴곡근, 비복근, 가자미근

❶ 컨벤셔널 데드리프트(Conventional Deadlift) 자세로 준비한다.

❷ 그대로 바벨을 끌어당기면서 스탠딩 카프 레이즈와 숄더 슈러그를 복합적으로 동시에 실시한다.

❸ 동시에 바가 몸 가까이 위치하게끔 업라이트 로우를 실시한다.

❹ 확보된 공간을 이용해 재빨리 프론트 스쿼트 동작으로 전환하면서 쇄골 부위에 바벨을 올려놓는다.

❺ 프론트 스쿼트 자세에서 힘차게 바벨을 머리 위로 밀어올림과 동시에 발을 앞뒤로 벌리면서 호흡을 내쉰다.

Tip 시험 유의사항 / 감점요인

바벨을 끌어 올릴 때 팔의 힘으로 리버스 컬 동작을 하지 않도록 주의해야 한다.

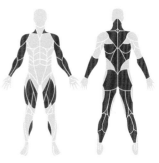

104 푸시 프레스
(Push Press)

·**운동설명** ┃ 밀리터리 프레스와 비슷해 보이지만 사실 푸시 프래스는 쇄골 위에 바벨을 올려놓은 채 지면과 평행한 팔 자세(Parallel Arm Position)를 유지한 후 무릎을 15도 정도 굽혔다가 펴면서 바벨을 머리 위로 밀어 올리는 전신운동이다.

·**운동부위** ┃ 어깨, 팔, 하체

·**운동근육** ┃ 전·측면 삼각근, 상완 삼두근, 대퇴사두근, 슬굴곡근, 둔근

❶ 오버핸드 그립으로 바벨을 들고 전면을 바라보고 선다.

❷ 클린동작으로 쇄골 위에 바벨을 올려놓고 가능하면 팔꿈치는 전면을 향하게 하고 상완은 지면과 평행한 팔 자세(Parallel Arm Position)를 유지한다.

❸ 딥(Deep) 자세를 만들었다가 하체로부터 추진력을 받아서 상체에서 힘차게 머리 위로 밀어 올리면서 호흡을 내쉰다.

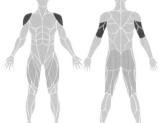

Tip 시험 유의사항 / 감점요인

푸시 프레스는 전신 및 순발력과 근력을 강화하는 운동으로 밀리터리 프레스보다 훨씬 더 무거운 중량을 이용하여 적은 반복수로 실시해야 하는 운동이다. 하체를 사용하여 추진력이 상체로 전달되는 느낌을 최대한 살려서 실시하도록 한다.

08

IFBB 규정포즈

01 남자 보디빌딩·남자 클래식 보디빌딩 규정포즈

※ 포즈의 기본은 해당 부위뿐만이 아니라, 신체의 거의 모든 부위를 수축시켜야 한다.

❶

프론트 더블 바이셉스(Front Double Biceps)

전면 상완 이두근 보여주기

*전면의 상완 이두근과 전완근의 발달정도를 심사한다.
양발의 발바닥으로 지면을 밀면서 하체에 대한 등척성 수축을 만들고 정면을 향해 선다. 양팔을 들어서 어깨와 평행하게 만들고 두 팔꿈치를 들어올리면서 양손은 주먹을 쥔다. 중요한 부분은 상완 이두근과 전완근을 함께 강조하는 것이며 동시에 광배근을 벌린다. 손목을 외회전시켜(손바닥이 몸쪽으로 향하게 손을 안쪽으로 돌려) 최대한 상완 이두근의 봉우리와 전완근을 수축시킨다. 팔꿈치를 아주 약간 앞으로 내밀어 흉근이 강조되도록 하고 복근의 긴장은 물론이고 전신의 근육을 모두 수축시킨다.

❷

프론트 랫 스프레드(Front Lat Spread)

전면 광배근 펼쳐 보이기

*전면의 광배근의 발달 정도를 심사한다.
프론트 더블 바이셉스 포즈처럼 발바닥으로 지면을 밀어내면서(등척성 수축) 하체 포즈를 취한다. 엄지를 세워서 양손을 허리에 올린 후 옆구리 지방을 누르면서 팔꿈치를 앞쪽으로 가져오고 흉곽을 확장시킴과 동시에 광배근을 펼치면서 가슴은 높게 유지하도록 하고 전신의 근육을 모두 수축시킨다.

사이드 체스트(Side Chest)

측면 흉근 보여주기

❸

*흉근과 상완 이두근, 비복근의 발달 정도를 심사한다.
스스로 자신 있는 방향의 측면으로 서서 한쪽 다리는 엄지발가락으로
올라섬으로써 비복근 수축을 한다. 뒤꿈치를 더 높이 들어올릴수록 비
복근(종아리)은 더 많이 수축된다. 손바닥을 위로 향하게 하고 옆구리
쪽에서 팔을 컬하고, 반대쪽 손은 가슴을 가로질러 컬한 손목을 위쪽에
서 잡도록 한다. 팔꿈치는 최대한 뒤로 당기고 복부는 당겨 넣고 가슴은
높게 유지한다. 몸을 약간 비틀어 흉근이 심판원들에게 더 잘 보일 수
있도록 하고 전신의 근육을 모두 수축시킨다.

백 더블 바이셉스(Back Double Biceps)

후면 상완 이두근 보여주기

❹

*등 근육의 밀도와 곡선 전체의 발달 정도를 심사한다.
뒤로 돌아선다. 한쪽 발을 약간 뒤쪽으로 두고, 발가락으로 올라섬으로
써 비복근을 수축한다. 양팔을 들어올려 상완 이두근 포즈를 잡으면서
동시에 광배근을 벌린다. 광배근을 수축한 상태를 유지하면서 팔꿈치를
뒤로 누르는데, 이렇게 하면 등의 근육질이 보다 선명해진다. 손목을 외
회전시켜서 상완 이두근의 봉우리를 높게 만들고 시험 볼 때는 상체를
의도적으로 약간 뒤쪽으로 기울여줌으로써 보다 더 능숙하게 보일 수
있도록 한다.

❺

백 랫 스프레드(Back Lat Spread)

후면 광배근 보여주기

*광배근의 신축성과 등근육의 강도, 부피와 발달 정도를 심사한다.
뒤로 돌아선 후 같은 선상에 놓인 양발의 발바닥으로 지면을 밀면서 하체에 대한 등척성 수축을 만든다. 양팔로 로우 동작을 한 후 양손의 엄지손가락을 허리에 올려 복사근(옆구리)을 눌러준다. 팔꿈치를 옆쪽으로 가져오고 광배근을 천천히 넓게 펼치는데, 이 과정을 심판원들이 지켜볼 수 있도록 한다. 광배근을 펼쳐 보이는 이 과정에서 등을 약간 뒤쪽으로 둥글게 구부리면서 최대한의 등 너비를 보여줄 수 있도록 하는 것이 좋으며 후면에서 보여지는 모든 근육을 수축할 수 있도록 한다.

❻

사이드 트라이셉스(Side Triceps)

측면 상완 삼두근 보여주기

*흉근과 상완 삼두근, 대퇴부, 비복근의 발달 정도를 심사한다.
자기 스스로 자신 있는 상완 삼두근의 방향으로 우측 또는 좌측으로 심판을 향해 서고 심판을 향한 쪽의 다리는 반드시 조금 굽혀 다른 쪽 발 앞으로 착지한다. 다른 다리는 뒤로 뺀 채 무릎을 구부려 발가락으로 지탱한다. 한 팔을 곧게 펴서 등 쪽으로 이동시킨다. 그리고 반대쪽 팔은 뒤쪽으로 돌려 손목 또는 손가락끼리 마주 잡고 상완 삼두근은 물론이고 전신의 근육을 모두 수축시킨다.

❼

업도미널 앤 타이(Abdominal &Thighs)

복근과 대퇴사두근 보여주기

*복부 근육과 대퇴부의 발달 정도를 심사한다.
정면을 향해 선다. 한쪽 다리를 앞으로 내밀고 대퇴사두근을 등척성 수축을 시킨다. 양손은 머리 뒤로 올려 정면에서 봤을 때 손바닥이 보이지 않도록 잘 감춰주고 상체를 앞쪽으로 기울이면서 복근을 최대한 수축시킨다.

02 남자 피지크 쿼터 턴

프론트 포지션(Front position)

바르게 서서 근육을 긴장시킨 자세로, 머리와 눈은 몸과 같은 방향을 향하게 하고, 네 손가락은 몸 앞쪽으로 둔 채, 한 손을 엉덩이에 얹고, 한 다리는 약간 측면으로 뻗어줍니다. 다른 손은 몸을 따라 아래로 늘어뜨린 상태에서 약간 몸에서 떨어지게 하고, 팔꿈치를 살짝 구부린 후, 손바닥을 곧게 펴주며, 손가락은 보기 좋게 정렬해줍니다. 무릎은 펴고, 복근과 광배근을 살짝 수축시킨 상태에서 고개를 들어 줍니다.

쿼터 턴 라이트(Quarter Turn Right)

몸의 왼편이 심판을 향하는 자세

선수가 첫 쿼터 턴 라이트를 수행합니다. 선수들은 몸의 왼편이 심판을 향하게 선 상태에서, 심판을 바라볼 수 있도록 상체를 약간 심판 쪽으로 돌려줍니다. 왼손은 왼쪽 엉덩이에 얹고, 오른팔은 몸의 중심선보다 약간 앞에 두고, 손바닥을 편 채로 손가락을 보기 좋게 정렬해놓고, 팔꿈치는 약간 구부립니다. 왼쪽 다리 (심판과 가까운 쪽)의 무릎을 약간 구부리고, 발은 바닥에 딱 붙입니다. 오른쪽 다리 (심판에게서 먼 쪽)의 무릎을 구부리고 뒤쪽으로 빼서 발가락으로 체중을 지탱합니다.

❸

쿼터 턴 백(Quarter Turn Back)

등이 심판을 향하는 자세

바르게 서서 근육을 긴장시킨 자세로, 머리와 눈은 몸과 같은 방향을 향하게 하고, 네 손가락은 몸 앞쪽으로 둔 채, 한 손을 엉덩이에 얹습니다. 다른 손은 몸을 따라 아래로 늘어뜨린 상태에서 약간 몸에서 떨어지게 하고, 팔꿈치를 살짝 구부린 후, 손바닥을 곧게 펴주며, 손가락은 보기 좋게 정렬해줍니다. 한쪽 다리는 약간 뒤쪽 측면으로 빼고, 발가락으로 체중을 지탱합니다. 광배근을 약간 수축시킨 채, 고개를 들어 줍니다.

❹

쿼터 턴 라이트(Quarter Turn Right)

몸의 오른편이 심판을 향하는 자세

선수는 다음 쿼터 턴 라이트를 실시하여 몸의 오른편이 심판을 향하게 선 상태에서, 심판을 바라볼 수 있도록 상체를 약간 심판 쪽으로 돌려줍니다. 오른손은 오른쪽 엉덩이에 얹고, 왼팔은 몸의 중심선에서 약간 앞으로 두고, 손바닥을 편 채로 손가락을 보기 좋게 정렬해놓고, 팔꿈치는 약간 구부립니다. 오른쪽 다리 (심판과 가까운 쪽)의 무릎을 약간 구부리고, 발은 바닥에 딱 붙입니다. 왼쪽 다리 (심판에게서 먼 쪽)의 무릎을 구부리고 뒤쪽으로 빼서 발가락으로 체중을 지탱합니다.

03 남자 클래식 피지크 규정포즈

프론트 더블 바이셉스(Front Double Biceps)

❶

선수는 심판을 향해 정면으로 서서 한 발을 40-50cm 바깥쪽 앞으로
두고 두 팔을 들어 어깨와 수평을 이루게 한 후 팔꿈치를 구부립니다.
이 포즈에서 중요하게 평가하는 이두근과 전완근이 수축되도록 주먹을
꽉 쥔 채 아래를 향하게 합니다. 또한 심판이 전체 골격을 심사하므로,
선수는 머리부터 발끝까지 가능한 한 많은 근육을 수축시킬 수 있도록
노력합니다.

심판은 처음에 상완이두근이 꽉 차있는지, 봉우리는 잘 솟아있는지, 그
리고 상완이두근의 전면부와 후면부의 분할이 선명한지를 심사하고 계
속해서 전완근, 삼각근, 흉근, 가슴에서 어깨로 이어지는 부위, 복부, 허
벅지, 종아리를 관찰함으로써 머리부터 발끝까지 심사를 이어갑니다.
심판은 또한 근육의 밀도, 선명도 그리고 전반적인 균형을 심사합니다.

사이드 체스트(Side Chest)

❷

선수는 더 "잘 발달된 팔"을 보여주기 위해 우측이나 좌측 중 한쪽을 선
택합니다. 선수는 심판을 향해 우측이나 좌측으로 서서 심판과 가까운
쪽 팔을 직각으로 구부리고 한 손은 주먹을 쥐고 다른 손은 주먹 쥔 손
의 손목을 잡습니다. 심판과 가까운 쪽 다리의 무릎을 구부리고 발가락
으로 지탱합니다. 그다음 가슴을 펴고 직각으로 구부린 팔의 상승 압력
을 이용해 상완이두근을 최대한 수축합니다. 선수는 발가락에 하강 압
력을 가해 허벅지 근육과 대퇴이두근, 비복근을 수축합니다.

심판은 가슴 근육과 흉곽의 아치 형태, 상완이두근, 대퇴이두근, 비복근
을 집중적으로 관찰하면서 머리부터 발끝까지 심사합니다. 심판은 선수
의 옆모습을 보면서 허벅지와 종아리 근육의 더 정확한 발달 정도를 확
인합니다.

❸

백 더블 바이셉스(Back Double Biceps)

선수는 뒷모습이 심판에게 보이게 서서 두 팔과 손목 자세를 Front Double Biceps 포즈와 동일하게 취하고 한 발을 뒤로 빼서 발가락으로 지탱합니다. 그다음 어깨, 상·하부 등 근육, 허벅지, 비복근뿐만 아니라 상완이두근까지 수축시킵니다.

심판은 먼저 팔 근육을 심사하고 그다음 머리부터 발끝까지 관찰하는데, 이 때 다른 포즈를 취할 때 보다 더 많은 근육군을 심사합니다. 해당 근육군은 목, 삼각근, 상완이두근, 상완삼두근, 전완근, 승모근, 원근, 극하근, 척추 기립근, 외복사근, 광배근, 대둔근, 대퇴이두근, 비복근을 포함합니다. 이 포즈를 취했을 때, 다른 포즈를 취했을 때 보다 근육의 밀도, 선명도 그리고 전체적인 균형을 심사하기가 수월합니다.

❹

사이드 트라이셉스(Side Triceps)

선수는 더 "잘 발달된 팔"을 보여주기 위해 우측이나 좌측 중 한쪽을 선택합니다. 선수는 심판을 향해 우측이나 좌측으로 서서 두 팔을 등 뒤에 놓고 깍지를 끼거나 앞쪽에 있는 손목을 다른 손으로 움켜잡습니다. 심판과 가까운 쪽 다리 무릎을 굽히고 발바닥을 바닥에 딱 붙입니다. 그리고 심판과 먼 쪽 다리의 무릎을 굽히고 발가락으로 지탱합니다. 선수는 앞쪽 팔에 압력을 가하여 상완삼두근을 수축합니다. 또한 가슴은 올리고 복부 근육, 허벅지, 비복근을 수축합니다.

심판은 일단 상완삼두근을 관찰하고 머리부터 발끝까지 심사합니다. 이 포즈에서 심판은 측면에서의 허벅지와 종아리 근육을 관찰해 비교 발달 정도를 더 정확하게 확인할 수 있습니다.

❺

베큠 포즈(Vacuum Pose)

새로운 규정 포즈로 선수는 심판을 향해 정면으로 서서 두 팔을 머리 뒤에 대고 두 발은 모읍니다. 그런 후 숨을 깊게 내쉬고, 배꼽을 척추 쪽으로 당긴다는 느낌으로 복부를 안으로 당기면서 동시에 복횡근, 다리, 몸통 및 팔 근육을 수축해 "Vacuum Pose"를 실시합니다. 이 포즈에서 복근 (복직근)은 수축시키지 않습니다.

업도미널 앤 타이(Abdominal &Thighs)

선수는 심판을 향해 정면으로 서서 두 팔을 머리 뒤에 놓고 한쪽 발을 앞에 둡니다. 그 다음 몸통을 약간 앞쪽으로 보내며 '크런칭(crunching)' 자세로 복부 근육을 수축하고 동시에 하체 전면 근육을 수축합니다. 심판은 복부와 허벅지 근육을 관찰하고 난 후 머리부터 발끝까지 심사합니다.

선수가 선택한 클래식 (Classic) 포즈

선수는 심판을 향해 바르게 서서 본인이 원하는 전면 클래식 포즈를 취합니다. 단, 머스큘러 포즈는 금지됩니다. 선수는 클래식 포즈에서 주요 근육군을 포함한 기타 근육군을 수축시켜야 하며, 한 가지 포즈만 실시합니다.

포즈 모델: 김민철 선수

04 여자 피지크 규정포즈

❶

프론트 더블 바이셉스(Front Double Biceps)

정면으로 서서 본인이 자신 있는 쪽의 다리를 약간 사선방향으로 빼고 뒤꿈치를 살짝 들어주며 등척성 수축을 한다. 두 팔을 어깨높이까지 올린 다음 팔꿈치를 구부리고 손목을 편 상태에서 손가락은 하늘을 향하게 한다. 심판은 머리부터 발끝까지 전체적인 체격을 심사하기 때문에 상완이두근은 물론이고 가능한 한 머리부터 발끝까지 전신의 근육이 수축될 수 있도록 한다.

❷

사이드 체스트(Side Chest)

왼쪽과 오른쪽 중 본인이 자신 있는 방향으로 심판을 향해 약간 비틀게 서서 복부는 안으로 집어넣는다. 축이 되는 뒤쪽 다리의 무릎은 살짝 구부리고 앞쪽 다리의 무릎은 구부리지 않은 채로 앞쪽으로 곧게 펴서 발을 바닥에 내려놓는다. 양팔은 몸 앞으로 두어 팔꿈치와 손가락을 모두 곧게 편 채로 손바닥이 아래를 보게 한 다음 양손을 같은 선상에 두거나 한 손을 다른 한 손 위에 올린다. 그리고 가슴 근육, 상완 삼두근, 대퇴사두근과 대퇴이두근 및 비복근 등 전신의 근육이 수축될 수 있도록 한다.

백 더블 바이셉스(Back Double Biceps)

뒤돌아서서 한쪽 다리를 뒤로 빼고 뒤꿈치를 들어 발가락으로 지지한다. 두 팔을 어깨높이까지 올린 다음 팔꿈치를 구부리고 손목을 편 상태에서 손가락은 하늘을 향하게 한다. 등근육과 상완 이두근을 수축하고 뒤쪽으로 보여지는 모든 근육이 수축될 수 있도록 한다.

사이드 트라이셉스(Side Triceps)

더 좋은 팔을 심판에게 보여주기 위해서 자신 있는 방향으로 선다. 축이되는 뒤쪽 다리의 무릎은 살짝 구부리고 앞쪽 다리의 무릎은 구부리지않은 채로 다리를 곧게 펴서 발을 바닥에 내려놓는다. 양손을 등 뒤에서맞잡고 앞쪽 팔의 팔꿈치를 쭉 편다. 이 때 복부는 안으로 집어넣어 볼록 나오지 않도록 주의해야 하고 상완 삼두근은 물론이고 전신의 근육이 수축될 수 있도록 한다.

포즈 모델: 임민아 선수

05 여자 피지크 쿼터 턴·
여자 보디 피트니스 쿼터 턴

❶

프론트 포지션 (Front Position)

바르게 서서 머리와 눈이 몸과 같은 방향을 향하게 합니다. 발뒤꿈치는 모으고, 양 발을 바깥쪽 30° 각도로 벌려줍니다. 양 무릎을 붙인 채로 펴고, 배는 안으로 집어넣고, 가슴을 내밀고 어깨를 뒤로 젖히고 고개를 듭니다. 두 팔을 신체 중심선을 따라 측면으로 내리고 팔꿈치를 약간 구부린 채 손바닥이 몸통을 바라보게 한 상태에서 엄지손가락과 나머지 손가락을 한데 모아 손을 살짝 오므리고, 몸에서 약 10cm 떨어진 곳에 위치시킵니다.

❷

쿼터 턴 라이트 (Quarter Turn Right)

몸의 왼편이 심판을 향하는 자세

바르게 서서, 머리와 눈이 몸과 같은 방향을 향하게 합니다. 발뒤꿈치를 모은 상태로 양 발을 바깥쪽 30° 각도로 벌려줍니다. 무릎을 펴고, 배는 안으로 집어넣고, 가슴은 내민 채 어깨를 뒤로 젖히고 고개를 듭니다. 왼 팔을 신체 중심선보다 약간 뒤로 두고 손바닥이 몸통을 바라보게 한 상태에서 엄지손가락과 나머지 손가락을 한데 모아 손을 약간 오므립니다. 오른 팔의 팔꿈치를 살짝 구부린 채 신체 전방에 위치하게 하며, 손바닥이 몸통을 바라보게 한 상태에서 손을 약간 오므립니다. 팔의 위치에 의해 상체가 약간 좌측으로 틀어지고, 좌측 어깨가 내려가고, 우측 어깨가 올라가게 되는 게 정상이지만, 너무 과장된 자세가 되지 않도록 주의합니다.

쿼터 턴 백 (Quarter Turn Back)

등이 심판을 향하는 자세

바르게 서서 머리와 눈이 몸과 같은 방향을 향하게 합니다. 발뒤꿈치를 모은 상태로 양 발을 바깥쪽 30° 각도로 벌려줍니다. 무릎을 펴고, 배는 안으로 집어넣고, 가슴은 내민 채 어깨를 뒤로 젖히고 고개를 듭니다. 두 팔을 신체 중심선을 따라 측면으로 내리고 팔꿈치를 약간 구부린 채 손바닥이 몸통을 바라보게 한 상태에서 엄지손가락과 나머지 손가락을 한데 모아 손을 약간 오므리고, 몸에서 약 10cm 떨어진 곳에 위치시킵니다.

쿼터 턴 라이트 (Quarter Turn Right)

몸의 오른편이 심판을 향하는 자세

바르게 서서 머리와 눈이 몸과 같은 방향을 향하게 합니다. 발뒤꿈치를 모은 상태로 양 발을 바깥쪽 30° 각도로 벌려줍니다. 무릎을 펴고, 배는 안으로 집어넣고, 가슴은 내민 채 어깨를 뒤로 젖히고 고개를 듭니다. 오른 팔의 팔꿈치를 살짝 구부린 채 신체 중심선보다 약간 뒤로 두고 손바닥이 몸통을 바라보게 한 상태에서 엄지손가락과 나머지 손가락을 한데 모아 손을 약간 오므립니다. 왼 팔의 팔꿈치를 살짝 구부린 채 신체 전방에 위치하게 하며, 손바닥이 몸통을 바라보게 한 상태에서 손을 약간 오므립니다. 팔의 위치에 의해 상체가 약간 우측으로 틀어지고, 우측 어깨가 내려가고, 좌측 어깨가 올라가게 되는 게 정상이지만, 너무 과장된 자세가 되지 않도록 주의합니다.

*위 자세에 대해서 적합한 자세를 취하지 않은 선수는 경고를 1회 받게 되며, 경고 후 득점에서 점수가 차감됩니다.

06 여자 비키니 쿼터 턴

❶

프론트 포지션 (Front Position)

선수는 한 손을 엉덩이에 얹고 한 발은 약간 옆으로 뻗은 채로, 머리와 눈을 몸과 같은 방향을 향하게 하고 똑바로 섭니다. 다른 손은 몸을 따라 아래로 늘어뜨린 상태에서 약간 몸에서 떨어지게 하고, 손바닥을 곧게 펴주며, 손가락은 보기 좋게 정렬해줍니다. 무릎은 펴고, 배는 집어넣고, 가슴은 내밀고, 어깨는 뒤로 펴줍니다. 대칭적 스트래들 (straddle) 자세로 서 있는 것은 옳지 않습니다. 심판은 그러한 자세로 서 있는 선수의 순위 하락, 또는 퇴장을 명할 수 있습니다.

❷

쿼터 턴 라이트 (Quarter turn right)

몸의 왼편이 심판을 향하는 자세

선수가 첫 쿼터 턴 라이트를 수행합니다. 선수들은 몸의 왼편이 심판을 향하게 선 상태에서, 심판을 바라볼 수 있도록 상체를 약간 심판 쪽으로 돌려줍니다. 오른손은 오른쪽 엉덩이에 얹고, 왼 팔은 신체 중심선보다 약간 뒤로 둔 상태에서 아래로 내립니다. 왼 손은 곧게 펴고, 손가락은 미적으로 가지런히 정렬시킵니다. 왼쪽 엉덩이를 약간 올리고, 왼쪽 다리 (심판과 가까운 쪽)의 무릎을 약간 구부리고, 왼발을 몸의 중심선 가까이에 둔 상태에서 발가락으로 체중을 지탱합니다. 이 때 오른쪽 다리는 곧게 폅니다.

쿼터 턴 백 (Quarter turn back)

등이 심판을 향하는 자세

❸

선수는 다음 쿼터 턴 라이트를 실시하여 심판에게 등을 보인 상태로 섭니다. 한 손은 엉덩이에 얹고 한 다리는 옆으로 살짝 뻗은 채, 상체를 앞으로 기울이지 않고 똑바로 세웁니다. 다른 손은 몸을 따라 아래로 늘어뜨린 상태에서 약간 몸에서 떨어지게 하고, 손은 곧게 펴주며, 손가락은 보기 좋게 정렬해줍니다. 무릎은 펴고, 배는 집어넣고, 가슴은 내밀고, 어깨는 뒤로 펴줍니다. 허리 아랫부분은 자연스럽게 굽히거나 약간의 척추전만 형태를 띠게 하며, 등 위쪽은 곧게 펴고, 고개는 들어줍니다. 선수가 상체를 심판 쪽으로 돌려서는 안 되며, 심사가 진행되는 동안 무대 뒤 쪽을 바라보고 있어야 합니다. 대칭적 스트래들(straddle) 자세로 서 있는 것은 옳지 않습니다. 심판은 그러한 자세로 서 있는 선수의 순위 하락, 또는 퇴장을 명할 수 있습니다.

쿼터 턴 라이트 (Quarter turn right)

몸의 오른편이 심판을 향하는 자세

❹

선수는 다음 쿼터 턴 라이트를 실시하여 몸의 오른편이 심판을 향하게 선 상태에서, 심판을 바라볼 수 있도록 상체를 약간 심판 쪽으로 돌려줍니다. 왼손은 왼쪽 엉덩이에 얹고, 오른 팔을 신체 중심선보다 약간 뒤로 둔 상태에서 아래로 내리고, 오른쪽 엉덩이를 약간 올리고, 오른쪽 다리 (심판과 가까운 쪽)의 무릎을 약간 구부리고, 오른발을 몸의 중심선 가까이에 둔 상태에서 발가락으로 체중을 지탱합니다. 이 때 왼쪽 다리는 곧게 폅니다.

포즈 모델: 이도연 선수

3

구술 예상문제
합격 팁

01 구술시험 빈출문제 및 예상답안

01_ 보디빌딩 종목별 규정

(1) 남자 보디빌딩 규정(2025)

• 서문

남자 보디빌딩은 유고슬라비아의 베오그라드에서 열린 1970년 IFBB 국제 총회에서 현대 스포츠 종목으로 공식적인 인정을 받았습니다. 여자 보디빌딩은 1982년 벨기에 브뤼헤에서 열린 IFBB 국제 총회에서 스포츠 종목으로 인정받았지만, 모로코 마라케시에서 개최된 2013년 IFBB 국제 총회에서 승인을 취소하면서 여자 피지크 종목으로 대체되었습니다.

__01__ 남자 보디빌딩이 현대 스포츠분야로 공식적으로 인정받은 연도와 장소를 말하시오.

남자 보디빌딩은 유고슬라비아의 베오그라드에서 있었던 1970년 IFBB 총회에서 현대 스포츠 분야로 공식적인 인정을 받았습니다.

__02__ 여자 보디빌딩이 현대 스포츠분야로 공식적으로 인정받은 연도와 장소를 말하시오.

여자 보디빌딩은 1982년 벨기에 브뤼헤에서 열린 IFBB 국제 총회에서 스포츠 종목으로 인정받았지만, 모로코 마라케시에서 개최된 2013년 IFBB 국제 총회에서 승인을 취소하면서 여자 피지크 종목으로 대체되었습니다.

__03__ 여자 보디빌딩이 여자 피지크로 대체된 연도와 장소를 말하시오.

모로코 마라케시에서 개최된 2013년 IFBB 국제 총회에서 승인을 취소하면서 여자 피지크 종목으로 대체되었습니다.

• 경기진행 및 운영

– 세계선수권대회와 대륙선수권대회를 제외한 기타 대회의 경우, 출전 선수가 적어도 3명은 되어야 해당 체급의 경기를 진행합니다. 선수가 3명 미만일 경우, 가능하다면 체급은 통합됩니다. 마스터즈 부문은 체급 통합이 없습니다. 세계선수권대회와 대륙선수권대회의 경우, 출전 선수가 5명 이상일 경우에만 해당 체급 경기를 진행할 수 있습니다. 선수가 5명 미만일 경우, 가능하다면 통합 가능한 체급과 함께 진행됩니다.
– 선수는 경기 시작 시간 45분 전까지 도착해서 준비해야 합니다.

- **남자 보디빌딩 경기 진행 방법[4개의 라운드]**
  - ① 예선 – 예선라운드: 규정 포즈 4개
  - ② 예선 – 제1라운드: 규정 포즈 4개 및 규정 포즈 7개 비교 심사
  - ③ 결선 – 제2라운드: 규정 포즈 7개 및 포즈다운
  - ④ 결선 – 제3라운드: 개별 자유 포즈 (최대 60초)

- **예선: 예선라운드**
  - – 일반: 각 체급별 예선 일정표는 공식 선수 등록 이후에 발표됩니다. 선수들은 준비운동과 경기복으로 환복하기 위해서 무대 뒤편 대기 장소에 적어도 경기 시작 시간 45분 전까지 도착하여야 합니다. 모든 선수는 호명시 경기에 출전할 수 있도록 준비하고 있어야 할 단독 책임이 있으며, 미 출전 시 경기에 참가할 수 없습니다.
  - – 예선라운드 경기 절차: 한 체급에 출전한 선수가 15명이 넘을 때 예선 라운드가 열립니다. 필요한 경우, IFBB 심판위원장은 준결선에 진출할 선수를 10명으로 줄이거나 17명으로 늘릴 수 있습니다. 10~17명의 선수가 경쟁하는 경우, 그에 맞춰 예선 라운드를 진행합니다. 결정사항은 공식 선수 등록 후 발표됩니다. 예선 라운드는 다음과 같이 진행됩니다.
    - ① 전체 출전 선수는 참가번호에 따라 1열 또는 필요시 2열로 정렬합니다.
    - ② 출전선수는 동수의 2개 그룹으로 나뉘어 무대에 자리하며 1개 그룹은 무대 좌측에 다른 그룹은 무대 우측에 자리합니다. 무대 중앙은 비교심사를 위해 비워 둡니다.
    - ③ 참가 번호에 따라 최대 8명의 선수가 동시에 무대 중앙으로 나와 다음의 4가지 규정 포즈를 실시합니다.
      - a. Front Double Biceps
      - b. Side Chest
      - c. Back Double Biceps
      - d. Abdominal & Thighs
      - (비고: 선수들은 껌 또는 다른 어떠한 음식과 음료도 무대 위에서 먹거나 마실 수 없습니다.)
    - ④ 4가지 규정포즈 심사가 끝나면 전체 출전 선수는 퇴장 전 참가번호 순서에 따라 1열로 정렬합니다.

04 예선라운드 경기 절차

한 체급에 15명 이상의 선수가 출전할 경우에 예선라운드를 실시합니다. 예선라운드의 진행이 필요한지의 여부는 IFBB 심판위원장이 결정합니다.

- **예선: 경기복장**

05 남자 보디빌딩의 경기 복장 규정에 대해 말하시오.

선수들은 단색의 투명하지 않은 깔끔하고 단정한 경기 복장을 착용합니다. 트렁크(trunk)의 색상, 섬유, 질감 및 스타일(style)은 선수들의 재량으로 선택할 수 있습니다. 트렁크(trunk)는 최소 대둔근의 3/4을 가려야 하고, 전면은 덮어 가려져야 합니다. 또한 측면은 최소 5cm 폭이어야 하고 트렁크(trunk) 안에 패딩을 넣는 것은 금지됩니다.(비고: 트렁크를 입고 포즈를 취하는 것이 금지된 국가에서 대회가 열리는 경우, 출전 선수는 남자 클래식 피지크 규정에 명시된 대로 대둔근 전체와 전면을 가리는 최소 15cm 폭의 체조용 반바지를 착용해야 합니다.)

결혼반지를 제외하고, 선수들은 신발, 안경, 시계, 팔찌, 목걸이, 귀걸이, 가발, 산란한 장식, 인공 모조품을 착용 할 수 없으며 임플란트 또는 액상주사를 사용하여 근육 또는 신체의 자연적인 형태를 변형하는 것은 엄격하게 금지되며 해당 선수는 실격처리 됩니다.
예선 및 결선에서 소품을 사용하는 것은 엄격하게 금지됩니다.

06 컬러크림 규정(인공피부약 사용 위반 및 컬러링)에 대해 말하시오.

세계보디빌딩&피트니스연맹은 지워질 수 있는 탄 및 브론저의 사용을 금지합니다. 만약에 간단하게 태닝 로션이 지워진다면, 선수는 무대로 들어갈 수 없습니다. 예선 24시간 전에 사용한 인공 착색이나 셀프 태닝 제품은 허용되며, 광택, 광채, 윤이 나는 펄 및 황금빛 색의 사용은 엄격하게 금지됩니다. 적당한 보디 오일과 보습제는 사용할 수 있으나, 오일의 과도한 사용은 엄격하게 금지합니다.

07 복장규정 위반에 대해 말하시오.

남자선수는 결혼반지를 제외한 기타 액세서리 신발류, 안경, 시계, 팔찌, 목걸이, 귀걸이, 가발, 현란한 장식, 인공 모조품을 착용한 경우는 복장규정 위반에 해당되며 임플란트 또는 액상주사를 사용하여 근육 또는 신체의 자연적인 형태를 변형하는 것은 엄격하게 금지됩니다.
측면이 얇은 끈으로 되어있는 티팬티를 착용하거나, 단색이 아닌 트렁크를 착용하거나 투명한 트렁크를 착용한 경우, 트렁크 안에 패딩을 넣는 행위 모두 복장규정 위반에 해당됩니다. 복장이 적합하지 않을 경우 실격처리 될 수 있습니다.

• 예선: 예선라운드 채점 및 평가 기준

08 예선라운드 채점 및 평가 기준에 대해 말하시오.

심판은 선수의 피부 색조분만 아니라 전체적인 체격 비율과 대칭, 근육 크기와 우수성 (밀도, 분리도, 선명도)을 평가합니다.

• 예선라운드 평가, 제1라운드 및 제2라운드 – 규정포즈 비교 심사
 – 일반: 출전 선수의 육체미를 평가할 때 심판은 체격 전체를 포괄적으로 평가하는 절차를 따릅니다. 규정 포즈 비교 심사에서 심판은 드러나는 기초 근육군을 가장 먼저 살핍니다. 그런 다음 머리에서 시작해 전체적인 육체미를 관찰하고, 전반적인 인상으로 시작해 차례차례 아래쪽으로 신체의 모든 부분을 주시하면서 근육 크기, 균형적인 발달, 근육의 밀도와 선명도를 심사합니다.
 하향식 측정을 통해 머리, 목, 어깨, 가슴, 전체 팔 근육, 흉근을 포함한 상체 전면, 가슴에서 어깨로 이어지는 부위, 복부, 허리, 허벅지, 다리, 종아리, 발을 세밀히 관찰합니다. 후면도 같은 방식으로 상부/하부 승모근, 원근, 극하근, 척추 기립근, 둔근, 허벅지의 대퇴이두근, 종아리, 발을 세밀히 관찰합니다.
 비교 심사에서는 다양한 근육군을 세밀히 평가하는 동시에 선수의 전체적인 균형 잡힌 발달을 고려하면서 근육 형태, 밀도, 선명도를 비교하는 것이 효과적입니다. 규정 포즈 비교 심사의 중요성은 아무리 강조해도 지나치지 않은데, 이는 어느 선수가 근육의 크기, 균형적인 발달, 근육의 밀도와 선명도 측면에서 더 뛰어난지

판단하는 데 도움이 되기 때문입니다.

선수의 해부학적 구조가 피지크 스포츠에서 허용되는 신체조건의 기준과 현저하게 다른 예외적인 경우 (부풀어 오른 배, 부자연스러운 근육의 형태, 여성형 유방, 과도한 체지방 수치 등), 심판위원장에게는 선수가 경기에 참가하는 것을 막거나, 무대 프레젠테이션 중 언제라도 선수를 실격시킬 수 있는 권한이 있습니다.

- 남자 선수 육체미 평가: 예선 평가에서는 전체 형태와 다양한 근육군을 중요하게 봅니다. 심판은 조화롭고 표준적인 체격을 선보이는 선수에게 점수를 주어야 합니다. 심판은 선수의 훌륭한 포즈와 선수의 자세, 올바른 해부학적인 구조 (신체의 기본 구조, 넓은 어깨, 가슴의 높이, 올바른 척추 곡선, 바람직한 비율의 팔다리와 몸체, 안짱다리나 휜 다리가 아닌 곧은 다리 포함)를 관찰합니다.

심판은 선수가 IFBB에서 피부 결점으로 고려하는, 수술 자국이나 흉터, 반점, 여드름, 문신이 없는 깔끔한 피부의 소유자인지, 머리 모양이 단정하고 발과 발가락의 형태가 바람직한지를 관찰합니다. 2명 이상의 선수가 같은 수준으로 판단되어 순위 선정이 어려운 경우에는 심판은 위에 언급한 측면 중 결점을 찾아 순위를 정합니다.

09 제1라운드 평가 기준에 대해 말하시오.

근육 크기, 균형적인 발달, 근육의 밀도와 선명도를 심사합니다.

- **결선(Finals)**
  - 결선 진행 과정: 예선 상위 6명의 선수들이 결선에 진출하고 다음 2개의 라운드로 진행됩니다.
    ① 제2라운드: 규정포즈 및 포즈다운
    ② 제3라운드: 개인별 자유 포즈

- **결선: 제2라운드 프레젠테이션 – 규정 포즈와 포즈 다운**
  ① 상위 6명의 결선 참가 선수들은 참가번호에 따라 1열로 정렬합니다. 각 선수의 참가번호, 국가와 선수명이 소개됩니다.
  ② 상위 6명의 결선 참가자는 무대 중앙에서 한 개의 그룹으로 7가지 규정포즈를 실시합니다. 마지막 규정포즈 후 심판위원장은 선수들을 참가번호 역순으로 다시 정렬시킨 후 7가지 규정포즈를 다시 한번 반복하게 합니다. 7가지 규정포즈로 제2라운드의 점수를 채점합니다.
  ③ 7가지 규정포즈가 마무리되면, 심판위원장은 조직 위원회가 준비한 음악에 따라 30초에서 60초 사이동안 포즈 다운을 요구합니다.(포즈 다운은 제2라운드 점수에 반영되지 않습니다.)
  ④ 포즈 다운이 끝나면 상위 6명의 결선 참가자는 퇴장 전 참가번호 순서에 따라 1열로 정렬합니다.

- **결선: 제3라운드 프레젠테이션 – 개인별 자유 포즈**
  - 제2라운드가 끝나는 즉시 제3라운드가 진행되며, 다음과 같이 진행됩니다.
    ① 출전선수 상위 6명은 참가번호 순으로 개인이 선택한 음악에 맞추어 최대 60초간의 개인별 자유 포즈를 실시하며 제3라운드의 점수로 채점됩니다.
    ② 소품의 사용은 금지됩니다.
    ③ 제3라운드의 복장은 다른 라운드들과 같은 기준을 따라야 합니다.

• 결선: 제3라운드 평가

① 제3라운드에서 심판은 선수가 음악에 맞춰 어떻게 자신의 육체미를 잘 표현했는지를 평가합니다. 심판은 규정포즈 횟수를 포함한 유연함, 예술성, 훌륭한 안무 과정에 주목합니다. 규정포즈는 반드시 포함되어야 합니다. 선수는 또한 근육의 발육을 표현하기 위해 간헐적인 정지 동작도 포함해야 합니다. 대퇴사두근 또는 대둔근의 상단 내부를 표현하기 위한 달 포즈와 경기복을 당기는 행동은 엄격히 금지됩니다.

② 심판은 이번 라운드에서 육체미 50%, 개인별 자유 포즈 50% 심사하는 것을 명심해야 합니다.

10 남자 보디빌딩 종목 경기의 진행방식에 대해 말하시오.

① 예선 – 예선라운드: 4개의 규정 포즈(1, 3, 4, 7번 포즈)
  a. Front Double Biceps   b. Side Chest
  c. Back Double Biceps   d. Abdominal & Thighs
  오직 15명의 선수만 예선 1라운드에 진출할 수 있음
② 예선 – 제1라운드(Round 1): 4개의 규정 포즈 및 7개의 규정 포즈 비교 심사
  결선 진행 과정: 예선 상위 6명의 선수들이 결선에 진출하고 다음 2개의 라운드로 진행
  (결선에서는 예선점수를 반영하지 않음)
③ 결선 – 제2라운드(Round 2): 7개의 규정포즈 및 포즈다운(30~60초 동안 진행)
  상위 6명의 선수들이 3라운드에 진출할 수 있음
④ 결선 – 제3라운드(Round 3): 개인별 자유 포즈 심사(최대 60초간)
  선수들은 껌, 음료 등 어떠한 음식도 무대 위에서 섭취불가

경기진행: 예선(예선라운드) – 예선(예선1라운드) – 결선(결선2라운드) – 결선(결선3라운드)
남자 보디빌딩 경기는 4개의 라운드로 구성됩니다. 예선 라운드, 예선 1라운드, 결선 2라운드, 결선 3라운드 순으로 진행됩니다. 예선 라운드에서는 4개의 규정포즈 1, 3, 4, 7번 포즈를 심사하고, 예선 1라운드에서는 4

개의 규정포즈 및 7개의 규정포즈를 비교심사합니다. 결선 2라운드는 7개의 규정포즈 및 포즈다운을 30~60초 동안 진행하지만 포즈다운은 점수에 반영되지 않습니다. 결선 3라운드는 개인이 준비한 음악에 맞추어 개인별 자유포즈를 최대 60초간 실시합니다. 이때 자유포즈 안에는 규정포즈 7개를 반드시 포함해야 합니다.

11 예선 라운드의 경기 진행방식에 대해 말하시오.

보디빌딩 예선 라운드는 한 체급에 15명 이상의 선수가 출전할 경우 IFBB심판위원장의 결정에 의해 실시합니다. 예선라운드는 1, 3, 4, 7번 4개의 규정포즈에 대한 비교심사로 진행됩니다. 4개의 포즈를 비교심사해서 예선 1라운드에 오를 상위 15명의 선수를 결정합니다.

<u>12</u> IFBB 남자 보디빌딩 결선 경기의 진행방식에 대해 말하시오.

결선 경기는 2라운드와 3라운드로 구성됩니다. 2라운드에서는 7개의 규정포즈와 포즈다운을 30~60초 동안 실시합니다. 3라운드는 개인별 자유포즈로 개인이 준비한 음악에 맞춰 최대 60초간 다양한 포즈를 예술적으로 표현합니다. 이때 7개의 규정포즈를 반드시 포함해야 합니다.

<u>13</u> 결선 시합 제3라운드의 경기 진행방식에 대해 말하시오.

보디빌딩 결선 시합 3라운드는 자유포즈로, 개인이 준비한 음악에 맞춰 최대 1분간 본인이 자신 있는 다양한 포즈를 예술적으로 표현합니다. 이때 7개의 규정포즈를 반드시 포함해야 합니다.

<u>14</u> 남자 보디빌딩 경기 규정 포즈 7가지를 말하시오.

1. 프론트 더블 바이셉스(Front Double Biceps)
2. 프론트 랫 스프래드(Front Lat Spread)
3. 사이드 체스트(Side Chest)
4. 백 더블 바이셉스(Back Double Biceps)
5. 백 랫 스프래드(Back Lat Spread)
6. 사이드 트라이셉스(Side Triceps)
7. 업도미널 앤 타이(Abdominal & Thighs)

<u>15</u> 남자 보디빌딩 규정포즈 1번의 채점방식에 대해 말하시오.

보디빌딩 규정포즈 1번은 정면으로 서서 전완근과 상완 이두근을 주로 보여주는 포즈입니다. 하지만 머리부터 발끝까지 신체 전반적인 근육의 발달을 체크하고 심사에 반영합니다. 또한 전체적인 체격의 비율과 대칭, 근육의 크기와 균형적인 발달, 근육의 밀도 및 선명도를 평가합니다.

(2) 남자 클래식 보디빌딩(2025)

• 서문

남자 클래식 보디빌딩은 2005년 11월 27일 중국 상하이에서 개최된 IFBB 최고 집행 위원회와 IFBB 국제 총회에 의해 새로운 스포츠 종목으로 인정받았습니다. 클래식 보디빌딩은 기존의 보 디빌더에 비해 근육 발달도는 조금 덜할지라도, 탄탄하고 미적인 신체를 선호하는 남성들을 위 한 대회에 대한 전 세계적으로 증가하는 수요에 부응하는 종목입니다.

남자 게임즈 클래식 보디빌딩은 2016년 11월 4일 스페인 베니도름에서 개최된 IFBB 최고 집행 위원회와 IFBB 국제 총회에 의해 새로운 스포츠 종목으로 인정받았습니다. 이 종목을 클래식 보디빌딩과 비교했을 때의 유일한 차이는 체중 한계치를 더 낮춤으로써 근육을 덜 발달시키고자 하는 남성들을 고려했다는 점입니다.

01 남자 클래식 보디빌딩에 대해 말하시오.

남자 클래식 보디빌딩은 보디빌딩과 피지크의 중간정도로 근육을 덜 발달시키기를 선호하는 세계적인 수요 증가에 반응하고 있는 종목으로 체지방은 적고 근육은 둥글며 단단하고 미적으로 보기 좋아야 합니다. 체급을 단순체중으로 구분하는 것이 아니라 키와 체중을 고려하는 것이 특징이며, 피부톤은 부드럽고 건강하게 보여야 하고 다이어트를 통해 얻은 근긴장의 정도를 통해 체격을 평가합니다.

• 체급

남자 시니어 클래식 보디빌딩에는 현재 다음과 같은 5개의 체급이 있습니다.

  a. Class A: 168cm 이하: 최대 체중 [kg] = (신장 [cm] − 100) + 0 [kg]

  b. Class B: 171cm 이하: 최대 체중 [kg] = (신장 [cm] − 100) + 2 [kg]

  c. Class C: 175cm 이하: 최대 체중 [kg] = (신장 [cm] − 100) + 4 [kg]

  d. Class D: 180cm 이하: 최대 체중 [kg] = (신장 [cm] − 100) + 7 [kg]

  e. Class E: 180cm 초과:

    a) 180cm 초과 − 188cm 이하: 최대 체중 [kg] = (신장 [cm] − 100) + 9 [kg]

    b) 188cm 초과 − 196cm 이하: 최대 체중 [kg] = (신장 [cm] − 100) + 11 [kg]

    c) 196cm 초과: 최대 체중 [kg] = (신장 [cm] − 100) + 13 [kg]

02 남자 시니어 클래식 보디빌딩에서 신장 180cm이하의 최대 체중 구하는 공식에 대해서 말하시오.

최대 체중 [kg] = (신장 [cm] − 100) + 7 [kg]

• 경기진행 및 운영

  – 세계선수권대회와 대륙선수권대회를 제외한 기타 대회의 경우, 출전 선수가 적어도 3명은 되어야 해당 체급의 경기를 진행합니다. 선수가 3명 미만일 경우, 가능하다면 체급은 통합됩니다. 마스터즈 부문은 체급 통합이 없습니다. 세계선수권대회와 대륙선수권대회의 경우, 출전 선수가 5명 이상일 경우에만 해당 체급 경기를 진행할 수 있습니다. 선수가 5명 미만일 경우, 가능하다면 통합 가능한 체급과 함께 진행됩니다.

  – 중복 출전: 만약 남자 클래식 보디빌딩 참가 선수가 각 종목의 특정 요건과 체중 / 신장 제한 기준을 충족한다면, 같은 대회에서 게임즈 클래식 보디빌딩, 클래식 피지크, 보디빌딩 경기에 참가할 수 있습니다.

  – 선수는 경기 시작 시간 45분 전까지 도착해서 준비해야 합니다.

• 남자 클래식 보디빌딩 경기 진행 방법

  ① 예선 – 예선라운드: 규정 포즈 4개

  ② 예선 – 제1라운드: 규정 포즈 4개 & 규정 포즈 7개 비교 심사

  ③ 결선 – 제2라운드: 규정 포즈 7개 × 2 및 포즈다운

  ④ 결선 – 제3라운드: 개별 자유 포즈 (60초)

03 남자 클래식 보디빌딩 경기 운영 및 진행 방식에 대해 말하시오.

라운드: 예선(예선라운드) – 예선(예선1라운드) – 결선(결선2라운드) – 결선(결선3라운드)
① 예선 – 예선라운드: 4개의 규정 포즈(1,3,4,7번 포즈) 심사
② 예선 – 제1라운드: 4개의 규정 포즈, 7개의 규정 포즈 비교 심사
③ 결선 – 제2라운드: 7개의 규정 포즈×2 및 포즈다운(30~60초 동안 진행)
④ 결선 – 제3라운드: 개인별 자유 포즈 심사(최대 60초간)
남자 클래식 보디빌딩 경기는 예선 라운드, 예선 1라운드, 결선 2라운드, 결선 3라운드 순으로 진행됩니다. 예선 라운드에서는 4개의 규정포즈(1, 3, 4, 7번 포즈)를 심사하고, 예선 1라운드에서는 4개의 규정포즈, 7개의 규정포즈를 비교심사 합니다. 결선 2라운드는 7개의 규정포즈×2 및 포즈다운을 심사하고, 결선 3라운드는 개인별 자유포즈를 1분 동안 실시합니다.

• 예선: 예선라운드 경기 절차, 예선라운드 채점 및 평가 기준
  – 위 내용은 (1) 남자보디빌딩 규정에 해당하는 내용과 동일합니다.

• 예선: 경기 복장

04 남자 클래식 보디빌딩의 경기 복장 규정에 대해 말하시오.

선수는 어느 색이든 단색의 불투명한 소재의 체조용 반바지(gymnastic shorts)를 착용해야 합니다. 반바지는 대둔근 전체와 전면을 가리는, 측면의 폭이 15cm 이상인 것이어야 합니다. 다리 윗부분은 드러낼 수 있습니다. 복장에 장식품은 허용되지 않으며, 반바지 안에 패딩 처리를 하는 것은 금지됩니다.
결혼반지를 제외하고, 선수들은 신발, 안경, 시계, 목걸이, 귀걸이, 가발, 정신 사나운 장식, 인공 보형물을 착용할 수 없습니다. 임플란트나 액상 주사를 사용하여 근육 또는 신체의 자연적인 형태를 변형시키는 것은 엄격히 금지되며, 적발 시 해당 선수는 실격처리 됩니다.
일반적으로 헤드기어는 금지되지만, 선수가 대표하는 국가의 공식 규정이나 선수가 준수하는 종교적 원칙 때문에 필요할 경우, 안면 가리개가 없는 작고 꼭 맞는 모자를 사용할 수 있습니다. 해당 모자를 공식 선수 등록 때 지정된 IFBB 관계자에게 보여준 후, 승인을 받아야 합니다.
예선 및 결선에서 소품을 사용하는 것은 엄격하게 금지됩니다.

• 예선라운드 평가, 제1라운드 및 제2라운드 – 규정포즈 비교 심사
  ① 출전 선수의 육체미 (physique)를 평가할 때 심판은 체격 전체를 포괄적으로 평가하는 절차를 따릅니다. 체격의 전체적인 인상에서부터 시작해, 헤어 스타일과 외모, 전반적인 근계(筋系)의 발달, 체격의 균형적이고 대칭적인 발달, 피부와 피부 톤, 무대 위에서 자신감 있게 표현하는 능력을 종합적으로 심사합니다.
  ② 규정 포즈 비교 심사에서 심판은 드러나는 기초 근육군을 가장 먼저 살핍니다. 그런 다음 머리에서 시작해 전체적인 육체미를 관찰하고, 전반적인 인상으로 시작해 차례차례 아래쪽으로 신체의 모든 부분을 주시하면서 근육 크기, 균형적인 발달, 근육의 밀도와 선명도를 심사합니다.

하향식 측정을 통해 머리, 목, 어깨, 가슴, 전체 팔 근육, 흉근을 포함한 상체 전면, 가슴에서 어깨로 이어지는 부위, 복부, 허리, 허벅지, 다리, 종아리, 발을 세밀히 관찰합니다. 후면도 같은 방식으로 상부/하부 승모근, 원근, 극하근, 척추 기립근, 둔근, 허벅지의 대퇴이두근, 종아리, 발을 세밀히 관찰합니다.

비교 심사에서는 다양한 근육군을 세밀히 평가하는 동시에 선수의 전체적인 균형 잡힌 발달을 고려하면서 근육 형태, 밀도, 선명도를 비교하는 것이 효과적입니다. 규정 포즈 비교 심사의 중요성은 아무리 강조해도 지나치지 않은데, 이는 어느 선수가 근육의 크기, 균형적인 발달, 근육의 조밀도와 선명도 측면에서 더 뛰어난지 판단하는 데 도움이 되기 때문입니다.

③ 선수의 노력에 의해 완성된 전반적인 근긴장의 정도를 통해 체격을 평가합니다. 근육군은 신체 지방이 적고 단단하며 둥근 형태여야 합니다.

④ 근육의 단단함과 선수의 피부 톤도 심사합니다. 피부 톤이 매끄럽고 건강해 보여야 합니다.

⑤ 선수가 무대에 나오는 순간부터 다시 무대 밖으로 퇴장할 때까지의 전체 프레젠테이션 과정이 심판의 육체미 평가에 포함됩니다. 선수는 항상 "건강하고 체격이 좋으며 근육이 탄탄하게 발달된" 신체를 통해 "전체적으로 다 갖춘 모습"을 보여야 합니다.

⑥ 선수의 해부학적 구조가 피지크 스포츠에서 허용되는 신체조건의 기준과 현저하게 다른 예외적인 경우 (부풀어 오른 배, 부자연스러운 근육의 형태, 여성형 유방, 과도한 체지방 수치 등), 심판위원장은 선수의 경기 참가 자체를 막을 수 있으며, 또한 선수의 무대 프레젠테이션 중 언제든 선수를 실격시킬 수 있습니다.

• 결선: 제3라운드 평가

① 심판은 선수가 음악에 맞춰 얼마나 본인의 육체미를 잘 표현하는지를 평가합니다. 각 심판은 근육의 발달, 선명도, 스타일과 우아함, 개성, 운동 협응력 및 전반적인 퍼포먼스를 보여주기 위한 포징 루틴을 평가합니다. 심판은 규정 포즈를 포함한 다양한 포즈에서 유연하고 예술적이며 안무가 훌륭한 동작을 기대합니다. 선수는 또한 근육 발달을 보여주기 위해 간헐적인 정지 동작도 실시해야 합니다. 대퇴사두근, 대둔근의 내측 상단을 보여주기 위한 "Moon" 포즈와 경기 복장을 당기는 행동은 엄격히 금지됩니다.

② 심판은 제3라운드에서 육체미 50%, 개별 자유 포즈 50%의 비율로 심사해야 한다는 것을 명심해야 합니다.

05 남자 클래식 보디빌딩 채점 및 평가 방식에 대해 말하시오.

근육을 덜 발달시키기를 선호하는 세계적인 수요증가에 반응하고 있는 종목으로 체지방은 적고 근육은 둥글며 단단하고 미적으로 보기 좋아야 합니다.
체급을 단순체중으로 구분하는 것이 아니라 키와 체중을 고려하는 것이 특징이며, 피부톤은 부드럽고 건강하게 보여야 하고 다이어트를 통해 얻은 근긴장의 정도를 통해 체격을 평가합니다.

(3) 남자 클래식 피지크(2025)

• 서문

남자 클래식 피지크는 2018년 11월 9일 스페인 베니도름에서 개최된 IFBB 국제 총회에서 새로운 스포츠 종목으로 공식적으로 인정받았습니다.

• 체급

- 남자 시니어 클래식 피지크에는 현재 다음과 같은 5개의 체급이 있습니다.
    ① 168cm 이하 최대 체중 [kg] = (신장[cm] − 100) + 4 [kg]
    ② 171cm 이하 최대 체중 [kg] = (신장[cm] − 100) + 6 [kg]
    ③ 175cm 이하 최대 체중 [kg] = (신장[cm] − 100) + 8 [kg]
    ④ 180cm 이하 최대 체중 [kg] = (신장[cm] − 100) + 11 [kg]
    ⑤ 180cm 초과:
        a) 180cm 초과 – 188cm 이하: 최대 체중 [kg] = (신장[cm] − 100) + 13 [kg]
        b) 188cm 초과 – 196cm 이하: 최대 체중 [kg] = (신장[cm] − 100) + 15 [kg]
        c) 196cm 초과: 최대 체중 [kg] = (신장[cm] − 100) + 17 [kg]

- 남자 주니어 클래식 피지크 세계 대회에는 현재 다음과 같은 체급이 있습니다.
    ① 16세부터 20세까지: 오픈 체급
    ② 21세부터 23세까지: 오픈 체급
    두 부문 모두 다음의 체중 제한 기준 적용:
    ① 168cm 이하: 최대 체중 [kg] = (신장[cm] − 100) + 2 [kg]
    ② 171cm 이하: 최대 체중 [kg] = (신장[cm] − 100) + 3 [kg]
    ③ 175cm 이하: 최대 체중 [kg] = (신장[cm] − 100) + 4 [kg]
    ④ 180cm 이하: 최대 체중 [kg] = (신장[cm] − 100) + 6 [kg]
    ⑤ 188cm 이하: 최대 체중 [kg] = (신장[cm] − 100) + 7 [kg]
    ⑥ 196cm 이하: 최대 체중 [kg] = (신장[cm] − 100) + 8 [kg]
    ⑦ 196cm 초과: 최대 체중 [kg] = (신장[cm] − 100) + 9 [kg]

- 남자 마스터즈 클래식 피지크 대회에는 현재 다음과 같은 3개의 체급이 있습니다.
    ① 40세부터 44세까지: 오픈 체급
    ② 45세부터 49세까지: 오픈 체급
    ③ 50세 이상: 오픈 체급
        (비고: 남자 마스터즈 클래식 피지크 선수의 체중 제한 기준은 남자 시니어 클래식 피지크와 같습니다.)

01 남자 시니어 클래식 피지크에서 신장 188cm의 체중 제한 기준을 구하는 방법에 대해서 말하시오.

키 188cm는 188-100에 +13을 합니다. 101kg입니다.

02 남자 시니어 클래식 피지크에서 신장 188cm초과 196cm이하의 최대 체중 구하는 공식에 대해서 말하시오.

(신장[cm] − 100) + 15 [kg]

- **라운드**
  ① 예선 – 예선 라운드: 규정 포즈 4개
  ② 예선 – 제1라운드: 규정 포즈 4개 & 규정 포즈 7개 비교 심사
  ③ 결선 – 제2라운드: 규정 포즈 7개 × 2 및 포즈다운
  ④ 결선 – 제3라운드: 개별 자유 포즈 (60초)

- **예선 라운드: 4개의 규정 포즈(1, 2, 3, 5번 포즈)**
  a. Front double biceps
  b. Side chest
  c. Back double biceps
  d. Vacuum pose

03 남자 클래식 피지크 경기 복장에 대해 말하시오.

선수는 어느 색이든 단색의 불투명한 소재의 체조용 반바지(gymnastic shorts)를 착용해야 합니다. 반바지는 대둔근 전체와 전면을 가리는, 측면의 폭이 15cm이상인 것이어야 합니다. 다리 윗부분은 드러낼 수 있습니다. 복장에 장식품은 허용되지 않으며, 반바지 안에 패딩 처리를 하는 것은 금지됩니다.

- **제1라운드 개별 비교 심사: 7개의 규정 포즈**
  a. Front double biceps
  b. Side chest
  c. Back double biceps
  d. Side triceps
  e. Vacuum pose
  f. Abdominals & Thighs
  g. 클래식(Classic) 포즈: 선수가 자유롭게 한 가지의 전면 포즈 실시 (단, 머스큘러 포즈는 금지)

(4) 여자 피지크(2025)

• 서문

여자 피지크는 2012년 11월 11일에 에콰도르의 과야킬에서 열린 IFBB 최고 집행 위원회와 IFBB 국제 총회에 의해 새로운 스포츠 종목으로서 공식적으로 인정받았습니다. 여자 피지크 부문은 이전 여자 보디빌더들에 비해 근육은 덜 발달시키면서, 탄탄하고 미적으로 보기 좋은 피지크를 선호하는 여성들을 대상으로 합니다.

01 여자 피지크 경기 및 채점 방식에 대해 말하시오.

여자 피지크 경기는 근육을 덜 발달시키기를 선호하는 여성을 대상으로 하며 탄탄하고 미적으로 보기 좋아야 합니다. 선수의 우아함과 비율, 대칭을 평가하며 혈관 및 근육의 선명도가 이전 여자보디빌딩선수와 비슷하다면 감점의 요인이 됩니다.

• **여자 피지크 경기 진행 방법**

　① 예선 – 예선라운드: 4개의 규정 포즈
　② 예선 – 제1라운드: 4개의 규정 포즈, 쿼터 턴 및 규정 포즈 비교 심사
　③ 결선 – 제2라운드: 쿼터턴, 규정 포즈 비교심사 및 포즈 다운
　④ 결선 – 제3라운드: 개인별 자유 포즈 심사 60초

02 여자 피지크 종목 경기 진행방식에 대해 말하시오.

여자 피지크 경기는 예선 라운드, 예선 1라운드, 결선 2라운드, 결선 3라운드 이렇게 4개의 라운드로 구성됩니다. 예선 라운드에서는 4개의 규정포즈(프론트 더블 바이셉스, 사이드체스트, 백 더블 바이셉스, 사이드 트라이셉스)를 심사하고, 예선 1라운드에서는 4개의 규정포즈, 쿼터 턴 및 규정포즈(쿼터 턴 라이트 – 쿼터 턴 백 – 쿼터 턴 라이트 – 쿼터 턴 프론트 – 프론트 더블 바이셉스 – 사이드 체스트 – 백 더블 바이셉스 – 사이드 트라이셉스)를 비교 심사합니다.
결선 2라운드는 쿼터 턴, 규정포즈 및 포즈다운을 심사하고, 결선 3라운드는 개인별 자유 포즈를 60초간 실시합니다.

03 여자 피지크 예선 진행순서에 대해 말하시오.

예선라운드: 4개의 규정 포즈
예선 제1라운드: 4개의 규정 포즈, 쿼터 턴 및 규정포즈 비교심사

04 여자 피지크 결선 제3라운드 진행방식에 대해 말하시오.

개인별 자유포즈 심사 60초

- **여자 피지크 경기 복장**

  ① 투명하지 않은 일반 비키니(투 피스)
  ② 비키니의 색상, 섬유, 질감, 장신구 및 스타일은 선수 재량
  ③ 최소 대둔근(둔부)의 1/2 이상과 전면을 가리는 비키니, 비키니의 상태는 좋아야하며 끈으로 된 비키니는 엄격하게 금지
  ④ 신발 착용 금지
  ⑤ 공식 선수 등록 중에 복장 검사
  ⑥ 머리 손질은 가능하지만 스타일을 지정할 수도 있음
  ⑦ 결혼반지, 팔찌 및 귀걸이를 제외한 장신구는 금지합니다. 또한 안경, 시계, 가발 및 인공 모조품을 착용할 수 없습니다.(단, 인공 유방 확대술 제외) 임플란트 또는 액상주사를 사용하여 근육 또는 신체의 자연적인 형태를 변형하는 것은 엄격하게 금지되며 해당 선수는 실격처리됩니다.

05 여자 피지크 경기 복장 규정에 대해 말하시오.

최소 대둔근의 1/2이상과 전면을 가리는 투명하지 않은 비키니를 착용해야 하고 결혼반지, 팔찌 및 귀걸이를 제외한 장신구는 금지합니다. 비키니의 색상, 섬유, 질감 및 스타일은 선수 재량으로 선택 가능하지만 끈으로 된 비키니는 엄격하게 금지됩니다.

06 복장규정 위반에 대해 말하시오.

여자선수는 결혼반지, 팔찌 및 귀걸이를 제외하고 양말, 신발, 안경, 시계, 목걸이, 가발, 산란한 장식, 인공 모조품을 착용할 수 없습니다.(단, 인공 유방 확대술 제외) 임플란트 또는 액상주사를 사용하여 근육 또는 신체의 자연적인 형태를 변형하는 것은 엄격하게 금지되며 해당 선수는 실격됩니다. 복장이 적합하지 않을 경우 실격처리 될 수 있습니다.

- **예선라운드 채점**

07 여자 피지크 경기 채점 및 평가 방식에 대해 말하시오.

심판은 전체적인 근육의 발달, 비율, 대칭, 균형 및 피부색(부드럽고 건강한 피부)에 대한 전반적인 체격을 평가합니다.
오직 15명의 선수만 제1라운드에 진출할 수 있습니다.

- **예선: 제1라운드 프레젠테이션**

  a. Quarter Turn Right
  b. Quarter Turn Back
  c. Quarter Turn Right
  d. Quarter Turn Front

e. Front Double Biceps(arms at shoulder level, open handed)

f. Side Chest

g. Back Double Biceps(arms at shoulder level, open handed)

h. Side Triceps

• 예선라운드, 제1라운드 및 제2라운드 평가 – 쿼터 턴 및 규정포즈 비교 심사

08 제1라운드 및 제2라운드의 채점 및 평가 방식에 대해 말하시오.

선수의 전반적인 균형 잡힌 발달 정도와 여성미를 고려하여 근육의 형태, 밀도, 선명도를 비교해야 합니다.

• 결선: 제3라운드평가

09 여자 피지크 제3라운드의 채점 및 평가 방식에 대해 말하시오.

① 심판은 근육, 선명도, 스타일, 우아함, 개성, 탄탄함, 전반적인 안무 과정을 평가합니다. 심판은 예술성 및 매끄럽고 훌륭한 안무 과정과 그 과정 안에 규정포즈가 포함되어 있는지를 주목합니다. 개인별 자유포즈에는 규정포즈가 반드시 포함되어야 합니다.

② 심판은 이번 라운드에서 루틴과 피지크를 심사하는 것을 명심해야 합니다.

10 여자 피지크 심사규정 및 평가항목에 대해 말하시오.

전체적인 근육의 발달과 비율, 대칭, 균형 및 피부색(부드럽고 건강한 피부)에 대한 전반적인 체격을 평가하며 보디빌딩처럼 과도한 근육과 단단함 및 너무 마르거나 지나치게 선명도를 갖춘 선수에 대하여 감점합니다.

11 여자 피지크 감점 요인에 대해 말하시오.

여자 피지크 경기는 근육을 덜 발달시키기를 선호하는 여성을 대상으로 하기 때문에 탄탄하고 미적으로 보기 좋아야 합니다. 선수의 우아함과 비율, 대칭을 평가하며 혈관 및 근육의 선명도가 이전 여자보디빌딩선수와 비슷하다면 감점됩니다.

12 여자 피지크 규정포즈 4가지를 말하시오.

1. 프론트 더블 바이셉스(Front Double Biceps)
2. 사이드 체스트(Side Chest)
3. 백 더블 바이셉스(Back Double Biceps)
4. 사이드 트라이셉스(Side Triceps)

13 여자 피지크 백 더블 바이셉스의 자세에 대해 말하시오.

백 더블 바이셉스 포즈는 뒤로 돌아서서 머리부터 발끝까지 전반적인 신체 비율 및 대칭은 물론이고 균형 잡힌 발달 정도와 근육의 형태, 밀도, 선명도를 보여주는 포즈입니다. 선수는 뒷모습에서 보여질 수 있는 모든 근육을 수축해야 합니다.

[쿼터 턴 추가 설명]

• 쿼터 턴 라이트 - 왼쪽 측면이 심판을 향하게(Quarter Turn Right)

바르게 서서 머리와 눈은 몸과 같은 방향으로 일치시킵니다. 발뒤꿈치를 모은 상태로 발은 바깥쪽 30°의 각도로 기울이고 무릎은 구부리지 않은 채로 배는 안으로, 가슴은 바깥으로, 어깨는 뒤로 빼게 합니다. 좌측 팔은 등 뒤에 신체 중심선에 위치하여 팔꿈치는 약간 구부리고 손가락을 모은 상태로 손바닥은 신체를 바라보게 한 상태로 손을 약간 컵 모양으로 만들도록 합니다. 우측 팔은 신체 중심선 전방에 위치하여 팔꿈치는 약간 구부리고 손가락과 손바닥은 신체를 바라보게 한 상태로 손을 약간 컵 모양으로 만들도록 합니다. 상체가 약간 우측으로 틀어짐에 따라 우측 어깨가 내려가고 좌측 어깨는 올라가는데 이는 정상적이나 너무 과장되지 않도록 합니다.

• 쿼터 턴 백(Quarter Turn Back)

뒤돌아 바르게 서서 머리와 눈은 몸과 같은 방향으로 일치시킵니다. 발뒤꿈치를 모은 상태로 발은 바깥쪽 30°의 각도로 기울이고 무릎은 구부리지 않은 채로 배는 안으로, 가슴은 바깥으로, 어깨는 뒤로 빼게 합니다. 양팔은 신체 중심선을 따라 측면에 위치하여 팔꿈치는 약간 구부리고 손가락을 모은 상태로 손바닥은 신체를 바라보게 한 상태로 신체에서 떨어뜨리고 손을 약간 컵 모양으로 만들어야 합니다.

• 쿼터 턴 라이트 - 오른쪽 측면이 심판을 향하게(Quarter Turn Right)

바르게 서서 머리와 눈은 몸과 같은 방향으로 일치시킵니다. 발뒤꿈치를 모은 상태로 발은 바깥쪽 30°의 각도로 기울이고 무릎은 구부리지 않은 채로 배는 안으로, 가슴은 바깥으로, 어깨는 뒤로 빼게 합니다. 우측 팔은 등 뒤에 신체 중심선에 위치하여 팔꿈치는 약간 구부리고 손가락을 모은 상태로 손바닥은 신체를 바라보게 한 상태로 손을 약간 컵 모양으로 만들도록 합니다. 좌측 팔은 신체 중심선 전방에 위치하여 팔꿈치는 약간 구부리고 손가락과 손바닥은 신체를 바라보게 한 상태로 손을 약간 컵 모양으로 만들도록 합니다. 상체가 약간 우측으로 틀어짐에 따라 우측 어깨가 내려가고 좌측 어깨는 올라가는데 이는 정상적이나 너무 과장되지 않도록 합니다.

• 쿼터 턴 프론트 - 정면이 심판을 향하게(Quarter Turn Front)

바르게 서서 머리와 눈은 몸과 같은 방향으로 일치시킵니다. 발뒤꿈치를 모은 상태로 발은 바깥쪽 30°의 각도로 기울이고 무릎은 구부리지 않은 채로 배는 안으로, 가슴은 바깥으로, 어깨는 뒤로 빼게 합니다. 양팔은 신체 중심선을 따라 측면에 위치하여 팔꿈치는 약간 구부리고 손가락과 손바닥은 신체를 바라보게 한 상태로 신체에서 떨어뜨리고 손을 약간 컵 모양으로 만들어야 합니다.

14 여자 피지크 쿼터 턴에 대해 설명하시오.

라인업 상태에서
a. Quarter Turn Right
b. Quarter Turn Back
c. Quarter Turn Right
d. Quarter Turn Front
선수는 라인 업 상태로 무대 위에 서있을 때 또는 쿼터 턴 비교심사 때 침착하고 여성스러운 이미지와 자신감을 잘 표현해야 합니다. 라인 업 상태로 서 있을 때 근육을 보여주기 위해 팔을 바깥쪽으로 빼고 굴곡 시켜 근육이 긴장되는동작을 할 경우 경고가 주어집니다. 라인 업 상태에서 릴렉스 자세란 팔은 측면에 늘어놓고 발을 모은 상태로 심판을 향해 바르게 서 있는 것을 말합니다. 머리 및 눈은 정면을 향하고 어깨는 뒤로 가슴은 바깥으로 배는 안쪽으로 넣어야 합니다.

(5) 남자 피지크(2025)

• 서문

남자 피지크는 2012년 11월 11일에 에콰도르의 과야킬에서 열린 IFBB 최고 집행 위원회와 IFBB 국제 총회에 의해 새로운 스포츠 종목으로서 공식적으로 인정받았습니다. 남자 피지크 부문은 근육은 덜 발달시키면서, 탄탄하고 미적으로 보기 좋은 체격을 선호하는 남성들을 대상으로 합니다. 머스큘러 남자 피지크는 2016년에 새로운 종목으로 도입되었고 일반 남자 피지크에서 허용되는 것보다 근육이 약간 더 큰 선수들을 위해 개설되었습니다. 위의 조건을 제외하고, 머스큘러 남자 피지크 선수에 대한 수행과 평가 규정은 남자 피지크와 동일합니다.
원래 남자 피지크는 IFBB 세계피트니스선수권대회의 일부였으나 2017년부터 이 스포츠 부문은 세계보디빌딩선수권대회에 포함되었습니다.

• 남자 피지크 – 6개 체급

① Class A: 170 cm 이하
② Class B: 173 cm 이하
③ Class C: 176 cm 이하
④ Class D: 179 cm 이하
⑤ Class E: 182 cm 이하
⑥ Class F: 182 cm 초과

· 남자 피지크 경기 진행 방법

<u>01</u> 남자 피지크 경기 진행 방법에 대해 말하시오.

① 예선 – 예선라운드: 4가지 쿼터 턴
② 예선 – 제1라운드: 쿼터 턴 및 쿼터 턴 비교심사
③ 결선 – 제2라운드: 쿼터 턴 X 2

· 남자 피지크 경기 복장(긴 반바지) 규정

<u>02</u> 남자 피지크 경기 복장에 대해 말하시오.

① 선수는 깔끔하고 단정하며 불투명한, 루즈 핏 보드 반바지를 입습니다. 보드 반바지의 색상과 섬유는 선수의 재량에 맡깁니다. 보드 반바지에 기하학적인 무늬와 모티브는 허용되지만, 새겨진 문자나 볼록한 장식은 허용되지 않습니다. 보드 반바지는 다리 상부 전체를 덮어야 하며, 무릎의 위쪽 지점(슬개골)까지 내려와야 합니다. 트렁크 안에 패딩 처리를 하는 것은 금지됩니다.
② 달라붙지 않는, 라이크라 스타일의 반바지가 허용됩니다.
③ 보드 반바지에는 개인 스폰서 로고가 허용되지 않지만, 제조사의 로고는 허용됩니다.

· 예선라운드 평가 기준

<u>03</u> 남자 피지크 예선라운드 채점 기준 및 평가에 대해 말하시오.

심판은 피부 톤뿐만 아니라 비율, 대칭, 근육 윤곽 및 근육의 질(밀도, 체지방 수준)의 정도를 확인하며 전체적인 체격을 평가합니다.

· 제1라운드의 평가 기준

<u>04</u> 남자 피지크 예선 라운드, 제1라운드 및 제2라운드 평가(쿼터턴 비교 심사)기준에 대해 말하시오.

① 근육질 및 신체 상태
심판은 선수의 체격 전체를 포괄적으로 평가해야 합니다. 전체 체격을 고려하면서 머리에서 시작해 아래로 내려가는 방식으로 평가를 진행합니다. 체격의 전체적인 인상에서부터 시작해, 피부와 피부 톤 및 헤어 상태를 심사합니다. 선수는 균형 잡힌 근육질과 전반적으로 우수한 근육의 상태와 더불어 적절한 모양 및 신체 비율을 보여주어야 합니다. 심판들은 극단적인 근육질과 선명도는 감점 대상이라는 것을 명심해야 합니다.
② 무대 연기 및 개성
심판들은 자신의 개성을 잘 전달하고 자신감을 기반으로 자신을 표현할 수 있는 능력을 갖춘, 최고의 무대 연기 및 태도를 보여주는 선수에게 좋은 점수를 줍니다.
③ 선수의 해부학적 구조가 피지크 스포츠에서 허용되는 신체조건의 기준과 현저하게 다른 예외적인 경우(부풀어 오른 배, 부자연스러운 근육의 형태, 여성형 유방, 과도한 체지방 수치 등), 심판위원장은 선수의 경기 참가 자체를 막을 수 있으며, 또한 선수의 무대 프레젠테이션 중 언제든 선수를 실격시킬 수 있습니다.

05 남자 피지크 경기에 대해 말하시오.

보디빌딩 경기와는 다르게 선수용 트렁크를 착용하지 않고 무릎까지 내려오는 반바지를 착용한다는 것이 특징입니다. 포즈의 자유도가 매우 높고 균형 잡힌 근육 및 적절한 신체의 비율과 형태를 갖추고 있는지를 평가합니다.

06 남자 피지크 규정포즈에 대해 말하시오.

프론트 포지션, 쿼터 턴 라이트(좌측 심사), 쿼터 턴 백, 쿼터 턴 라이트(우측 심사)

07 남자 피지크 쿼터 턴 평가에 대해 말하시오.

보드 반바지로 덮여 있는 다리 위쪽을 제외한 전체적인 체격에 대한 평가가 이뤄져야 합니다. 체격의 전체적인 인상에서부터 시작해, 헤어, 전반적인 신체 발달 상태와 형태, 체격의 균형적이고 대칭적인 발달, 피부와 피부 톤, 그리고 자신감과 우아함으로 자신을 표현하는 운동선수로서의 능력을 종합적으로 심사합니다. 심판은 조화롭고 비례적이며 클래식한 남성 체격, 좋은 자세, 올바른 해부학적 구조(신체 골격, 올바른 척추 곡선, 적절한 비율의 사지 및 몸통, 내반슬 또는 외반슬이 아닌 곧은 다리 등)를 가진 선수에게 좋은 점수를 부여해야 합니다. 세로 비율(다리에서 상체까지의 길이)과 가로 비율(엉덩이와 허리에서 어깨까지의 너비)은 주요 요소 중 하나입니다.

체격은 운동 노력과 식이 요법을 통해 달성되는, 전체적인 신체 밀도의 수준에 따라 평가되어야 합니다. 신체 부위는 체지방이 줄어 보기 좋고 단단한 모습이어야 하지만 보디빌딩보다 "더 부드럽고", "더 매끄러운" 모습을 보여야 합니다. 체격은 지나치게 근육질이거나 체지방을 지나치게 제거한 상태여서는 안 되며 깊은 근육의 분리도 및/또는 근육의 줄무늬가 돋보여서는 안 됩니다. 너무 근육질이거나, 너무 단단하거나, 너무 건조하거나, 너무 체지방률이 낮다고 간주되는 체격은 반드시 감점처리 됩니다.

또한 피부 톤을 고려한 평가가 이뤄져야 합니다. 피부 톤은 보기에 매끄럽고 건강해야 합니다. 헤어를 통해 "전체적으로 다 갖춘 모습"이 완성됩니다.

선수가 무대에 나오는 순간부터 다시 무대 밖으로 퇴장할 때까지의 전체 프레젠테이션 과정이 심판의 육체미 평가에 포함됩니다. 남자 피지크 선수는 항상 "건강하고 근육이 탄탄하게 발달된" 신체를 통해 "전체적으로 다 갖춘 모습"을 보여야 합니다.

심판들은 이것이 보디빌딩 대회가 아니라는 것을 염두에 두어야 합니다. 선수는 근육의 형태를 갖춰야 하지만, 보디빌딩 경기에서 볼 수 있는 근육의 분리도, 선명도, 매우 낮은 체지방 수준, 건조함 또는 강도를 보여서는 안 됩니다. 이러한 특징을 보이는 선수는 모두 감점처리 됩니다.

(6) 여자 보디피트니스(2025)

• 서문

여자 보디피트니스는 2002년 10월 27일에 이집트의 카이로에서 열린 IFBB 최고 집행 위원회와 IFBB 국제 총회에 의해 새로운 스포츠 종목으로서 공식적으로 인정받았습니다.

• 여자 보디피트니스 – 4개 체급

① Class A: 158cm 이하
② Class B: 163cm 이하
③ Class C: 168cm 이하
④ Class D: 168cm 초과

• 여자 보디피트니스 경기 진행 방법

01 여자 보디피트니스 경기 진행 방식에 대해 말하시오.

① 예선 – 예선라운드: 쿼터 턴
② 예선 – 제1라운드: 쿼터 턴 & 쿼터 턴 비교심사
③ 결선 – 제2라운드: "아이 워킹" 개인 프레젠테이션 & 쿼터 턴

• 예선라운드 경기 절차

a. Quarter Turn Right
b. Quarter Turn Back
c. Quarter Turn Right
d. Quarter Turn Front

• 예선 및 결선: 경기 복장

① 불투명한 일반 비키니.
② 아래에 명시된 경우를 제외하고, 비키니의 색상, 섬유, 재질, 장식 및 스타일과 하이힐의 색상과 스타일은 선수의 재량에 맡깁니다.
③ 하이힐의 앞 굽 두께는 최대 1cm이고 힐의 높이는 최대 12cm입니다. 플랫폼 구두는 허용되지 않습니다.
④ 비키니 하의는 최소 대둔근 1/2 이상과 전면 전체를 덮어야 합니다. 비키니는 품위를 갖춘 것이어야 하며 끈으로 된 비키니는 엄격히 금지됩니다.
⑤ 공식 선수 등록 시 복장을 검사합니다.
⑥ 헤어는 스타일링 할 수 있습니다.

• 예선라운드 채점

심판들은 탄탄한 동작, 비율, 대칭, 균형, 형태 및 피부 톤의 정도를 확인하며 전체적인 체격을 평가합니다.

• 예선: 제1라운드 평가

① 심판은 선수의 체격 전체를 포괄적으로 평가해야 합니다. 체격의 전체적인 인상에서부터 시작해, 헤어스타일과 메이크업, 전반적인 근계의 발달, 체격의 균형적이고 대칭적인 발달, 피부와 피부 톤, 그리고 자신감, 침착함과 우아함으로 자신을 표현하는 운동선수로서의 능력을 종합적으로 심사합니다.

② 식이요법을 포함한 선수의 노력에 의해 완성된 전반적인 근긴장의 정도를 통해 체격을 평가합니다. 근육군은 신체 지방이 적고 단단하며 둥근 형태여야 합니다. 체격은 지나치게 근육질이거나 체지방을 지나치게 제거한 상태여서는 안 되며 깊은 근육의 분리도 및/또는 근육의 줄무늬가 돋보여서는 안 됩니다. 너무 근육질이거나 너무 체지방률이 낮다고 간주되는 체격은 반드시 감점처리 됩니다.

③ 피부의 탱탱함과 탄력도 고려해야 합니다. 피부에 셀룰라이트가 없어야 하며 톤이 매끄럽고 건강해 보여야 합니다. 헤어와 메이크업을 통해 "전체적으로 다 갖춘 모습"이 완성됩니다.

④ 선수가 무대에 나오는 순간부터 다시 무대 밖으로 퇴장할 때까지의 전체 프레젠테이션 과정이 심판의 육체미 평가에 포함됩니다. 여자 보디피트니스 선수는 항상 "건강하고 체격이 좋으며 근육이 탄탄하게 발달된" 신체를 통해 "전체적으로 다 갖춘 모습"을 보여야 합니다.

⑤ 심판들은 이 대회가 여자 피지크 대회가 아니라는 것을 염두에 두어야 합니다. 선수의 근육은 형태를 갖추어야 하지만, 그 크기, 선명함 또는 혈관이 두드러지는 상태가 극단적이어서는 안 됩니다. 이러한 특징을 보이는 선수는 모두 감점처리 됩니다.

• 결선: 제2라운드 평가

제1라운드 평가에 자세하게 기술된 것과 동일한 기준으로 평가합니다. 심판은 모든 선수가 이번 라운드에서의 자신의 신체 상태에 따라 공정한 평가를 받을 수 있도록, 새로운 시각에서 판정을 해야 합니다.

02 여자 보디피트니스 경기에 대해 말하시오.

여자 피지크처럼 과도하게 근육이 많거나 혹은 마르면 안 되며 셀룰라이트 없이 탄탄한 체격과 여성미를 간직하여 부드럽고 건강하게 보여야 합니다.

03 여자 보디피트니스 채점 및 평가 방식에 대해 말하시오.

여자 피지크 선수처럼 보이지 않아야 합니다.
근육 및 혈관의 형태, 근육의 선명도가 여자 피지크와 비슷할 경우 감점됩니다.
근육이 너무 선명하고 명확하게 구분이 될 필요는 없으며, 과도하게 근육이 많거나 마르지 않아야 합니다.
셀룰라이트 없이 탄탄하고 건강한 여성미를 간직해야 합니다.

(7) 여자 비키니(2025)

• **서문**

여자 비키니 부문은 2010년 11월 7일에 아제르바이잔의 바쿠에서 열린 IFBB 최고 집행위원회와 IFBB 국제 총회에 의해 새로운 스포츠 종목으로서 공식적으로 인정받았습니다. 2021년에 이 부문의 명칭이 여자 비키니 피트니스에서 여자 비키니로 변경되었습니다.

• **여자 비키니 – 8개 체급**

① Class A: 158 cm 이하
② Class B: 160 cm 이하
③ Class C: 162 cm 이하
④ Class D: 164 cm 이하
⑤ Class E: 166 cm 이하
⑥ Class F: 169 cm 이하
⑦ Class G: 172 cm 이하
⑧ Class H: 172 cm 초과

• **여자 비키니 경기 진행 방법**

① 예선 – 예선라운드: 쿼터 턴
② 예선 – 제1라운드: 쿼터 턴 및 쿼터 턴 비교심사
③ 결선 – 제2라운드: "아이 워킹" 개인 프레젠테이션 & 쿼터 턴×2

• **예선 라운드와 모든 라운드 복장**

① 불투명한 일반 비키니.
② 비키니의 섬유, 질감, 장식, 스타일은 선수의 재량에 맡깁니다. 양쪽의 비키니 하의 커넥터는 의상의 다른 부분과 동일한 재질이어야 합니다.
③ 하이힐의 색상과 스타일은 아래에 명시된 경우를 제외하고 선수의 재량에 맡깁니다.
④ 하이힐의 앞 굽 두께는 최대 1cm이고 힐의 높이는 최대 12cm입니다. 플랫폼 구두는 허용되지 않습니다.
⑤ 비키니 하의는 최소 대둔근 1/3 이상과 전면 전체를 덮어야 합니다. 비키니는 품위를 갖춘 것이어야 하며 끈으로 된 비키니는 엄격히 금지됩니다.
⑥ 공식 선수 등록 시 복장을 검사합니다.
⑦ 헤어는 스타일링 할 수 있습니다.

• **예선라운드 채점**

심판들은 비율, 대칭, 균형, 형태 및 피부 톤의 정도를 확인하며 전체적인 체격을 평가합니다.

- **제1라운드 평가**

  ① 심판은 선수의 체격 전체를 포괄적으로 평가해야 합니다. 체격의 전체적인 인상에서부터 시작해, 헤어스타일, 전반적인 근계의 발달, 체격의 균형적이고 대칭적인 발달, 피부와 피부 톤, 그리고 자신감, 침착함과 우아함으로 자신을 표현하는 운동선수로서의 능력을 종합적으로 심사합니다.

  ② 체격은 운동 노력과 식이요법을 통해 달성되는, 전반적인 근육 탄력의 수준에 따라 평가되어야 합니다. 신체 부위는 체지방이 줄어 보기 좋고 단단한 모습이어야 하지만 보디피트니스보다 "더 부드럽고", "더 매끄러운" 모습을 보여야 합니다. 체격은 지나치게 근육질이거나 체지방을 지나치게 제거한 상태여서는 안 되며 깊은 근육의 분리도 및/또는 근육의 줄무늬가 돋보여서는 안 됩니다. 너무 근육질이거나, 너무 단단하거나, 너무 체지방률이 낮다고 간주되는 체격은 반드시 감점처리 됩니다.

  ③ 평가에서 피부의 탱탱함과 탄력도 고려해야 합니다. 피부 탄력은 셀룰라이트 없이 매끄럽고 건강해 보여야 합니다. 헤어와 메이크업을 통해 "전체적으로 다 갖춘 모습"이 완성됩니다.

  ④ 선수가 무대에 나오는 순간부터 다시 무대 밖으로 퇴장할 때까지의 전체 프레젠테이션 과정이 심판의 육체미 평가에 포함됩니다. 여자 비키니 선수는 항상 "건강하고 근육이 탄탄하게 발달된" 신체를 통해 "전체적으로 다 갖춘 모습"을 보여야 합니다.

  ⑤ 심판들은 이 대회가 보디피트니스 대회가 아니라는 것을 염두에 두어야 합니다. 선수의 근육은 형태를 갖추어야 하지만, 보디피트니스 선수와 같은 분리도, 선명도, 매우 낮은 체지방 수준, 건조함 또는 밀도를 보여서는 안 됩니다. 이러한 특징을 보이는 선수는 모두 감점처리 됩니다.

01 여자 비키니 제1라운드의 평가 방식에 대해 말하시오.

체격의 전체적인 인상에서부터 시작해, 헤어스타일, 전반적인 근계의 발달, 체격의 균형적이고 대칭적인 발달, 피부와 피부 톤, 그리고 자신감, 침착함과 우아함으로 자신을 표현하는 운동선수로서의 능력을 종합적으로 심사합니다. 과도한 근육질, 혈관, 근육의 선명도(definition) 및 근육군의 분리(seperation), 너무 야윈 몸매는 비키니 선수에게 보이면 안 되기 때문에 감점됩니다.

- **결선: 제2라운드 평가**

제1라운드 평가에 자세하게 기술된 것과 동일한 기준으로 평가합니다. 심판은 모든 선수가 이 라운드에서의 자신의 신체 상태에 따라 공정한 평가를 받을 수 있도록, 새로운 시각에서 판정을 해야 합니다.

02 여자 비키니 경기에 대해 말하시오.

신체지방이 적은 탄탄하고 좋은 체격을 갖고 있어야 합니다. 지방의 밀도가 높아서 셀룰라이트가 있거나 너무 야위어도 안 되고 부드럽고 매끈한 피부톤과 건강하고 아름다운 여성미를 갖춰야 하는 것이 특징입니다. 또한 보디피트니스보다 부드럽고 매끄러워야 합니다. 체격은 지나치게 근육질이거나 체지방을 지나치게 제거한 상태여서는 안 되며 깊은 근육의 분리도 및/또는 근육의 줄무늬가 돋보여서는 안 됩니다. 너무 근육질이거나, 너무 단단하거나, 너무 체지방률이 낮다고 간주되는 체격은 반드시 감점처리 됩니다.

(8) 보디빌딩 공통 내용

01 대한보디빌딩 협회에서 스포츠지도사를 뽑는 이유?(대한보디빌딩 협회에서 자격검정을 하는 이유)

1. 대한체육회에 회원으로 가입된 대한보디빌딩 협회는 1968년에 국제보디빌딩연맹에 가입하였고 1970년 에는 아시아보디빌딩연맹에 가입하였습니다. 자격있는 대한보디빌딩 협회는 대한체육회로부터 위임받아 건전하고 효율적으로 우수한 선수 및 지도자를 관리 및 육성하여 국민의 건강과 체력향상은 물론이고 우 리나라 체육의 균형있는 발전을 도모할 수 있는 국내 유일무이한 협회입니다.
2. 경기인등록과 활동의 규정 및 기준절차를 정하고 경기인의 육성과 체육의 균형잡힌 발전을 도모하기 위 해서입니다.

02 대한보디빌딩 협회 지도자가 되기 위해 어떤 교육을 받아야 하는가? 스포츠지도자가 되기 위해 받아 야 하는 교육은 무엇인가?

스포츠인권(폭력 및 성폭력 예방교육 등) 및 도핑방지 교육을 이수하여야 합니다.

03 보디빌딩이 현대사회에서 각광받기 시작한 때를 말하시오.

1. 어떤 분야든지 대부분은 해당 분야에 스타가 탄생하면서 대중화가 시작되는데 보디빌딩의 경우 국제 보 디빌딩 연맹을 설립했던 조웨이더가 아놀드 슈왈츠제네거를 발굴하여 보디빌딩 챔피언으로 만들었으며 그 후 아놀드 슈왈츠제네거가 근육질 배우로 영화계에서 활동하면서 보디빌딩은 대중들에게 폭발적으로 관심을 받게 되었다.
2. 보디빌딩은 너무 과도하게 많은 근육양을 만들면서 더 이상 일반인이 동경하지 않게되었고 그 인기가 점점 식어가게 되었는데 2002년 이집트 카이로 IFBB총회에서 여자 보디피트니스, 2005년 중국 상하이 IFBB 총회에서 남자 클래식 보디빌딩, 2010년 아제르바이잔, 바쿠 IFBB총회에서 여자 비키니 피트니스, 2012 년 에콰도르 과야킬 IFBB총회에서 남자 피지크는 새로운 스포츠로 공식적인 인정을 받았고, 2013년 모로 코 마라케시 IFBB총회에서 여자 보디빌딩은 여자 피지크로 대체되면서 근육을 덜 발달시키기를 선호하는 세계적인 수요 증가에 반응하여 위와 같은 변화를 꾀하면서 일반인들에게 다시 각광받게 되었다.
3. 보디빌딩은 너무 과도하게 많은 근육양을 만들면서 더이상 일반인이 동경하지 않게 되었고 그 인기가 점 점 식어가게 되었는데 근육을 덜 발달시키기를 선호하는 세계적인 수요 증가에 반응하여 남자 클래식 보 디빌딩, 여자 피지크, 여자 보디피트니스, 여자 비키니와 같은 새로운 종목의 변화를 꾀하면서 일반인들에 게 다시 각광받게 되었다.

04 보디빌딩의 역사에 대해 설명하시오.

보디빌딩의 창시자는 유젠 산도우(19세기 독일 태생)이며, 국내에 보디빌딩을 처음으로 보급 전파한 사람은 문곡 서상천 선생으로 역도와 함께 보디빌딩을 전파하였다.

<u>05</u> 보디빌딩이 아시안 게임에 정식종목으로 채택된 연도와 장소는?

2002년, 부산

<u>06</u> 보디빌딩에 대한 긍정적인 가치를 설명하시오.

근육량의 증가를 통해 탄력 있고 아름다운 몸매를 만들 수 있으며, 그로 인해 자신감을 얻을 수 있고 기초대사량의 향상을 기대할 수 있다. 또한 칼로리 소모율이 높아져 체지방이 잘 생기지 않게 됨은 물론이고 심폐 기능이 강화될 수 있으며 충분한 가동범위(Full Range)로 동작을 실시할 경우 유연성의 발달도 기대할 수 있다.

<u>07</u> 보디빌딩 경기에 대해 말하시오.

보디빌딩 경기는 7가지 규정포즈 및 자유포즈를 취하며 누가 더 아름다운 몸매를 만들었는지를 겨루는 스포츠로 전체적인 체격의 비율과 대칭, 근육의 크기와 우수성 등을 평가한다.

<u>08</u> 보디빌딩 운동의 생리학적 효과는?

근비대, 근력, 체력, 심폐 강화, 체지방 제거, 유연성의 향상을 기대할 수 있다.

<u>09</u> 보디빌딩 시합 무대의 포즈대 규격에 대해 말하시오.

6명의 선수가 무대에 설 수 있도록 가로 길이는 6m, 너비 1m 50cm는 되어야 하고, 시합무대는 심판위치보다 80cm정도 높게 한다.
선수가 맨발로 무대에 서기 때문에 바닥에는 카펫을 깔아 두어야 한다.

<u>10</u> 보디빌딩에 필요한 단백질 음식 3가지는?

닭가슴살, 계란 흰자, 소고기 등심

<u>11</u> 보디빌딩과 역도의 차이점은 무엇인가?

보디빌딩은 주로 근비대에 대한 운동이며 누가 더 균형 잡힌 아름다운 몸매를 만들었는지를 겨루는 스포츠이다. 역도는 순발력(Power)과 근력을 위한 운동이며 얼마나 더 무거운 중량을 들어올리느냐를 겨루는 스포츠이다.

12 중량과 관계가 있는 스포츠의 예는 무엇인가?

투포환, 역도 등이 있으며 이 중 역도가 보디빌딩과 밀접한 부분이 많다. 역도동작에서 인상의 경우 바닥에서부터 바벨을 끌어당기면서 폭발적인 동작으로 팔을 머리 위로 쭉 펴면서 한 번에 들어올리는 동작이고, 용상의 경우는 바닥에서 가슴 위의 쇄골라인까지 한 번 걸쳤다가 양다리를 앞뒤로 벌림과 동시에 팔을 머리 위로 쭉 펴면서 들어올리는 동작이다.

02_ 경기규정

(1) 경기인등록규정[2025.01.15. 개정]

• 제1조(목적)

이 규정은 대한체육회에 회원으로 가입된 대한보디빌딩 협회의 선수·지도자·심판·선수관리담당자의 등록과 활동 등에 관한 기준과 절차를 정함으로써 선수 및 지도자·심판·선수관리담당자의 건전하고 효율적인 육성과 우리나라 체육의 균형발전을 도모함을 목적으로 한다.

• 제2조(정의)

이 규정에서 사용하는 용어의 정의는 다음과 같다.
  ① "경기인"은 선수, 지도자, 심판, 선수관리담당자를 말한다.
  ② "선수"는 대회참가 등 선수활동을 목적으로 협회에 등록한 사람을 말한다.
  ③ "지도자"는 협회의 지도자 활동을 목적으로 등록한 사람을 말한다.
  ④ "심판"은 협회의 심판 활동을 목적으로 등록한 사람을 말한다.
  ⑤ "선수관리담당자"는 체육지도자 외에 선수들의 체력 및 건강을 위하여 선수를 관리하는 자로서 협회의 선수관리담당자 활동을 목적으로 등록한 사람을 말한다.
  ⑥ "등록"은 협회의 보디빌딩 종목 선수·지도자·심판·선수관리담당자로 활동을 희망하여 정해진 절차에 따라 경기인등록시스템에 등재하는 것을 말한다.
  ⑦ "등록변경"은 선수가 소속단체, 등록지 등의 경기인등록시스템에 등재된 사항을 변경하는 것을 말한다.
  ⑧ "활동"은 보디빌딩 종목의 선수·지도자·심판·선수관리담당자로서 각종대회 참가 등의 활동을 하는 것을 말한다.
  ⑨ "소속단체"란 경기인이 활동을 하기 위해 소속된 단체나 기관을 말한다.
  ⑩ "이적동의서"는 선수가 소속단체를 변경할 경우에 변경 전 소속단체장의 동의를 표시하는 양식을 말한다.
  ⑪ "운동경기부"는 선수로 구성된 학교나 직장 등의 운동부를 말한다.
  ⑫ "직장운동경기부"는 직장의 장이 선수와 근로계약을 체결하여 운영하는 운동부를 말한다.
  ⑬ "스포츠클럽"은 선수를 포함한 회원의 정기적인 체육활동을 위해 운영되는 법인 또는 단체를 말한다.
  ⑭ "체육동호인부"는 생활체육활동을 목적으로 하는 선수들로 구성된 운동부를 말한다.
  ⑮ "관계단체"란 국민체육진흥법 제2조제9호 가목부터 다목까지의 체육단체를 말한다.

01 체육동호인부와 선수에 대해 말하시오.

체육동호인부는 생활체육활동을 목적으로 하는 선수들로 구성된 운동부를 말하며, 선수는 대회참가 등 선수활동을 목적으로 협회에 등록한 사람을 말한다.

02 경기인의 등록 기간에 대해 말하시오.

경기인의 등록은 매년 4월 10일 이전에 한하며 추가등록은 등록 마감 이후에도 추가등록을 할 수 있다. 추가등록은 년 1회에 한하며, 매년 7월 10일부터 7월 30일까지로 한다.

12세이하부 선수가 등록하는 경우, 협회에 최초로 선수 등록을 하는 경우, 체육동호인부, 신설팀 소속으로 등록하는 경우, 군 입대 또는 제대하여 선수등록하는 경우, 지도자, 심판, 선수관리담당자는 수시등록이 가능하다.

도핑방지규정 위반으로 자격정지기간 중에 있는 선수는 자격정지기간 만료 후 복귀 신청 시 복귀를 위한 검사, 교육 및 과징금 납부의 조건 충족을 위하여 해당년도에 선수등록을 하여야 한다.

03 경기인 등록 방법 및 절차는?(체육협회 지도자 등록 및 재등록 방법은?)

경기인은 선수, 지도자, 심판, 선수관리담당자로 구분되며 스포츠지원포털 통합회원 가입 후 신청이 가능하다. 대한체육회 경기인등록시스템(현 스포츠지원포털)에서 매년 경기인으로 등록해야 한다.

04 경기인 등록 규정 중 교육과정에서 무엇을 교육하는가?

스포츠 인권, 도핑방지 교육을 이수해야 하며, 체육회는 추가교육 이수를 요청할 수 있다.

05 스포츠 지도사가 이수해야 하는 교육은?

스포츠 인권, 도핑방지 교육, 스포츠 폭력 및 성폭력 예방교육

06 선수 등록 결격사유에 대해서 말하시오.

- 선수·심판·지도자·단체임원·선수관리담당자로서 스포츠공정위원회규정에 따라 제명의 징계를 받은 사람
- 관계단체로부터 제명의 징계를 받은 사람
- 관계단체로부터 자격정지 징계를 받고 그 처분이 종료되지 않은 사람
- 강간, 유사강간 및 이에 준하는 성폭력의 죄를 범하여 퇴학처분 조치를 받고 10년이 지나지 아니한 사람
- 퇴학처분 조치를 받고 5년이 지나지 아니한 사람
- 관계단체가 주최·주관하는 경기의 결과에 영향을 미치는 승부조작에 가담하여 죄를 범하여 유죄의 판결이 확정된 사람
- 관계단체로부터 해임 징계를 받고 10년이 지나지 아니한 사람

07 선수로 등록할 수 없는 경우 2가지는?

- 선수·심판·지도자·단체임원·선수관리담당자로서 스포츠공정위원회규정에 따라 제명의 징계를 받은 사람
- 해당 연도에 심판으로 등록된 사람(다만, 협회가 심판위원회 규정에 따른 심판의 제척·회피·기피 사유 및 공정한 기준을 마련하여 생활체육목적 선수와 심판의 동시 등록을 허용할 수 있음)

08 지도자·심판·선수관리담당자로 등록할 수 없는 경우에 대해 말하시오.

- 피성년후견인
- 금고 이상의 실형을 선고받고 그 집행이 종료되거나 집행을 받지 아니하기로 확정된 후 5년이 경과하지 아니한 사람
- 금고 이상의 형을 선고받고 그 집행유예 기간이 끝난 날부터 2년이 지나지 아니한 사람
- 금고 이상의 형의 선고유예를 받은 경우에 그 선고유예 기간 중에 있는 사람
- 법원의 판결 또는 다른 법률에 따라 자격이 상실되거나 정지된 사람
- 관계단체에서 재직기간 중 직무와 관련하여 「형법」에 규정된 죄를 범한 사람으로서 300만 원 이상의 벌금형을 선고받고 그 형이 확정된 후 2년이 지나지 아니한 사람
- 「성폭력범죄의 처벌 등에 관한 특례법」에 규정된 죄를 범한 사람으로서 100만원 이상의 벌금형을 선고받고 그 형이 확정된 후 3년이 지나지 아니한 사람
- 미성년자에 대해서 성폭력범죄 또는 아동·청소년대상 성범죄에 해당하는 죄를 저질러 파면·해임되거나 형 또는 치료감호를 선고받아 그 형 또는 치료감호가 확정된 사람(집행유예를 선고받은 후 그 집행유예기간이 경과한 사람을 포함한다)
- 관계단체가 주최·주관하는 경기의 결과에 영향을 미치는 승부조작에 가담하여 죄를 범한 사람으로서 벌금형 이상을 선고받고 그 형이 확정된 사람
- 성폭력범죄 또는 아동·청소년대상 성범죄에 해당하는 죄를 저지른 사람으로서 금고 이상의 형 또는 치료감호를 선고받고 그 집행이 종료되거나 집행이 유예·면제된 날부터 20년이 지나지 아니하거나 벌금형이 확정된 날부터 10년이 지나지 아니한 사람
- 선수를 대상으로 상해와 폭행의 죄를 저지른 자로서 금고 이상의 형을 선고받고 그 집행이 종료되거나 집행이 유예·면제된 날부터 10년이 지나지 아니한 사람
- 관계단체로부터 자격정지 이상의 징계처분을 받고 그 처분이 종료되지 아니한 사람
- 관계단체로부터 폭력·성폭력, 승부조작, 편파판정, 횡령·배임 중 어느 하나에 해당하는 사유로 자격정지 1년 이상의 징계처분을 받은 사람
- 관계단체로부터 해임 징계를 받고 10년이 지나지 아니한 사람

09 경기인 선수 등록은?

- 선수로 활동하고자 하는 사람은 운동경기부, 스포츠클럽, 체육동호인부등의 소속으로 매년 협회에 등록하여야 한다.
- 선수는 동일인이 같은 회원종목단체 안에 등록구분에서 두 개 이상의 부에 등록할 수 없다.
- 선수는 동일인이 같은 시·도 안에서는 여러 회원종목단체에 등록할 수 있다.

- 선수의 등록지는 해당 선수의 소속단체가 소재한 시·도로 한다.
- 대학 운동경기부의 등록지는 대학의 본교와 분교가 서로 시·도를 달리하는 경우에는 다음 각 호에 따라 등록한다.
  1. 개인종목은 대학이 소재한 시·도 별로 등록하여야 한다.
  2. 단체종목과 개인단체전 종목은 본교와 분교를 각각 별도의 팀으로 등록하거나 본교와 분교를 통합하여 하나의 시·도로 등록하되, 통합하여 등록할 경우 등록지는 해당 학교가 지정하는 시·도로 하고 협회는 종목 특성에 따라 등록지 변경에 대한 제한을 할 수 있다.
- 방송통신대 및 원격대학의 운동경기부는 해당 학교가 지정하는 등록지로 등록할 수 있으며, 지정된 등록지는 등록일 또는 변경일로부터 4년 이내에는 변경할 수 없다.

10 경기인 선수 등록 구분은?

15세 이하 선수는 육성목적의 부로 등록하며, 16세 이상 선수는 전문체육목적과 생활체육목적 중 하나의 부로 등록한다.
- 육성목적(12세 이하부/15세 이하부)
- 전문체육목적(18세 이하부/대학부/일반부)
- 생활체육목적(18세 이하부/대학부/일반부)

11 경기인 등록 중에서 대학부에 대해 말하시오.

대학부는 학교에 재학 중인 학생이 등록한다. 단, 생활체육목적으로 등록하는 19세 이상 선수의 경우 대학 재학 중이더라도 본인의 소속단체에 따라 생활체육목적의 일반부로 등록이 가능하다.
일반부는 19세 이상 선수 중 대학생이 아닌 사람이 등록한다.

12 경기인 등록 변경은?(선수가 단체를 옮기는 방법은?)

선수가 소속 단체 또는 등록지를 변경하고자 하는 경우에는 등록 변경을 해야 하며, 이적동의서를 협회에 제출해야 한다.
등록변경은 연 1회에 한하며, 당해연도 선수등록 후 등록지 소속팀으로 1회 이상 대회 출전한 자는 당해 연도에 타 시·도로 이적할 수 없다.

13 경기인 등록 후 경기인이 하는 활동은?

당해 연도 전문체육목적의 부로 등록한 사람은 전문체육대회에만 참가할 수 있으며, 생활체육목적 부로 등록한 사람은 생활체육대회에만 참가할 수 있다.
보디빌딩 종목의 선수, 지도자, 심판, 선수 관리담당자로서 대회에 참가하거나 협회 활동을 한다.
경기인은 선수, 지도자, 심판, 선수관리담당자를 말한다.
선수는 대회 참가 등 선수 활동을 목적으로 해당 회원 종목 단체에 등록한 사람을 말한다.

지도자는 협회의 지도자 활동을 목적으로 등록한 사람을 말한다.

심판은 협회의 심판 활동을 목적으로 등록한 사람을 말한다.

선수 관리담당자는 체육지도자 외에 선수들의 체력 및 건강을 위하여 선수를 관리하는 자로서 협회의 선수 관리담당자 활동을 목적으로 등록한 사람을 말한다.

14 대한보디빌딩 협회에 등록한 선수가 제한되는 것은?

등록선수가 스포츠로써의 보디빌딩 홍보와 관계없는 광고, 쇼, 이벤트행사에 참가할 시는 사전에 협회 승인을 받아야 하며, 향후 미승인 참여 후 적발 시 선수활동에 제한을 받을 수 있다. 협회에서 인정하지 않는 단체가 주최하는 대회에 참가할 경우 스포츠공정위원회에 따라 협회로부터 선수활동의 제한을 받는다. 세계연맹에서 인정하지 않는 단체가 주최하는 대회에 참가한 선수는 국제 대회에 참가할 수 없으며, 참가할 경우 세계연맹에 회부되어 세계연맹 정관에 따라 선수활동의 제한을 받는다.

부정한 방법으로 세계보디빌딩, 피트니스연맹이 인정하는 대회 및 세계연맹 그리고 세계연맹의 회원이 주최 및 주관하는 대회에 참가할 시는 협회로부터 선수 등록의 제한을 받는다.

단, 생활체육목적으로 등록한 선수의 경우는 예외로 한다.

(2) 선수위원회 규정[2015.05.20. 개정]

- **제2조(목적)**

위원회는 선수자격을 심의하여 선수의 권익을 보호, 증진하여 건전한 운동 환경을 조성하고 선수의 페어플레이 정신 함양을 통해 존경받는 체육인상을 확립함으로써 올림픽 정신의 보급·확산에 기여함을 목적으로 한다.

- **제4조(기능)**

 ① 선수자격심의 관련, ② 선수권익보호 관련

- **제7조(조사대상)**

 ① 선수 권익보호기능과 관련하여 다음 각 호의 경우에 선수권익을 침해당한 선수 또는 그 사실을 알고 있는 사람이나 단체는 본 위원회에 그 내용을 진정할 수 있다.

  1. 선수가 지도자(코치) 또는 다른 선수 등으로부터 구타 또는 폭언 등의 폭력행위를 당한 경우

  2. 선수 개개인이 인격체로서의 부당한 대우를 받거나 차별행위를 당한 경우

 ② 누구든지 스포츠인권 침해를 신고한 사람에게 그 신고행위를 이유로 불이익을 주어서는 아니 된다.

 ③ 위원회는 무분별한 성별 확인 요구와 관련하여 의무위원회의 요청이 있을 경우, 선수인권침해(성희롱 등)에 대하여 조사할 수 있으며 조사결과에 따라 제18조(징계)에 의거하여 처리할 수 있다.

• 제8조(조사 및 구제절차)

선수권익보호와 관련하여 본 협회는 1차 조사기관이며 대한체육회는 2차 조사기관이다.

• 제9조(징계)

　1. 선수등록 규정을 위반한 사실이 인정될 경우

　　가. 선수: 최소 1년 이상 5년 이하의 선수활동(동호인 포함) 금지

　　나. 관련된 임·직원(단장, 감독, 코치 포함): 최소 2년 이상 5년 이하의 본 협회 관련 활동 자격정지

　2. 선수권익보호와 관련하여 신고 접수되거나 직권으로 조사한 사항에 대하여 그 사실이 인정될 경우

　　가. 폭력 행위를 한 지도자 ⑴ 1차 적발: 5년 이상의 자격정지, ⑵ 2차 적발: 10년 이상의 자격정지 병과, ⑶ 3차 적발: 영구제명

　　나. 폭력 행위를 한 선수 ⑴ 1차 적발: 3년 이상의 자격정지, ⑵ 2차 적발: 5년 이상의 자격 정지, ⑶ 3차 적발: 영구제명

　　다. 성폭력범죄행위를 한 선수 또는 지도자 ⑴ 1차 적발: 영구 제명

　　라. 성폭력범죄 행위 외 성과 관련된 행위에 대한 징계

　　　⑴ 지도자 – 1차 적발: 5년 이상의 자격정지, 2차 적발: 10년 이상의 자격정지, 3차 적발: 영구제명

　　　⑵ 선수 – 1차 적발: 3년 이상의 자격정지, 2차 적발: 5년 이상의 자격정지, 3차 적발: 영구제명

01 선수위원회 규정의 제재에 대해 말하시오.

선수등록규정 위반 시
- 선수: 최소 1년 이상 5년 이하의 선수활동(동호인 포함) 금지
- 관련된 임·직원(단장, 감독, 코치 포함): 최소 2년 이상 5년 이하의 본 협회 관련 활동 자격정지
- 폭력 위반 지도자
  - 1차 적발: 5년 이상의 자격정지, 2차 적발: 10년 이상의 자격정지 병과, 3차 적발: 영구제명
- 폭력 위반 선수
  - 1차 적발: 3년 이상의 자격정지, 2차 적발: 5년 이상의 자격정지, 3차 적발: 영구제명

02 성폭력 위반 선수 또는 지도자 1차 적발에 대한 징계는?

성폭력 위반 선수 또는 지도자 1차 적발: 영구제명

03 성폭력범죄 행위 외 성과 관련된 행위에 대한 징계는?

- 지도자
  - 1차 적발: 5년 이상의 자격정지, 2차 적발: 10년 이상의 자격정지, 3차 적발: 영구제명
- 선수
  - 1차 적발: 3년 이상의 자격정지, 2차 적발: 5년 이상의 자격정지, 3차 적발: 영구제명

(3) 도핑방지규정[2022.05.11.개정]

• 규약과 도핑방지규정의 기본원리

도핑방지 프로그램은 스포츠의 본질적 가치를 보전하는데 있다. 본질적 가치는 "스포츠 정신"으로 불리기도 하고, 올림픽 정신의 핵심이다. 이는 타고난 재능의 완성을 위해 혼신의 노력을 다함으로써 인간의 우수성을 추구하고자 함이며, 진정한 의미의 경기 방식을 의미하기도 한다. 스포츠 정신은 인간의 정신과 심신의 찬양이며, 스포츠를 통하여 발견한 다음과 같은 가치를 반영한다.

- 윤리, 페어플레이, 정직, 건강, 우수한 경기력, 품성 및 교육, 재미와 즐거움
- 협동정신, 헌신과 책임, 규칙과 법령의 준수, 용기
- 자기 자신과 다른 참가자를 존중하는 자세, 공동체의식과 연대의식

도핑은 근본적으로 스포츠 정신에 반하는 행위이다.

• 제1조 도핑방지규정의 개인에 대한 적용

국내 및 국제대회에 참가하기를 희망하는 모든 선수들(해당 선수들은 본 도핑방지규정에 따라 대회 6개월 전부터 검사에 응할 준비가 되어 있어야 한다)도 포함한다.

• 제2조 도핑의 정의 및 도핑방지규정위반

본 규정에서 도핑이란 세계반도핑규약 및 한국도핑방지규정에서 규정한 하나 또는 그 이상의 도핑방지규정위반의 발생을 말한다.

선수 또는 기타 관계자는 도핑방지규정위반과 금지목록에 포함된 약물 및 방법을 구성하는 것이 무엇인지를 알아야 할 책임을 진다.

2.1 선수의 시료 내에 금지 약물, 그 대사물질 또는 표지자가 존재하는 경우
2.2 선수의 금지약물 또는 금지방법의 사용 또는 사용 시도
2.3 시료 채취 제공의 회피, 거부 또는 실패
2.4 소재지정보 실패
2.5 도핑관리과정의 특정 부분에 대한 부정행위 및 부정행위의 시도
2.6 금지약물 또는 금지방법의 소지
2.7 금지약물 또는 금지방법의 부정거래 또는 부정거래의 시도
2.8 경기기간 중에 선수에게 금지약물 또는 금지방법의 투여 또는 투여시도, 또는 선수에게 경기기간 외 검사에서 금지되는 금지약물 또는 금지방법의 경기기간 외 투여 또는 투여시도
2.9 공모
2.10 금지된 연루

01 도핑방지규정위반에 대해 말하시오.

> 금지약물의 복용, 소지, 검출, 부정거래, 공모, 소재지 정보제출 실패, 샘플채취 거부, 선수에게 금지약물 투여 또는 투여시도, 금지된 연루, 도핑검사 시 부정행위 이렇게 10가지가 있다.

02 도핑방지규정위반 3가지 또는 도핑에 해당되는 것 3가지를 말하시오.

금지약물을 사용하거나 시도하는 것, 금지약물을 소지하는 것, 금지약물 부정거래를 시도하는 것이 이에 해당한다.

• 제3조 도핑방지위원회 기능과 권한

본 위원회는 국내 보디빌딩·피트니스 스포츠 도핑방지활동의 총괄전담기구로서 다음과 같은 권한과 책임을 가진다.
도핑방지규정의 제·개정에 관한 사항
도핑방지규정 위반자에 대한 징계 및 유권해석에 관한 사항
도핑방지를 위한 교육, 홍보, 정보 수집 및 연구
도핑검사계획의 수립, 집행
도핑검사 결과 관리 및 그 결과에 따른 제재
도핑방지를 위한 국내외 교류 · 협력

• 제4조 금지목록

4.3 세계도핑방지기구의 금지목록 결정

건강에 해를 끼치는 것으로 보이지 않거나, 스포츠 정신에 반하지 않는다는 것을 이유로 이의를 제기할 수 없다.

4.4 치료 목적 사용면책(TUEs)

금지약물 또는 그 대사물질 또는 표지자의 존재 그리고 금지약물 또는 금지방법의 사용 및 사용시도, 소지 또는 투여 및 투여시도가 「치료 목적 사용면책 국제표준」에 따라 부여된 치료 목적 사용면책 규정에 합치된다면 도핑방지규정위반으로 간주되지 않는다.

금지약물 또는 금지방법을 치료 목적으로 국내수준의 선수가 사용하여야 하는 경우, 그 필요성이 발생했을 때에는 가능한 한 빠른 시일 내에, 그리고 선수의 출전 예정경기일(응급 상황 또는 극히 예외적인 상황 또는 국제표준 제4.3항이 적용되는 경우는 제외)의 최소한 30일 전에 치료 목적 사용면책을 신청하여야 한다.

03 치료 목적 사용면책(Therapeutic Use Exemptions)이란 무엇인가?

선수가 질병 치료나 부상 회복을 위해 금지약물을 사용해야 하는 경우 치료 목적 사용면책 국제표준에 따라 심사 후 사전 승인하는 제도이다.
선수가 금지약물 또는 금지방법의 사용이 필요한 의학적 상태에 있고, 「치료목적사용면책 국제표준」 및 세계도핑방지규약 제4.4조에 따른 조건을 충족하는 경우에 치료목적으로 금지약물 또는 금지방법의 사용을 허가하는 것을 말한다.

04 도핑면책방법 3가지, 도핑검사에서 치료 목적 사용면책(TUE)을 받을 수 있는 경우, TUE 신청 시 승인이 되는 경우 3가지를 말하시오.

1. 금지약물 또는 금지방법이 관련 임상 증거에 따라 진단된 질병 치료목적으로 사용이 필요할 것
2. 금지약물 또는 금지방법의 치료목적사용이 건강상태로 회복 이상의 추가적 경기력 향상을 일으키지 않을 것
3. 선수의 질병 치료에 사용 가능한 적절한 대체 치료가 없을 것
4. TUE를 신청한 사유가 기존의 TUE 승인 없이 사용한 금지약물 또는 금지방법에 의한 것이 아닐 것

05 면책 받은 후 도핑위반에 대해 인정받는 방법을 말하시오.

1. 도핑검사서에 복용(사용)약물 기재
2. TUE 승인 여부 명시
3. 도핑검사관에게 TUE 판정서 제시

06 도핑위반에 면책을 받기 위해 제출해야 하는 서류 4가지를 말하시오.

신청서, 진단서(소견서), 검사결과, 진료기록 등

07 TUE 승인, 비승인하는 단체는? 그 이유는?

한국도핑방지위원회(KADA)와 별개로 치료목적사용면책위원회(TUEC)에서 치료목적사용면책 국제표준에 따라 독립적으로 심사하고 판정한다.
TUEC는 보다 효율적 운영과 전문성을 제고하기 위하여 위원장, 부위원장을 포함하여 5인 이상의 위원으로 구성한다. 운동의학에 지식과 경험이 있는 3인 이상의 의사를 포함해야 하며, 장애인 선수에 대한 치료 경험이 있는 위원을 1인 이상 포함하여야 한다.
* 효율적 운영과 전문성을 제고하기 위하여 TUEC에서 국제표준에 따라 독립적으로 심사하고 판정한다.

• 제5조 검사 및 조사의 목적

검사는 선수의 금지약물 또는 금지방법의 존재나 사용 금지에 대한 엄격한 규약의 준수(또는 비준수)에 대한 분석적 증거를 확보하기 위하여 수행되어야 한다.

5.4 선수소재지정보
본 협회 및 위원회의 관할하에 있는 선수는 한국도핑방지위원회의 운영사항을 충실히 이행하여야 한다. (가) 분기 별로 도핑방지위원회에 자신의 소재지정보 제출, (나) 항상 정확하고 완성된 정보를 유지하기 위하여 필요할 때마다 최신의 정보로 갱신, 그리고 (다) 그러한 소재지에서 검사받을 준비를 하여야 한다.

• 제7조 개인 경기결과의 자동 실효

경기기간 중 검사와 관련한 개인종목의 도핑방지규정위반은 메달, 점수, 상금의 몰수 등 수반되는 모든 결과와 함께 해당 경기에서 획득한 결과가 자동적으로 실효된다.

• 제8조 개인에 대한 제재

8.1 도핑방지규정위반에 대해 부과되는 자격정지기간은 한국도핑방지규정 제10조에 따른 제재결정에 의한다.

8.2 첫 번째 위반

일반부는 400만원, 학생부는 200만원에 해당하는 과징금을 부과한다. 단, 전국체육대회 도핑방지규정 위반 시에는 1,000만원의 과징금을 부과한다.

8.3 두 번째 위반

일반부는 1,000만원, 학생부는 500만원에 해당하는 과징금을 부과한다. 단, 전국체육대회 도핑방지규정 위반 시에는 1,500만원의 과징금을 부과한다.

8.4 세 번째 위반

1,500만원에 해당하는 과징금을 부과한다. 단, 전국체육대회 도핑방지규정위반 시에는 2,500만원의 과징금을 부과한다.

8.4.1 단 영구자격정지의 경우에는 과징금을 부과하지 않는다.

08 도핑방지 위반 시 과징금에 대해 말하시오.

- 개인
  - 1차 위반: 학생부 200만 원, 일반부 400만 원, 전국 대회 1,000만 원
  - 2차 위반: 학생부 500만 원, 일반부 1,000만 원, 전국 대회 1,500만 원
  - 3차 위반: 학생부, 일반부 공히 1,500만 원, 전국 대회 2,500만 원
  단, 영구자격정지의 경우에는 과징금을 부과하지 않는다.
- 선수 지원요원에 대한 제재
  - 1차 위반: 감독 400만 원 및 자격정지, 코치 200만 원 및 자격정지
  - 2차 위반: 감독 800만 원 및 자격정지, 코치 400만 원 및 자격정지
  - 3차 위반: 퇴출
- 시·도 지부에 대한 제재
  전국체육대회 경기기간 중 도핑방지규정 위반의 경우, 위반 선수의 소속 시·도지부에게는 선수 1명당 300만원의 과징금을 부과하며 시·도지부 관련 임원에게는 자격정지를 부과한다.

09 도핑방지규정 위반시 일반부와 학생부의 1차 과징금에 대해 말하시오.

첫 번째 위반 시 일반부 400만원, 학생부 200만원이며, 전국대회 도핑방지규정 위반 시 1,000만원이다.

10 전국 대회에서 도핑 적발 시 시·도지부가 받는 제재에 대해 말하시오.

선수 1명당 벌금 300만 원, 관련 임원은 자격정지를 부과한다.

11 자격정지기간의 기산에 대해 말하시오.

한국도핑방지위원회에서 자격정지기간이 부과된 날로부터 기산된다.

• **17조 선수의 역할과 책임**

본 도핑방지규정 및 한국도핑방지규정에 규정된 모든 도핑방지 정책과 규정을 숙지하고 준수하여야 한다.

시료채취가 언제나 가능하도록 하여야 한다.

도핑방지와 관련하여 선수가 사용하고 복용한 모든 물질에 대하여 책임을 진다.

의료진에게 선수로서 금지약물 및 금지방법을 사용하지 않아야 할 책임이 있음을 고지하고, 어떠한 의료처치도 본 도핑방지규정 및 한국도핑방지규정에 규정된 도핑방지정책 및 규정에 위반되지 않도록 확인할 책임을 진다.

17.2 선수지원요원의 역할과 책임

선수지원요원 또는 선수지원요원이 지원하는 선수에게 적용되는 모든 도핑방지정책과 규정을 숙지하고 준수하여야 한다.

선수검사 프로그램에 협조하여야 한다.

선수가 도핑방지에 대한 바람직한 가치관과 태도를 형성하도록 지도하여야 한다.

도핑방지규정위반을 조사하는 도핑방지 기구에 협력하여야 한다.

선수지원요원은 정당한 사유 없이 어떠한 금지약물 또는 금지방법을 사용 또는 소지할 수 없다.

12 세계도핑방지 위원회에서 도핑 약물을 규정하는 기준은?(금지약물을 선정하는 기준, 도핑 약물 규정 기준)

경기력 향상에 도움이 되거나 도움이 될 잠재력을 가진 약물, 선수의 건강에 실제적 또는 잠재적인 위험이 되는 경우, 스포츠 정신에 위배되는 경우

13 도핑(Doping)이란?

경기력을 향상시킬 목적으로 의도적으로 금지약물을 섭취하거나 주사제를 사용하는 행위를 말한다.

14 도핑테스트(Doping test)는?

경기력을 향상시킬 목적으로 의도적으로 금지약물을 복용, 또는 주사했는지의 여부를 판단하는 검사를 말한다.

15 도핑사전미통지원칙이란?

도핑을 언제 한다고 사전에 미리 알려주지 않고 갑자기 도핑을 요구할 수 있다는 것이며, 선수는 그에 응해야 한다.

16 불법 약물 종류와 부작용에 대해 말하시오.(도핑 위반 약물과 이러한 약물을 섭취하면 안 되는 이유)

• 동화 작용제(아나볼릭): 심장마비, 성 기능 장애 등
• 성장호르몬(HGH): 신체 기형화, 당뇨, 관절 약화, 심장질환 등
• 에리트로포이에틴(EPO): 고혈압, 뇌졸중, 혈관 폐색 등

> - 이뇨제: 심각한 저혈압, 탈수 증상, 실신 등
> - 카나비노이드(마리화나): 호흡 장애, 인지장애, 정신장애 등
> - 베타차단제: 기관지 발작, 저혈압, 수면장애, 성 기능 장애 등

- **의도하지 않은 도핑**

(1) 선수의 부주의 또는 실수로 자신도 모르게 섭취한 금지 약물이 도핑 테스트 결과 검출이 되는 경우를 대표적인 사례라 할 수 있으며 아래의 경우에 주로 발생한다.

  1. 질병 및 부상의 치료 과정

    선수가 도핑테스트 대상자임을 밝히지 않고 의사에게 처방전을 받거나 처방전 없이 구매가 가능한 의약품(예)감기약, 혈압약을 복용한 뒤 도핑 테스트 결과에서 금지성분이 검출되는 사례가 종종 있다.

    또한 금지약물은 알약과 시럽같이 직접 복용하는 방법분만이 아니라 로션이나 흡입기를 통해서도 체내에 유입되는 경우가 있기 때문에 주의를 기울여야 한다.

  2. 보충제 섭취

    운동보충제 및 건강기능식품은 제조과정에서 어떤 성분이 첨가되는지 확인이 어렵고 성분함유 라벨이 있더라도 정확하지 않은 내용을 기재하고 있을 위험성이 존재한다. 체내흡수 시 물질 상호간의 화학작용으로 인하여 금지약물이 생성·검출될 수 있으며 이에 대한 안정성 여부와 전문적인 분석이 불가능한 실정이기 때문에 선수들의 각별한 주의가 요구된다.

    한국도핑방지위원회는 전문기관이 분석하고 식품의약품안전청의 승인을 받아 출시되는 국내에서 생산·유통 중인 의약품에 한정하여 금지약물 검색 서비스를 제공하고 있다. 따라서 운동보충제 및 각종 기능성 식품, 한약 및 외국에서 생산·유통되는 약물에 관한 정보는 제공하지 않는다.

(2) 의도하지 않은 도핑에 따르는 제재

  1. 비록 의도하지 않은 도핑이라 할지라도 도핑방지규정 위반에 따른 제재가 부과된다. 도핑방지규정 위반행위는 선수의 고의성 여부와는 무관하게 성립이 되며 세계도핑방지기구는 엄격한 책임원칙(The Rule of Strict Liaility)을 채택하고 있다. 엄격한 책임원칙에 따라 선수의 체내에서 금지약물이 검출되는 경우에는 언제나 선수가 책임을 지도록 되어 있으며, 도핑방지규정 위반에 따른 제재를 받게 된다. 경기 기간 중 검사에서 도핑방지규정 위반 행위가 발생되는 경우 해당경기와 관련된 일체의 메달, 점수, 포상, 경기 기록 등이 몰수되며 제재 기록이 남아 추후 다른 도핑방지규정 위반이 발생하면 가중 처벌 요인으로 작용한다.

  2. 세계는 도핑방지규약은 선수가 자신에게 과실 또는 부주의가 없음을 입증할 수 있는 경우, 혹은 중대한 과실 또는 부주의가 없음을 입증할 수 있는 특수한 상황에 제재를 감경 또는 면제받을 수 있는 가능성을 규정하고 있다. 그러나 이 규정은 정말로 예외적인 상황[(예)선수가 모든 적절한 주의를 기울였음에도 불구하고 경쟁자들로부터 방해를 받았다는 것을 입증할 수 있는 경우 등]에서만 영향을 미칠 수 있으며, 모든 의도하지 않은 도핑에 대한 제재가 감경 혹은 면제되는 것을 의미하지 않는다.

(3) 의도하지 않은 도핑을 예방하는 방법

아래의 조언을 유념하여 언제나 주의를 기울이고 필요한 사전 조치를 취하여야 한다.

1. 의사에게 진료를 받을 때
   - 의사에게 자신은 도핑 검사 대상자인 운동선수라는 것을 명확히 밝힐 것
   - 의사에게 최신 금지약물 리스트를 제출하여 "금지된 약물 또는 방법으로 치료받지 않아야 한다."라는 것을 주지시키고 확인할 것(금지목록은 1년 단위로 개정본이 발생되며, 의사라고 해서 모든 금지 약물에 대하여 정확히 인지하고 있지 않다.)
2. 처방전이 필요 없는 의약품을 섭취할 때
   - 처방 받은 의약품에 금지약물이 포함이 되어 있는지 확인해 볼 것
3. 보충제를 섭취할 때
   - 보충제 섭취의 유용성과 위험성을 판단할 것

출처: 한국도핑방지위원회 http://www.kada-ad.or.kr

17 '의도하지 않은 도핑'에 대해 말하시오.

선수의 부주의 또는 실수로 자신도 모르게 섭취한 금지 약물이 도핑테스트 결과 검출이 되는 경우가 대표적인 사례라고 할 수 있다.
주로 질병 및 부상의 치료 과정과 보충제 섭취 과정에서 발생한다.

18 도핑검사 11단계에 대해 말하시오.

검사대상자 선정 - 선수 통지 - 도핑관리실로 이동 - 시료 채취 용품 - 시료 제공 - 시료의 양 - 시료 나눠 담기 - 시료 봉인 - 비중 측정 - 도핑검사서 작성 - 시료 분석

19 약국에서 선수가 보충제를 처방전 없이 구매해도 되는가?

보충제는 말 그대로 영양을 간편하게 보충할 수 있는 식품으로써 처방전 없이 구입할 수 있다. 단 주의할 점은 혹시라도 보충제에 선수가 섭취하지 않아야 할 성분이 들어가 있는지를 확인해야 한다. 국내의 경우 식약청의 검증을 받은 FDA표시가 있는, 한글표기의 보충제를 선택하는 방법이 있다.
식약청 승인을 받지 않은 외국에서 직수입하는 보충제의 경우 어떤 성분이 들어 있는지 정확히 확인할 수 없으며 만약 선수가 섭취하지 않아야 하는 성분이 들어있다면 해당 선수는 의도하지 않은 도핑에 걸리게 된다. 그렇기 때문에 선수는 이러한 부분을 염두해 두고 각별히 주의해야 한다.

(4) 심판위원회 규정[2024.02.02. 개정]

• **제2조(목적)**

위원회는 심판이 스포츠의 기본 정신과 책임감을 갖고 경기규칙에 따라 공정하게 직무를 수행할 수 있도록 심판의 독립성 및 자율성, 심판으로서의 역할, 임무, 의무 등에 관한 사항에 대해 자문하여 경기진행의 공정성을 높이는 데 그 목적을 둔다.

• **제4조(기능)**

심판의 권익 보호 · 증진에 관한 사항, 심판양성 교육 및 체육회 심판 아카데미에 관한 사항, 심판 등록 및 관리에 관한 사항

• **제14조(심판등급 구분)**

1. 국제심판 – 세계연맹심판(A, B, C급): 세계연맹 심판자격 취득자로서 각종 국제경기대회의 심판 및 전국규모의 경기대회에서 심판위원으로 지명 받을 수 있다.
2. 국내심판
   1) 1급: 국내 심판 자격취득자로서 전국규모의 경기대회에서 심판 및 지역규모의 경기대회에 심판위원으로 지명 받을 수 있다.
   2) 2급: 국내 심판 자격취득자로서 지역규모의 경기대회에서 심판으로 지명 받을 수 있다.

01 국내심판위원 등급에 따른 심사 or 심판원의 등급에 따른 심사가능 범위에 대해 말하시오.

> 국제심판은 세계대회 및 전국대회 심사가 가능하다.
> 국내 1급 심판은 전국대회 및 지역대회 심사가 가능하다.
> 국내 2급 심판은 지역대회 심사가 가능하다.
> 국제심판은 세계연맹 심판자격 취득자로서 각종 국제경기대회의 심판 및 전국규모의 경기대회에서 심판위원으로 지명받을 수 있다. 국내심판은 1급과 2급으로 나누어지는데 1급 국내 심판 자격취득자는 전국 규모의 경기대회에서 심판 및 지역규모의 경기대회에 심판위원으로 지명받을 수 있으며, 2급 국내 심판 자격취득자는 지역규모의 경기대회에서 심판으로 지명받을 수 있다.

• **제16조(심판등록 및 활동)**

① 심판으로 활동하고자 하는 사람은 심판자격을 취득한 후 본 협회 경기인등록규정 제30조 및 제32조에 따라 심판등록을 완료하여야 한다.
② 제1항에 따라 심판으로 등록한 사람만이 본 협회 심판으로서 활동할 수 있다.
③ 제1항에 따라 등록한 심판의 자격정보가 변경되었을 경우 본 협회의 심의를 거쳐 심판 자격정보에 관한 사항을 변경할 수 있다.

〈심판 자격의 취득〉

• 국제심판 자격의 취득

① 국내 1급 심판 자격 취득 후 3년이 경과하고 전국 규모 경기 대회에 5회 이상 참가한 심판 중 시·도지부의 추천을 받은 심판

② 국내 1급 심판 자격 취득 후 3년이 경과하고 전국 규모 경기 대회에서 2회 이상 및 시·도지부에서 주최한 대회에 5회 이상 참가한 심판 중 시·도지부의 추천을 받은 심판

③ 국내 1급 심판 자격 취득 후 3년이 경과하였으나 상기 기준에 부합되지 않는 심판의 경우, 심판 위원회에서 이와 동등한 자격이 인정되어 추천을 받은 심판

④ 국내 1급 심판 자격 보유자 중 특별히 필요에 따라 회장이 추천한 심판

• 국내 1급 심판 자격의 취득

① 2급 심판 자격 취득 후 2년 동안 시·도지부에서 주최한 대회에 2회 이상 참가한 심판 중 시·도지부의 추천을 받은 심판

② 2급 심판 자격 취득 후 당해 2회 이상 시·도지부에서 주최한 대회에 참가하였다 해도 익년에는 1급 심판 자격 취득에 응할 수 없다.

③ 역대 미스터 & 미즈 코리아 대상, 국가대표 자격으로 출전한 국제 대회에서 금메달을 획득한 사람, 본 협회 이사는 1급 심판 자격을 취득할 수 있음

• 국내 2급 심판 자격의 취득

① 보디빌딩 분야에 상당한 경력을 보유하고 일정 기간 대회 운영요원으로 활동한 자 중에서 시·도지부 또는 본 협회의 추천을 받은 사람

02 국내 1급 심판의 자격조건을 말하시오.

- 2급 심판 자격 취득 후 2년 동안 시·도지부에서 주최한 대회에 2회 이상 참가한 심판 중 시·도지부의 추천을 받은 심판
- 역대 미스터&미즈 코리아 대상, 국가대표 자격으로 출전한 국제 대회에서 금메달을 획득한 사람, 본 협회 이사는 1급 심판 자격을 취득할 수 있음

〈심판 자격 취득의 제한〉

① 선수로 등록한 사람은 심판자격을 취득할 수 없다.

② 심판자격 유지 중 선수로 등록한 사람은 선수 등록한 해에는 심판으로 활동할 수 없다.(시행종료일: 2020.1.1.)

③ 선수로 활동 중 도핑방지규정 위반으로 제재를 받은 사람은 징계 만료 후 5년 이상 경과해야 심판 자격을 취득할 수 있다. 단, 영구제명 선수는 심판자격을 취득할 수 없다.

03 대한 보디빌딩협회 심판 자격의 유지 및 부활 방법은?

심판 자격의 유지를 희망하는 경우에는 자격 취득 후 4년에 한 번씩 재교육을 받아야 한다.
재교육을 이수하지 않아 자격을 상실한 자는 자격 상실 기간에 비례하는 소정의 추가 강습비 납부 및 재교육을 통해 동일 자격을 득할 수 있다.
징계로 인하여 자격이 정지된 심판은 징계 해제 후 3년이 경과한 후 재교육을 통하여 2급 심판 자격을 득할 수 있다.

• 제19조(심판기피 및 제척)

① 본 협회는 대회전에 배정된 심판을 공개하고 선수, 지도자 등이 심판 기피를 합리적인 사유와 근거를 제시하여 요청할 경우 본 협회 심판위원회에서 그 사유를 심사하고 정당한 사유가 있으면 해당 경기에 관한 심판에서 제외할 수 있다.

② 경기에 참가하는 선수, 지도자의 친인척, 동일 대학 출신은 그 경기에 심판으로 참여할 수 없다.

• 제20조(심판배정)

본 협회 심판위원회의 결정으로 모든 대회의 심판을 배정하여야 한다. 심판 배정 시 같은 선수(팀) 경기를 연속으로 배정해서는 안 된다. 심판위원장은 직접 심사에 참여할 수 없으며 공정한 심사를 위하여 감시·감독한다.

• 제21조(심판판정)

① 외부 단체로부터 독립하여 공정한 업무를 수행하여야 한다.

② 심판 관련 규정과 해당 단체의 규약 및 심판 규정을 준수하고 경기규칙에 따라 명확한 판정을 위하여 최선을 다하여야 한다.

③ 경기 운영 및 판정에 있어 공명정대하게 양심에 따라 판정한다.

• 제22조(심판의 품위)

심판은 체육회 또는 본 협회에서 발급한 신분증서를 패용하여야 한다. 심판은 본 협회에서 규정한 복장과 장비만 사용하여야 한다. 심판은 본 협회의 정관 및 관련 규정을 준수하여야 한다. 심판은 오심 및 편파판정에 대하여 본 협회 '정관', 본 협회 또는 체육회의 '스포츠공정위원회규정'에 따라 징계(문책) 받을 수 있다. 심판은 선수·지도자의 팀(단체 등) 입단, 계약 또는 기타 취직의 알선, 협조 등 심판으로서의 직분이나 직무 공정성을 해하는 행위를 해서는 안 된다.

• 제23조(심판의 상벌)

① 심판이 명백한 오심을 하거나 사회적으로 물의를 일으키고 심판의 품위를 손상시키는 등 징계 사유에 해당되는 언행을 할 경우 본 협회 '스포츠공정위원회규정'에 따라 처리한다.

② 오심 누적 시 심판자격을 강등할 수 있으며, 오심 횟수에 따라 심판자격도 박탈할 수 있다.

04 심판 갱신 기간은?

자격 취득 후 4년에 한 번씩 재교육을 받아야 심판 자격을 유지할 수 있다.

05 심판으로 등록하지 못하는 경우는?(심판원 등록 제한 이유는?)

– 도핑, 폭력 등으로 징계를 받은 경우와 당해 연도에 선수로 등록한 경우
– 영구 제명 당한 자, 도핑 징계 만료 후 5년이 안된 자, 당해 연도 선수로 등록한 자

06 심판 등록 방법은?

스포츠 지원포털(경기인 등록 시스템)에서 등록한다.

07 보디빌딩의 심사규정에 대한 심판원의 주의사항에 대해 말하시오.

심사 직전이나 심사하면서 술을 마시면 안된다.
경기 중 다른 심사위원과 대화하면 안된다.
다른 심사위원에게 압력을 행사하거나 채점 및 결정에 대해 영향을 주어서는 안된다.
선수로 참가하면 안된다.

08 심판의 의무, 역할, 자질에 대해 말하시오.

심판은 경기규칙을 준수해야 한다.
심판은 공정한 판정을 해야 한다.
심판은 판정에 대한 책임을 져야 한다.
심판은 소집된 관련 회의에 반드시 참석하여야 한다.
심판위원장은 직접 심사에 참여할 수 없으며 공정한 심사를 위하여 감시, 감독한다.
⇒ 심판은 공정한 판정을 해야 하며, 경기규칙을 준수해야 한다. 그리고 판정에 대한 책임을 져야 하고 소집
된 관련 회의에 반드시 참석해야 한다.

성피티 Tip

심판원의 주의사항과 심판의 의무는 빈출되는 구술 문제입니다. 반드시 잘 구분하여 숙지하셔야 합니다.

(5) 경기력향상위원회 규정

• 제3조(기능)

1. 국가대표 경기력향상 기본계획
2. 올림픽 및 아시아경기대회 대비 강화훈련계획 수립
3. 스포츠과학의 연구 지원 및 현장 적용에 관한 사항
4. 경기지도자의 육성 및 자질향상에 관한 사항
5. 국가대표선수 훈련 참가 임원 및 선수선발에 관한 사항
6. 국가대표 훈련의 지도, 감독, 평가분석에 관한 사항
7. 우수소질 보유자의 발굴 육성에 관한 사항
8. 국가대표 훈련 참가임원 및 선수의 상벌에 관한 사항
9. 올림픽 및 아시아경기대회 파견선수단 전형추천 및 사후평가에 관한 사항

03_ 스포츠 인권

(1) 인권

01 인권침해에 대해 말하시오.

1. 신체를 폭행하거나 협박하는 행위
2. 지속적이고 반복적인 욕설이나 폭언
3. 다른 사람들 앞이나 온라인상에서 모욕감을 주거나 개인사에 대한 소문을 퍼뜨리는 등 명예를 훼손하는 행위
4. 합리적 이유없이 반복적으로 개인 심부름 등 사적인 용무를 지시하는 행위
5. 합리적 이유없이 능력이나 성과를 인정하지 않거나 조롱하는 행위
6. 집단적으로 따돌리거나, 정당한 이유없이 중요한 정보 또는 의사결정 과정에서 배제하거나 무시하는 행위
7. 지위를 이용하거나 업무 등과 관련하여 성적 언동 또는 성적 요구 등으로 상대방에게 성적 굴욕감이나 혐오감을 느끼게 하는 행위
8. 성적 언동 또는 요구에 응하지 아니한 이유로 상대방에게 불이익을 주거나 그에 따르는 것을 조건으로 이익 제공의 의사표시를 하는 행위
9. 성폭력 범죄의 피해자, 신고자에게 협박, 회유 등 2차 가해를 하는 행위
10. 그 밖에 업무의 적정범위를 넘어 타인에게 신체적, 정신적 고통을 주거나 근무환경을 악화시키는 모든 행위
    * 체육인의 인권의식 고취, 인권존중 및 인권보호의 의미를 되새기기 위해 매년 10월 15일을 스포츠 인권의 날로 지정

02 지도자가 학부모와 선수에게 행하는 인권침해에 대해 말하시오.

운동경기 성적에 의한 더 나은 학교나 팀으로의 이적 등을 빌미로 폭언, 폭력, 체벌, 과도한 훈련, 회유, 강요, 협박 등 선수나 학부모에게 압박을 가하며 인간의 자유의지와 기본권리를 침해하는 모든 행위를 말한다.

03 학부모가 지도자에게 행하는 인권침해에 대해 말하시오.

경기력 저하가 염려되어 지도자에게 과도한 간섭과 요구, 허위사실 유포 등 잠재적 가해자로 만들면서 인간의 자유의지와 기본권리를 침해하는 모든 행위를 말한다.

04 학습권 침해에 대해 말하시오.

경기력 향상을 위해 과도한 경쟁을 유도하거나 훈련 스케줄을 무리하게 설정하여 피로도를 증가시켜 정규 수업 스케줄에 참여할 수 없게끔 상황을 만드는 것을 말한다.

(2) 스포츠 폭력 및 성폭력

01 스포츠 폭력에 대해 말하시오.

스포츠 영역에서 스포츠인(선수, 지도자, 학부모, 관계자 등)을 대상으로 구타하거나 상처가 나게 하는 것, 어느 장소에 가두어 두는 것, 겁을 먹게 하는 것, 강요하는 것, 물건이나 돈을 빼앗는 것, 사실 또는 사실이 아닌 일로 인격이나 마음에 상처를 주는 것, 남들 앞에서 창피를 주는 것, 계속해서 반복하여 따돌리는 것 등을 말한다.

• **폭력의 구성요소**
- 힘의 불균형: 관계 안에서 주로 강자가 약자를 향해 폭력을 행사함
- 반복성: 피해자의 의견과 무관하게 반복적으로 발생함
- 행위성: 의도에 관계없이 행해지는 모든 폭력

• **폭력의 유형**
- 신체적 폭력: 신체적 트라우마 또는 부상을 야기시킬 수 있는 행위
- 방관자 입장의 폭력: 폭력을 행사하는 가해자와 피해자를 제외한 집단 구성원들이 폭력 행동을 무시하거나 모른체하기. 혹은 폭력을 암묵적으로 묵인하고 지지하는 것
- 정신적 폭력: 몸에 상처가 나지는 않지만 그에 못지않은 두려움과 좌절을 느끼게 하는 심리적, 감성적 학대 행위

02 지도자의 스포츠 폭력 예방 행동지침에 대해 말하시오.

- 경기력 향상 또는 팀의 단합을 이유로 기합이나 가혹행위(구타와 욕설)를 하지 않는다. 어떠한 경우에도 폭력은 정당화될 수 없다.
- 지도자는 훈련이나 경기 과정에서 사전에 선수에게 훈련 및 경기의 목표와 방법, 과정 등을 상세히 설명하고 충분한 의견을 수렴해야 한다.
- 선수가 감당할 수 없을 정도의 신체적, 정신적 고통을 주는 과도한 훈련은 하지 않는다.
- 지도자는 특정 선수를 편애하지 않으며 훈련 시 모든 선수들에게 골고루 시간을 할애하여 지도한다.
- 경기 및 훈련 중 선수의 인격을 모욕하거나 마음에 상처를 주는 말과 행동을 하지 않는다.(심한 욕설, 외모 비하, 가족 험담, 가정 형편 언급, 선수의 이전 경기 실수 들추기 등)
- 경기 결과가 나쁘거나 훈련 성과가 저조하다고 하여 고성과 욕설, 물건 집어던지기, 파손 등 선수에게 위협과 공포를 줄 수 있는 행동을 하지 않는다.
- 경기 및 훈련 준비와 정리는 선수 각자가 역할을 부여받아 동등하게 수행할 수 있도록 지도한다.
- 선수 개인의 가방과 훈련장비는 각자 가지고 이동하고, 단체훈련장비 및 물품은 선수들끼리 그룹을 만들어 공동으로 들고 이동하게 한다.
- 정해진 훈련시간 외에는 선수의 시간을 강제로 조정하지 않는다.(귀가 시간 늦추기, 학습권 침해, 보충 훈련 등)
- 훈련과 관계없는 사적인 심부름을 시키지 않는다.
- 훈련장, 운동부실, 운동 장비 보관실, 라커룸 등의 장소를 지도자가 상시적으로 관리·감독한다.(몽둥이, 파이프 등 폭력에 사용될 수 있는 물품이 있는지도 체크)
- 경기 출전 시 엔트리를 선수 및 보호자에게 공개하도록 하여 선수 기용 원칙을 분명히 세워 투명하고 공정한 선수 출전이 이루어지도록 한다.
- 지도자는 선수 보호의 책임이 있음을 항상 주지하고, 선수에 의한 폭력 및 가혹행위 예방을 위하여 상시적으로 관리·감독해야 한다.
- 폭력을 인지하게 되었을 때 어떠한 경우라도 묵인, 간과, 회피하지 않는다.

03 선수의 스포츠 폭력 예방법에 대해 말하시오.

- 협박, 위협, 공포를 줄 수 있는 언행을 하지 않는다.
- 분노를 참지 못하고 심한 욕설이나 폭행을 할 것 같으면 그 자리를 잠시 떠나 격한 감정을 조절할 수 있는 시간을 갖는 것도 한 방법이다.
- 폭력 발생 시 신고할 수 있는 연락처를 알아 놓는다.
- 어떠한 경우에도 신체적 폭력을 행사하지 않고 인격에 상처를 주는 말과 행동을 하지 않는다.
- 개인의 할 일을 다른 사람에게 시키지 않고 다른 사람의 시간을 강제 조정하지 않는다.
- 모든 일은 선후배 협동하며 공동 생활규칙을 지킨다.

04 학부모의 스포츠 폭력 대처 방법에 대해 말하시오.

- 자녀의 몸에 상처가 있거나, 자녀가 아프다고 할 때 폭력 피해 가능성을 의심한다.
- 자녀가 폭력을 당했을 때 신체적, 정신적 상태를 살피고 자녀의 마음을 진정시킨다.
- 자녀의 폭력 피해 사실을 알게 되었을 경우 학교장(소속 단체장) 및 수사기관, 대한체육회 스포츠 인권센터 등 관련 기관에 상담 및 신고를 한다.
- 가해 지도자나 가해 선수의 부모를 만날 때는 학교장(소속 단체장) 및 수사기관, 대한체육회 스포츠 인권센터 등 관련 기관의 입회하에 만날 수 있도록 한다.
- 부모는 가해 선수에 대해서도 지도자가 심한 체벌이나 질책보다는 사랑과 관심으로 지도할 수 있도록 요청한다.
- 선수 간 폭력 발생 시 "학교폭력대책자치위원회"를 통해 조정이 이루어지도록 한다.
- 자녀가 다른 선수를 괴롭히거나 구타한 사실을 알았을 때는 지체없이 지도자에게 알리고 해당 선수와 보호자에게 사과하며 재발방지를 약속해야 한다.

05 폭력 사건 피해 발생 시 처리 절차에 대해 말하시오.

- 안전 확보: 사건 상황에서 벗어나 안전을 확보한다.
- 응급대응: 증거 확보와 신체적 안전을 위해 외상 진료 및 증거 사진 확보 등 응급조치를 취한다.
- 상황 파악하기: 지금 벌어진 일이 어떤 이유에 의한 것인지 상황을 파악한다.
- 상황 신고하기: 대한체육회, 스포츠 인권센터, 수사기관(경찰)에 신고한다.
- 주변에 도움 요청하기: 사건에 대해 동료, 지도자, 부모님 등에게 알린다.
- 치료하기: 외상이나 심리적 트라우마에 시달리지 않도록 치료에 적극적으로 임한다.

06 폭력 행위를 한 지도자, 선수, 심판, 임원에 대한 징계기준은?

- 징계 혐의가 인정되나 극히 경미한 경우: 1년 미만의 출전 정지 또는 자격정지
- 경미한 경우: 1년 이상 3년 미만의 출전 정지 또는 1년 이상 3년 미만의 자격정지
- 중대한 경우: 3년 이상의 출전 정지, 3년 이상의 자격정지 또는 영구 제명

07 스포츠 성폭력이란 무엇이며, 발생 원인에 대해 말하시오.

스포츠에 참가하는 스포츠인이 자신의 힘과 권력, 지위를 이용하여 타인에게 신체적 접촉, 언어적 성희롱, 강제추행, 음란성 메시지, 성적 행위 강요와 같이 상대방의 동의 없이 성적 자기결정권을 침해하는 것을 말한다. 권력을 이용하여 상대방이 원치 않는 성적행위를 하거나 성적행위를 하도록 강제하는 행위로 성을 매개로 가해지는 신체적, 정신적, 언어적 폭력을 말하며 강간, 성추행, 성희롱으로 구분할 수 있다.
스포츠 성폭력의 발생 원인은 권력과 지위의 차이, 성차별적 문화와 성에 대한 잘못된 인식 등이 있다.

08 성폭행, 성추행, 강제추행, 성희롱에 대해 말하시오.

1) 성폭행(강간) – 폭행이나 협박으로 사람을 간음(사람의 성기를 상대방의 성기에 강제로 넣는 것)한 행위
2) 성추행 – 성적인 흥분, 자극 또는 만족을 목적으로 상대방의 동의를 얻지 않고 일어나는 간음 이외의 성적 가해행위(해를 끼치는 행위)
3) 강제추행 – 폭행이나 협박 등을 통해 사람에게 성적으로 가해하는 행위
4) 성희롱 – 성적인 말과 행동 등으로 성적굴욕감 또는 수치심을 느끼게 하는 행위, 성적인 말과 행동, 기타 요구 등에 따르지 않는다는 이유로 불이익을 주는 것

09 성인지 감수성에 대해 말하시오.

– 성별 간의 불균형에 대한 이해와 지식을 갖춰 일상생활 속에서의 성차별적 요소를 감지해내는 민감성
– 성별 간의 차이로 인한 일상생활 속에서의 차별과 유·불리함 또는 불균형을 인지하는 것
– 넓게는 성평등 의식과 실천 의지 그리고 성 인지력까지의 성 인지적 관점을 모두 포함

10 그루밍 성범죄에 대해 말하시오.

가해자가 피해자에게 호감을 얻거나 돈독한 관계를 만드는 등 심리적으로 지배한 뒤 성폭력을 가하는 것을 뜻한다. 보통 어린이나 청소년 등 미성년자를 정신적으로 길들인 뒤 이뤄지는데, 그루밍 성폭력 피해자들은 피해 당시에는 자신이 성범죄의 대상이라는 것조차 인식하지 못하는 경우가 많다.
그루밍 성범죄는 ▷피해자들이 보통 자신이 학대당하는 것을 인식하지 못한다는점 ▷피해자가 실제로는 그렇지 않음에도 표면적으로는 성관계에 동의한 것처럼 보인다는 점 등 때문에 수사나 처벌이 어려운 경우가 많아 그 문제가 심각하다.

11 성폭력에 대해 말하시오.

성희롱, 성추행, 강제추행, 성폭행을 모두 포함한 단어로 상대방의 동의 없이 이뤄지는 모든 성적 가해행위를 말한다.

12 성폭력의 유형에 대해 말하시오.

– 신체적 성폭력: 강간이나 성추행 등 신체적 성 학대 행위
– 정신적 성폭력: 언어적 또는 시각적 성희롱으로 성적 굴욕감 또는 수치심을 느끼게 하는 행위
– 디지털 성범죄: 사이버공간에서의 성적 괴롭힘
– 2차 피해: 원인을 피해자 탓으로 돌리기, 소문내기 등 피해자를 괴롭히는 것

• **성폭력 예방법, 스포츠 성폭력 예방법, 성희롱 방지 메뉴얼**

1. 성폭력은 이성 간에만 발생하는 것이 아니라, 동성 간에도 성적 굴욕감과 수치심을 느낄 수 있다는 것을 인식한다.
2. 훈련 중 성적 굴욕감(성적 혐오감)이나 수치심을 주는 행위를 하지 않는다.
3. 경기 및 훈련 중 '잘해보자(파이팅) 또는 칭찬'의 의미로 상대방의 신체부위에 접촉하는(껴안기, 엉덩이 두드리기, 팔로 감싸기 등) 행위를 하지 않는다.
4. 훈련 중 다른 선수와 마사지 또는 자세 교정의 이유로 신체 접촉을 해야 할 경우 반드시 사전에 상대방의 허락을 받는다.
5. 경기장 및 훈련장에서 선수에게 성적인 농담이나 이야기를 하거나 외모를 가지고 놀리지 않는다.(예: 가슴이나 엉덩이 크기, 몸매 평가 등)
6. 선수의 신체 특정부위(가슴, 엉덩이, 성기 등)를 계속 바라보거나 반복적으로 쳐다보는 행위를 하지 않는다.
7. 지도하는 중에 실수로 다른 사람의 신체 일부를 만지게 되었다면, 그냥 지나치지 말고, 상대방에게 그 행위가 고의가 아니었음을 분명히 밝히고 사과를 한다.
8. 운동부 내에서 발생한 모든 성폭력 범죄(강간, 강제추행, 성희롱 등)에 관하여 즉시 관련(수사) 기관에 신고해야 할 법적의무가 있음을 명심해야 한다.
9. 성폭력 예방교육에 적극 참여해야 한다.
10. 외모에 대한 성적비유나 모욕 및 수치심을 유발할 수 있는 말을 하지 않는다.
11. 불필요한 신체접촉을 하지 않는다.
12 어깨 주무르기, 팔베개 등 다른 사람에게 자신의 신체를 만지도록 강요하지 않는다.
13. 신체접촉을 해야 할 경우 반드시 상대방에게 동의를 구하고 지도해야 한다.
14. 상담이 필요한 경우 공적인 공간(상담실, 사무실 등)을 활용한다.
15. 운동 이외의 시간에는 가능한 선수 및 관계자와 1대1로 사적인 만남을 갖지 않는다.

13 지도자의 스포츠 성폭력 대처 방법 7가지를 말하시오.

1. 지도하는 중에 실수로 다른 사람의 신체 일부를 만지게 되었다면, 그냥 지나치지 말고, 상대방에게 그 행위가 고의가 아니었음을 분명히 밝히고 사과한다.
2. 성폭력 피해를 입힌 사람은 피해를 입은 사람에게 사과를 하고 재발 행동을 하지 않는다.
3. 운동부 내에서 발생한 모든 성폭력 범죄(강간, 강제추행, 성희롱 등)에 관하여 즉시 관련(수사) 기관에 신고해야 할 법적 의무가 있음을 명심해야 한다.
4. 피해를 입은 사람의 이야기를 잘 들어 주고, 성폭력 피해가 본인의 잘못이 아님을 인식시킨다.
5. 피해를 입은 사람이 안전한 환경에서 지속적으로 활동을 할 수 있도록 분위기를 조성하고 문제 해결을 위해 적극적으로 노력해야 한다.
6. 성폭력과 관련된 문제들을 해결하기 위해 최선의 노력을 다해야 한다.
7. 성폭력 발생 시 대처법을 인식해야 한다.

14 지도하면서 의도치 않게 신체적 접촉이 이루어졌을 때의 행동은?

고의가 아니었음을 분명히 밝히고 사과한다.

15 스포츠 폭력 및 성폭력을 예방하기 위한 학부모의 예방 대안 방법에 대해 말하시오.

- 평소에 자녀와 대화를 많이 하고 자녀가 자기표현을 할 수 있도록 교육한다.
- 자녀의 훈련 방법과 시간 및 장소 등 중요사항에 대해서는 지속적인 관심을 가져야 한다.
- 자녀에게 후배 선수를 때리거나 괴롭혀서는 안 됨을 인식시킨다.
- 자녀의 경기력 향상 등을 이유로 지도자에게 선수 체벌을 요청하거나 절대 권장하지 않는다.
- 내 자녀가 가해자가 될 수도 있음을 인지하고 자녀가 지도자와 동료 선수를 존중하는 마음을 갖도록 교육한다.
- 자녀에게 교과학습과 교육 관계도 중요함을 교육해야 한다.
- 학부모는 스스로부터 지도자를 존중하는 태도를 보여야 한다.
- 자녀의 피해 사실을 주위에 알리면 시합에 출전하지 못하거나 상급학교 진학에 어려움이 있을 것을 예상하여 폭행당한 사실을 숨겨서는 안 됨을 항시 주지하도록 한다.
- 자녀와 지도자 모두에게 결과만을 중요시하는 인식을 주지 않는다.
- 지도자와의 사적 자리를 갖지 않는다.

16 성폭력 2차 피해예방을 위한 4가지 조치는?

성폭력 예방 교육에 적극 참여해야 한다. 성폭력 예방 교육으로는 2차 피해 방지교육, 디지털 성범죄, 스토킹, 데이트폭력 예방교육을 포함한다.
- 피해자를 지지하고 신뢰를 보이려고 노력한다.
- 혹시라도 사건을 알게 되었을 때 철저하게 비밀을 유지하고 소문을 퍼트리지 않아야 한다.
- 피해자를 비난하거나 피해자에게 원인을 돌리지 않으며 피해자에게 자책감을 부추기는 말을 하지 않는다.
- 가해자를 옹호하거나 편들지 않는다.
- 사건을 당사자의 평소 행실, 학업(운동)능력, 성격 등과 관련지어 말하지 않는다.
- 사건에 대해 피해자에게 이야기하거나 질문해야 할 때 반드시 동의를 구한 다음 이야기해야 한다.
- 피해자가 사건에 대해 말하기를 원하지 않는다면, 걱정이 되더라도 자세히 묻거나 이야기하지 않는다.
- 다른 구성원에 의한 2차 피해가 일어나거나 확대되지 않도록 주의를 기울이고 여론을 환기시키기 위해 노력한다.

17 스포츠 폭력과 스포츠 성폭력의 처리 절차에 대해 말하시오.

분리 – 도움 요청 및 병원 방문 – 증거수집 – 기관 도움 – 적극적 치료

18 성폭력 발생 시 처리 절차에 대해 말하시오.

1. 피해 당사자는 다른 피해를 막기 위해 피해 상황을 즉시 벗어나야 한다.
2. 피해 옷차림 그대로 즉시 병원을 방문한다.
3. 피해사실에 대한 기록 및 증거자료를 확보한다.
4. 스포츠인권센터, 한국성폭력상담소, 수사기관, 동료, 지도자, 부모님 등에게 알리고 도움을 요청한다.
5. 외상이나 심리적 트라우마에 시달리지 않도록 치료에 적극적으로 임한다.

• **위반 행위별 징계기준**

개별기준에 따라 징계 양정 시 아래 위반행위별 주요 혐의 내용(예시)은 중대한 경우로 판단하여야 한다.

위반 행위	주요 혐의내용(예시)
성추행 등 행위	반복적인 경우, 인적 신뢰관계를 이용한 경우, 피해자가 미성년자인 경우, 성적 수치심을 일으키는 사진이나 동영상을 유출·유포한 경우 등
성희롱 등 행위	반복적인 경우, 인적 신뢰관계를 이용한 경우, 개인의 성적 정보를 유출·유포한 경우, 피해자가 미성년자인 경우 등

위반 행위를 불문하고 2회 위반자에 대해서는 해당 징계기준의 2배 이상 가중 처분하여, 3회 위반한 자에 대해서는 제명 또는 파면한다.

19 성추행을 한 지도자, 선수, 심판, 임원에 대한 징계기준은?

– 경미한 경우: 3년 이상 5년 미만의 자격정지
– 중대한 경우: 영구 제명

20 성희롱을 한 지도자, 선수, 심판, 임원에 대한 징계기준은?

– 징계혐의가 인정되나 극히 경미한 경우: 1년 미만의 자격정지
– 경미한 경우: 1년 이상 3년 미만의 자격정지
– 중대한 경우: 3년 이상의 자격정지 또는 영구 제명

21 강간, 유사강간 및 이에 준하는 성폭력을 한 지도자, 선수, 심판, 임원에 대한 징계기준은?

영구 제명

• 관습적인 성차별 문화 예시

1.여성성, 남성성을 강조하는 스포츠 중계: 미녀궁사, 미녀 새, 처녀 출전, 국가대표 최고 동안 등
2.남성선수를 기준으로 비교되는 여성 선수의 운동실력: 여자 펠프스, 여자 볼트, 여자 조던
3.선수 본인의 정체성보다 가부장적 역할 강조: 대표팀 맏딸·살림꾼, 엄마의 투혼, 아내의 승리 등

04_ 응급처치

01 응급처치(First aid)란?

- 응급처치는 사고로 인한 외상이나 갑자기 발생한 질환에 대하여 전문치료 전에 긴급하게 현장에서 행하는 간단한 처치 행위이다.
- 부상자가 손상이나 질병 발생 시 119 신고 후, 응급 구조원이 도착하기 전 또는 전문 의료기관의 치료를 받기 전까지 먼저 도움을 주는 즉각적이고 임시적인 처치이다.
- 일상생활에서 갑자기 발생한 외상이나 응급질환 및 심정지 등의 상황에서 전문의의 본격적 치료로 옮기기 전 처치 행위로 생명의 위험이나 증상의 현저한 악화를 방지하기 위하여 긴급히 필요로 하는 처치를 말한다.

02 응급처치 3C에 대해 말하시오.

체크, 콜, 케어(Check, Call, Care)
응급환자의 상태를 확인하고 119에 신고 후, 환자를 살피고 필요한 조치를 취한다.

03 응급처치의 필요성에 대해 말하시오.

심장마비가 발생하면 온몸으로의 혈액 순환이 중단되기 때문에, 바로 조치를 취하지 않으면 사망하거나 심각한 뇌손상이 일어날 수 있다. 뇌는 혈액 공급이 4~5분만 중단돼도 영구적으로 손상될 수 있다.

응급 환자의 경우 빠른 조치를 취하면 생명을 구할 수 있는 확률이 훨씬 높아지고, 증상이 더 심해지는 것을 방지할 수 있다. 특히나 의식이 없는 환자의 경우에는 빠르게 심폐소생술을 시행해야 한다. 또한 출혈이 있는 경우에는 빠른 지혈이 중요하다.

04 응급처치 시 일반적인 주의사항에 대해 말하시오.

1. 환자의 의식을 확인하고, 의식이 없다면 곧바로 정확히 한 사람을 지목해서 119에 전화해 달라고 부탁한다.
2. 화상을 입은 경우, 화상 부위에 붙어 있는 옷 등은 제거하지 않는다.
3. 쇼크 상태의 환자에게는 음식이나 마실 것을 주지 않는다. 위장운동이 저하되어 있으므로 토할 수 있다.

05 화상을 입었을 경우 응급처치 방법에 대해 말하시오.

옷은 벗기지 말고, 가능한 범위 내에서 가위로 제거해야 한다. 화상부위를 조심스럽게 흐르는 찬물에 20분 이상 식힌다. 화상 부위를 깨끗한 거즈로 덮어주고 천이나 붕대로 너무 조이지 않게 감아준다.
- 1도 화상: 피부가 붉게 변하고 열감과 통증 발생
- 2도 화상: 물집과 붓기 발생, 심한 통증을 동반하고 흉터가 남을 수 있으며 감염의 위험이 있어 주의해야 함
- 3도 화상: 피부색이 흰색 또는 검은색으로 변하고 피부 신경이 손상되어 통증이 느껴지지 않음
- 4도 화상: 피부 조직뿐만 아니라 근육, 신경, 뼈 조직까지 손상된 상태

06 출혈이 있는 환자에 대한 응급처치 법에 대해 말하시오.

출혈이 있는 경우에는 우선적으로 지혈을 실시한다. 그리고 출혈부위를 압박하고 드레싱 해주며, 해당 부위를 심장보다 높게 올려준다.

07 드레싱을 하는 이유는?

상처 부위에 대한 압박과 세균감염을 예방하기 위해서이다.

08 쇼크(shock)에 대해서 말하시오.

쇼크(shock)란 설사나 구토를 심하게 했을 때, 심한 출혈이 있을 때 등 심장의 펌프기능이 약해져서 순환혈액이 감소되어 신체의 주요 장기 기능이 저하된 상태를 말한다.

09 저혈당 쇼크에 대해서 설명하시오.

인슐린 양이 많았거나 심한 운동으로 갑자기 혈당이 낮아지면 저혈당 쇼크가 발생할 수 있다. 증상으로는 어지러움, 무기력, 가슴이 두근거리거나 근육이 떨리는 느낌 등이 발생하게 된다. 땀이 나고 피부가 촉촉하거나 끈적거리며 맥박이 강하게 뛰고 호흡이 얕아지는 소견을 보인다. 때로는 난폭한 행동을 보이기도 한다. 이런 경우 의식이 있다면 환자를 앉게 하고 설탕물이나 사탕, 쵸코렛 등 단 것을 먹인다. 환자의 상태가 좋아지면 다시 단 것을 더 주고 완전히 회복된 것을 느낄 때까지 쉬게 한다. 의식이 없다면 심폐소생술을 하고 회복자세를 취하게 한 뒤 구조요청을 한다.

10 출혈성 쇼크에 대해서 설명하시오.

출혈성 쇼크는 주로 외상으로 인한 과도한 출혈에 의해 발생하게 된다. 출혈이 심하면 체온이 떨어져서 온몸이 떨리고 혈액순환이 원활하지 못하게 되며 심할 경우 혼수상태에 빠질 수 있다. 그렇기 때문에 출혈이 있을 경우에는 상처를 압박하고 상처부위를 심장보다 높이 들어서 출혈을 감소시키고 심한 출혈로 인한 쇼크를 예방한다. 만약 사안이 심각할 경우에는 신속하게 병원으로 이송해야 한다.

11 의식이 있는 환자의 응급처치 법에 대해 말하시오.

음식물과 같은 이물질로 기도가 막힌 경우(기도 폐쇄)에 의식이 있는 상태일 때, 말을 할 수 있는 경우에는 기침을 유도하고 지속적으로 기침을 유도해도 이물질이 배출되지 않을 때에는 즉시 119로 연락한다. 또한 말을 할 수 없는 경우에는 119에 연락한 후, 하임리히법을 실시한다.

> 1. 하임리히법: 환자의 등 뒤에서 양팔로 허리를 감싸고, 구조자는 왼 주먹을 감싸 잡고 명치에 댄다. 빠르게 위로(후상 방향) 밀쳐 올린다. 이물질이 밖으로 나오거나 환자가 의식을 잃을 때까지 계속한다.
> 2. 골절 및 염좌 시: 골절(뼈가 부러졌거나 금이 간 상태), 염좌(인대나 근육이 손상된 상태)
> 3. PRICES(보호, 휴식, 냉찜질, 압박, 거상, 고정)
> Protection(보호한다), Rest(쉬고, 안 움직인다), Ice(냉찜질한다), Compression(압박하고 드레싱한다)
> Elevation(올려 준다), Splint(부목으로 고정시켜 준다)

12 기도 폐쇄의 유형에 대해 말하시오.

> 기도 폐쇄는 폐로 통하는 통로인 기도가 염증 또는 이물질 등의 이유로 폐쇄된 현상이다.
> 기도는 이물질이나 알레르기 반응, 세균, 바이러스 감염, 화학 물질의 흡입 등으로 인한 손상 등에 의해 폐쇄될 수 있다. 이 중 이물질에 의한 기도 폐쇄는 대부분 음식물에 의한 것이다. 빨리 먹거나, 웃으며 먹거나, 음주 상태로 먹을 때 음식물이 기도로 넘어가 기도를 막을 수 있다.
> 부분적인 폐쇄일 경우에는 숨이 가쁜 증상만 일어날 수 있지만 심한 폐쇄라면 극히 당황하는 모습을 보이며 숨소리가 비정상적으로 들리기도 하고 목소리의 변화, 청색증, 의식 저하 등이 나타날 수 있다.
> 완전한 폐쇄는 급히 치료하지 않으면 사망하게 된다.
> 의식이 없는 환자는 심폐소생술을 실시해야 한다. 의식이 있는 환자의 경우 만약 완전한 기도 폐쇄로 인해 말을 하거나 숨을 쉴 수 없다면 하임리히법을 실시한다.

13 기도 폐쇄 시 하임리히법을 시행하는 방법과 손의 위치, 그 이유를 설명하시오.

> 환자의 뒤에 서서 양팔로 환자의 허리를 감싼다. 엄지를 배 방향으로 가게 한 후 주먹을 환자의 배꼽 바로 위에 대고 한 손으로 다른 손의 엄지를 꽉 잡는다. 주먹을 재빨리 환자 몸 안쪽 및 윗부분으로 잡아당겨서 기도의 압력을 높여 이물질이 방출되게 한다. 기도 폐쇄가 해결될 때까지 수차례 반복한다.

14 의식이 없는 환자의 응급처치 법에 대해 말하시오.

음식물 같은 이물질로 기도가 완전히 막힌 경우(완전 기도 폐쇄)에 의식이 없는 상태일 때는 CPR을 시행한다.

> 1. 환자의 어깨를 두드리며 "괜찮으세요?"라고 물으면서 의식을 확인한다.
> 2. 주변사람 중 한 사람을 정확히 지목해서 119에 신고해 달라고 큰소리로 말한다. 만약 주변에 사람이 없다면 직접 119에 신고한다.
> 3. 기도를 유지하고, 심폐소생술(CPR)을 실시한다.

4. 환자가 깨어나거나 구급대가 도착할 때까지 심폐소생술을 반복 시행(팔을 쭉 펴고 수직으로 분당 최소 100회의 속도 및 5cm 깊이로 흉부 압박 30회 +인공호흡 2회)한다.
5. 환자의 의식이 회복되거나 119 구급대가 도착할 때까지 지속한다.

• 심폐소생술(CPR): Cardiac Pulmonary Resuscitation

갑작스러운 심장마비나 사고로 인해 심장과 폐의 활동이 멈추게 되었을 때 인공호흡으로 혈액을 순환시켜 조직으로 산소를 공급함으로써 뇌의 손상 또는 사망을 지연시키고자 현장에서 신속하게 실시하는 기술로 호흡곤란이나 심장마비 같은 증상에서 생존율을 90%까지 끌어 올릴 수 있는 매우 중요한 초기 응급조치

• CPCR: Cardio Pulmonary Cerebral Resuscitation

어떤 이유로 심장 및 폐, 뇌의 기능이 정지된 상태

*기존 CPR에서 CPCR로 변경되어 불리고 있다.
*심정지가 발생하고 4~6분 경과 시 뇌는 치명적인 손상을 입어 비가역적인 결과를 초래할 수 있다.

<u>15</u> 의식이 없는 환자의 경우 CPR 순서, 심폐소생술 단계를 말하시오.

– 의식 확인 및 119 신고 – 기도 유지 – CPR 실시
– 의식 확인 및 119 신고 – 기도유지 및 심폐소생술(흉부압박30회 + 인공호흡 2회) 실시
– 의식을 확인한 후 119에 신고하고, 기도확보 후 호흡을 확인하고 흉부압박법을 실시한다.
– 흉부압박 및 인공호흡은 환자의 의식이 회복되거나 119 구급대가 도착할 때까지 지속한다.

<u>16</u> 심폐소생술 시 가슴 이완을 확인해야 하는 이유는?

가슴이 올라가 있으면 흉부압박이 효율적으로 이루어지지 못하고 늑연골이 골절될 수도 있어서 2차 손상이 생길 수 있다.
또한 심장을 대신해서 양손으로 가슴을 압박하여 체내와 뇌로 혈액순환이 잘될 수 있도록 하기 위함이다.

<u>17</u> 심장의 역할과 심폐소생술 시 가슴 압박을 하는 이유를 설명하시오.

심장의 역할은 펌프작용을 통해 뇌와 체내에 혈액을 공급하는 것이다.
심폐소생술 시 가슴 압박을 하는 이유는 심정지 시 펌프 역할을 못하기 때문에 가슴에 압박을 주어 뇌와 체내에 혈액 공급을 하기 위해서이다.

18 흉부 압박법에 대해 말하시오.

구조자가 인공호흡을 모르거나 능숙하지 않은 경우 인공호흡을 제외하고 지속적으로 가슴 압박만을 시행하는 가슴압박 소생술이다.

실시방법

손꿈치 중앙을 양쪽 젖꼭지 사이 흉부의 정중앙에 놓고 손가락이 갈비뼈에 닿지 않도록 주의하고 양손은 깍지를 낀다. 팔을 쭉 펴고 수직으로 분당 최소 100회의 속도 및 5cm 깊이로 흉부 압박 30회를 실시한다. 흉부압박 때 환자의 가슴에서 양손을 떼지 않는다. 하나, 둘, 셋.... 하고 횟수를 세어가면서 시행하며 압박된 가슴은 완전히 이완되도록 한다. 흉부압박 시 중단 시간은 10초 미만이어야 한다. 환자의 의식이 회복되거나 119 구급대가 도착할 때까지 지속한다.

19 AED(Automated External Defibrillator) 자동 제세동기란 무엇인가?

심장 리듬을 자동으로 분석하여 필요한 경우 제세동을 실행할 수 있도록 유도하여 주는 의료 장비로 심장이 멈춘 응급환자에게 소생 가능성을 높이기 위한 전기충격장치이다.

20 자동 제세동기(AED) 사용방법과 순서에 대해 말하시오.

• 전원 켜기 – 패드 부착 – 심장리듬 분석 – 전기 충격
두 개의 패드를 각각 우측 쇄골 바로 아래와 좌측 유두 바깥쪽 아래의 중간 겨드랑이 중앙선에 부착한다. 각 패드의 표면에는 부착할 위치가 어디인지 그림으로 표시되어 있으므로 참고해서 부착한다.
심장리듬 분석 중이라고 멘트가 나오는 경우 오류가 나지 않도록 환자에게 닿지 않게 떨어진다. 제세동이 필요하다면 기계가 자동으로 충전을 하며, 충전 후 제세동 버튼을 누르라는 메시지가 나온다. 버튼을 누르기 전 주변 사람들에게 환자와 떨어지도록 다시 주의를 준다.
제세동 버튼을 누르면 환자에게 제세동을 위한 전기 충격이 가해지게 된다.
전기 충격이 필요 없거나, 전기 충격이 주어지고 나서는 즉시 심폐소생술을 시행한다. 기계는 2분마다 심장 리듬을 분석하고 심폐소생술 도중에 기계에서 음성 지시가 나오면 기계의 지시에 따라서 위의 절차를 반복한다. 119가 도착하거나 환자가 깨어날 때까지 반복한다.

21 응급처치 중 자동 제세동기(AED)의 부착 패드를 가슴에 붙이는 방법에 대해서 설명하시오.

두 개의 패드를 각각 우측 쇄골 바로 아래와 좌측 유두 바깥쪽 아래의 중간 겨드랑이 중앙선에 부착한다.

22 자동 제세동기 사용 중 전기 충격을 가하지 않을 경우 해야 하는 행동은?(자동 제세동기가 사용이 안 될 때 제일 먼저 해야 하는 일은?, 자동 제세동기를 사용할 수 없을 때 어떻게 해야 하는가?)

심폐소생술(CPCR)을 실시한다.

<u>23</u> 자동 제세동기 사용 시 전기 충격이 필요하다고 판단될 때 주의사항은?(응급처치 시 자동 제세동기로 전기 충격을 가하기 전에 주의해야 할 사항은?, AED 사용 시 사용 가능 메시지가 나왔을 때 주의해야 할 사항은?)

패드 부착 전 물기와 땀을 제거하고, 패드 부착 시에도 심폐소생술은 계속 진행한다. 또한 전기 충격을 실시할 때는 환자와 닿지 않게 떨어져서 실시해야 한다.

<u>24</u> 물기가 묻었을 경우 제세동기 사용법은?

본인, 환자, 제세동기 부착 패드의 땀이나 물기를 닦아내고 사용해야 하며 심폐소생술을 실시한다.
본인과 환자의 몸이나 부착 패드에 혹시라도 물기가 묻지는 않았는지, 반지와 메탈 시계 등 금속물질의 액세서리가 있는지 확인과 제거 후, 환자와 닿지 않게 거리를 두고 전기 충격을 실시한다.

05_ 용어 개념

<u>01</u> Sports For All(모두를 위한 스포츠)에 대해 말하시오.

일반 시민 대중을 위한 스포츠 발전을 목표로 하는 국제 표어이다.
일반인 누구나 스포츠를 즐길 수 있고 또 즐겨야 한다는 점에 따라 "Sports For All"이라는 구호가 만들어졌다. 모든 인간은 스포츠에 참여할 권리를 가지며, 공정하게 누구나 자발적으로 생활체육에 참여할 수 있다는 생활체육의 기본 개념이 되었다.

<u>02</u> Wellness(웰니스 운동)에 대해 말하시오.

웰빙(Well-being), 행복(Happiness), 신체적인 건강(Fitness)의 합성어이다.
건강한 신체만을 중요시하던 과거와 다르게 행복한 삶을 영위하기 위해 신체적, 정신적, 사회적, 감성적, 지적으로 완전히 안정된 상태가 되어야 한다. 이렇게 복합적 의미인 건강을 유지하고 증진하는 것은 전 생애에 걸친 지속적인 과정이다. 체력증진을 위한 운동과 균형 잡힌 영양의 섭취, 정신적 안정과 휴식 등의 조건이 충족되어야만 웰니스적인 삶을 영위할 수 있을 것이다.
사람들은 스포츠 활동 참여를 통해 건강 행복지수를 높여 보다 삶의 질을 향상시킬 수 있다. 이에 많은 사람들이 자기 또는 타인과 경쟁 혹은 자연의 장애와의 대결을 포함하는 다양한 웰니스 운동을 즐긴다. 예를 들면 보디빌딩, 자전거 타기, 하이킹, 캠핑, 도보 여행 등이 있다.

03 Well-being(웰빙)에 대해 말하시오.

육체적, 정신적 건강의 조화를 통해 행복한 삶을 추구하는 삶의 유형을 말한다.

04 Exercise(운동)에 대해 말하시오.

신체적 건강을 유지하거나 증진시킬 목적으로 사용되는 신체활동의 계획적, 구조적, 반복적인 형태를 말한다. 즉 운동은 체력과 건강증진, 신체수행력 향상과 같은 개인의 구체적인 목적을 달성하기 위한 계획적이고 반복적인 신체활동을 의미한다.

05 Fitness(피트니스)에 대해 말하시오.

피트니스는 신체적인 건강, 체력증진의 뜻을 가지고 있다. 즉 건강하게 체력을 증진시키는 행위로 볼 수 있다.

06 Aerobics(에어로빅스 운동)에 대해 말하시오.

- 신체 내에 최대한 많은 양의 산소를 공급함으로써 폐와 심장의 기능을 촉진시켜 신체의 건강을 증진시키는 운동을 말한다.
- 우리는 일상생활에서 필요한 에너지원(ATP)을 ATP-PC, 해당 과정, 산화적 시스템 이렇게 세 가지의 경로를 통해 얻을 수 있다. 유산소 운동이란 세 가지 에너지 시스템 중 산화적 인산화 과정을 통해 얻은 에너지를 이용하여 운동하는 것을 말한다.
- 유산소 운동은 근육에 산소가 공급되도록 하는 운동이다. 운동시간이 비교적 길고 움직이는 동안 계속 호흡을 해야 한다. 그러기 위해서는 달리기를 몇 분 동안 전력질주하는 것이 아니라 유산소 운동의 시작부터 약 20분까지는 에너지를 생산해서 근육이 활용하기까지의 시간이 필요하며 20분 이후부터 비로소 유산소 운동의 효과가 나타나기 시작한다고 알려져 있다. 때문에 운동효과를 보기 위해서 보통 30분 이상 지속할 것을 권장한다.

07 파워란?

파워는 일반적인 힘이 아닌 순발력이다. 힘×속도로 순간적으로 강한 힘을 발휘하여 달리고, 뛰고, 던지는 능력이다. 근육이 강하면서 순간적인 힘이 적용되는 능력이며 역도와 같은 동작에서 많이 발현해야 하는 전문 운동관련 체력요소이다.

08 생체전기저항이란?

생체전기저항 분석은 인체에 무해한 미세한 전류를 흐르게 함으로써 체내 수분에 대한 통과정도로 근육과 지방 등을 측정할 수 있도록 하는 신체 구성에 대한 분석방법이다. 국내에는 대표적으로 '인바디' 회사에서 나온 기구를 대부분의 헬스장에서 사용하고 있다.

09 생체전기저항 관련 주의사항에 대해 말하시오.

- 검사 전에 식사와 음료를 섭취하지 않은 공복 상태에서 측정 권장
- 검사 전에 담배, 커피, 운동 등 심박수를 높일 수 있는 것 금지
- 검사 48시간 이내에 음주 금지
- 여성의 경우 생리 기간에는 측정 지양
- 심장박동조율기, 심전도 등의 전자 장비, 인공심장, 인공 폐와 같은 생명유지를 위한 전자 시스템 착용자는 측정금지
- 손바닥과 발바닥이 맨살로 센서에 접촉할 것
- 동일한 요일과 시간대에 측정하는 것을 권장

10 프론탈 플랜(Frontal Plane)에서 일어나는 움직임은?

외전(abduction)과 내전(adduction)이 있다. 예를 들면 PT체조로 알려져 있는 팔벌려높이뛰기가 이에 해당한다.

• 인체의 운동면(plane)

1. 전후면, 시상면, 정중면(sagittal plane)
   - 똑바로 서있는 인체를 좌우축으로 나누는 수직면
   - 해부학적 자세로 서있는 사람이 행하는 모든 굴곡, 신전 그리고 과신전(hyperextension) 운동
   - 해부학적 자세를 기준으로 발목 관절(족관절: ankle joint)의 바닥쪽 굽힘(족저굴곡: plantar flexion)과 등쪽 굽힘(배측굴곡: dorsi flexion)이 발생하는 면(plane)
   - 대표적인 운동: 바벨 컬, 윗몸일으키기, 앞구르기, 뒤구르기, 머리 끄덕이기, 앞차기, 등 뒤로 젖히기, 허리굽히기등
     예) 페달링하는 사이클 선수의 무릎관절 굴곡/신전 움직임, 100m 달리기를 하는 육상 선수 발목관절의 저측/배측굴곡 움직임, 앞구르기를 하는 체조 선수의 몸통분절 움직임
2. 좌우면, 관상면, 전두면, 이마면(frontal plane)
   - 똑바로 서있는 인체를 전후축으로 나누는 수직면
   - 인체의 측면을 통과하여 인체를 전후로 나누는 해부학적 운동면
   - 사지(extremities)의 외전(abduction) 및 내전(adduction)동작과 견갑골을 위로 올리는 거상(elevation)과 견갑골을 아래로 내리는 강하(depression), 척추의 측면 굴곡(lateral flexion)
   - 대표적인 운동: 손짚고 옆돌기, 옆으로 뛰기 등
3. 수평면, 횡단면, 가로면(horizontal plane)
   - 똑바로 서 있는 인체를 수직축으로 나누는 가로면
   - 해부학적인 자세로 서 있는 사람이 행하는 몸통비틀기, 뛰어돌기(jump turn), 좌우로 머리 돌리기, 전완의 회내(pronation), 회외(supination) 등 대부분의 회전 운동
     예) 인체의 수직축(종축)을 중심으로 회전하는 피겨스케이팅 선수의 몸통분절 움직임

06_ 생활체육론

01 생활체육의 개념, 정의, 의의에 대해 설명하시오.

국민 삶의 질 향상으로 여가시간이 늘어나면서 각 개인의 자발적 참여의지에 따른 다양한 체육활동(삶의 질 향상, 자유로운 의지로 참여, 공동체 의식 기회제공, 평등한 국민 복지운동)이다.

02 생활체육의 가치, 목적에 대해 설명하시오.

건전한 여가생활, 건강, 체력 증진, 자율적 참여로 인한 사회활동에 필요한 공동체 의식(협동심, 준법정신, 책임감)을 함양한다.

03 생활체육의 필요성을 설명하시오.

1. 주 5일제가 실행됨에 따라 여가시간이 증가되었고 그에 따른 건전한 여가 활용의 수단으로써 그 의미가 있다.
2. 운동부족의 현대 도시사회에 허약한 인간에게 생존에 필요한 적정량의 신체활동의 기회를 제공하여 건강 증진은 물론이고 강한 체력을 만들 수 있게 한다.
3. 사회생활을 하며 받는 스트레스는 근심, 걱정, 갈등, 열등감, 우울증을 유발할 수 있는데 이러한 정서적 변동을 운동을 통해 승화시킴으로써 스트레스 해소에 도움을 준다.
4. 팀워크, 단련, 사회결속의 원리 등을 터득하여 원만한 사회생활을 할 수 있게 도와준다.

04 생활체육 지도의 목표를 설명하시오.

1. 기분전환이나 즐거움을 통해 건전한 여가생활을 누릴 수 있게 한다.
2. 운동을 통하여 체력을 증진시키고 이를 통해 건강을 유지 또는 증진하게 한다.
3. 자율적 스포츠 활동 참가를 통해 협동심, 준법정신, 책임감 등 민주적 생활태도의 기반을 함양한다.
4. 다른 사람과 함께 더불어 사는 공동체 의식을 증진시키고 올바른 우주관 및 인생관을 확립한다.
5. 조화로운 신체적, 정서적, 사회적 발달을 꾀한다.
* 즐거운 여가선용의 기회를 제공하고 건강의 증진과 정서적인 안정 및 공동체 의식을 함양하는데 있다.

05 생활체육 지도의 원리를 설명하시오.

생활체육의 철학적 기초에 근거하여 지도해야 하며 참가자들에게 필요한 지식을 전달하고 습득하게 해야 하며 활동과제를 부과하되 참가자의 욕구와 개인차를 고려하여 지도해야 하고 과학적이고 체계적인 방법으로 효율적이게 지도해야 한다. 참가자들이 자발적으로 참가할 수 있게 유도해야 하며 다양하고 정확한 생활체육 관련 정보를 제공해야 한다.

06 생활체육지도자의 역할(생활체육지도자가 필요한 이유)에 대하여 5가지 이상 말하시오.

운동기능 전수, 전문적 기능 및 지식의 전달, 체력진단 및 운동 처방, 체육시설의 운영관리, 생활체육의 조직적·체계적 활동전개, 체육에 대한 긍정적 인식 정착 역할 등이 있다.

07 생활체육 지도 시 유의사항, 생활체육지도자의 유의사항 5가지를 말하시오.

용모를 단정하게 항상 깔끔하게 유지해야 하고 시간을 엄수하여 출근 및 강습 시간을 늦지 않게 해야 한다. 또한 모든 회원을 공정하게 대해야 하며 개인의 특성을 파악 후 그에 맞게 지도한다. 밝은 기운과 긍정적인 마인드로 칭찬의 미덕을 발휘하고 성희롱 방지 및 응급처치법에 대해서 반드시 숙지하고 있어야 한다.

08 생활체육의 기능 4가지에 대해 설명하시오.

1. 사회적 기능: 소속감과 유대감을 생성하고 사회체제를 유지하게 하며 국민화합을 창출한다.
2. 정서적 기능: 구성원 상호 간의 연대감과 동질성을 갖게 하고 스트레스 해소에 도움을 준다.
3. 생리적 기능: 운동부족의 현대사회의 인간에게 생존에 필요한 적정량의 신체활동의 기회를 제공하며 건강하고 강한 체력을 육성하는데 기여한다.
4. 심리적 기능: 긴장과 갈등, 우울감을 해소하고 정서적 균형을 이룰 수 있게 한다.

09 생활체육지도자의 사회적 기능에 대해 설명하시오.

프로그램 작성, 운동지도, 시설관리, 안전관리, 법적 업무, 예산 및 인사관리를 하며, 현장지도자와 연구 학자, 행정 분야 지도자로 나뉜다.

10 생활체육 시설 계획 시 필요한 요소(생활체육 구성요소)에 대해 설명하시오.

장소, 기구, 지도자, 참여자, 안내, 상담, 프로그램, 동호인 조직 결성, 서비스

11 생활체육 3대 구성요소에 대해 말하시오.

지도자, 참여자, 프로그램

12 생활체육 프로그램의 구성 원리에 대해 설명하시오.

평등, 창조, 전달, 봉사, 평가, 전문, 다양성, 보안성, 욕구 반영성의 원리

13 생활체육 프로그램의 목적 및 목표설정에 대해 설명하시오.

국민의 건강 및 후생복지 향상, 대중체육, 여가선용활동, 건전한 사회풍토 조성, 건강하고 행복한 삶을 위한 복지 사회건설

14 생활체육의 원리 5가지에 대해 설명하시오.

목적성의 원리, 개별성의 원리, 자발성의 원리, 창조성의 원리, 평가성의 원리

15 생활체육지도자의 개념에 대해 설명하시오.

1. 안내자: 생활체육참가자의 생활, 활동 상태 등을 이해하여 올바른 방향으로 지도한다.
2. 지시자: 활동과제를 설명하고 부과하여 참가자를 관리한다.
3. 영향력 행사자: 생활체육활동에 몰입할 수 있도록 동기유발 및 지도한다.

16 생활체육지도자의 기능에 대해 설명하시오.

1. 구성원의 공유의식, 응집력, 동료의식을 고양시켜 준다.
2. 개인과 집단의 목표를 제시하고 확인시켜 준다.
3. 적절한 프로그램을 창조한다.
4. 생활체육활동을 조직한다.

17 생활체육지도자가 갖춰야 할 자질, 덕목에 대해 설명하시오.

의사 전달능력, 투철한 사명감, 활달하고 강인한 성격, 도덕적 품성, 칭찬의 미덕, 공정성, 자기 통제력

18 생활체육 프로그램의 기획에 대해 말하시오.

생활체육지도자는 다양한 프로그램을 생활체육 현장에 적용하기 위해 전문적이고 다양한 프로그램 이론을 활용하여야 한다. 프로그램의 이론이나 모형은 실제 상황에 완벽하게 적용되지는 않지만 프로그램 기획의 준거를 제공하고 다양한 유형의 프로그램을 창출한다는 측면에서 프로그램을 구성할 때 기획의 원리가 중요하다.

19 생활체육 프로그램 계획원리에 대해 설명하시오.

생활체육활동의 목표가 설정되고 목표 달성을 위한 계획이 수립되면 활동의 실제적인 내용이 계획되고 실행되고 평가되어야 한다. 이러한 활동의 실제적인 내용을 프로그램이라 하며, 여기에는 생활체육활동에 대한 학습 내용과 지침, 그리고 학습 방법이 포함된다. 따라서 생활체육 프로그램은 생활체육의 궁극적인 목표 달성을 위한 필요조건이자 충분조건이라 할 수 있다.

20 생활체육 프로그램의 계획단계에 대해 설명하시오.

1. 기관의 철학 이해 / 2. 참가 대상의 요구 조사 / 3. 생활체육 프로그램의 목적 및 목표설정
4. 프로그램 계획 / 5. 프로그램 실행 / 6. 프로그램 평가 / 7. 프로그램 개선

21 연령대별 생활체육 프로그램 목적과 차이(생애주기에 따른 생활체육 지도 방식)에 대해 설명하시오.

- 유아기(3~6세): 인지기능 발달 시기로 놀이 중심으로 프로그램을 구성한다.
- 아동기(7~12세): 사회성 발달을 꾀할 수 있도록 친구와 함께하는 체육활동으로 구성한다.
- 청소년기(13~19세): 2차 성징 발현기로 긍정적인 에너지 발산이 필요한 시기이다.
- 성인기(20~64세): 신체와 정신적 성숙기로 유산소성 운동과 저항운동으로 건강을 관리한다.
- 노년기(65세 이상): 신체와 정신적 노화가 진행되는 시기로 삶의 질을 높일 수 있도록 즐겁게 할 수 있는 걷기와 레크레이션 활동을 권장한다.

07_ 부위별 운동

01 상완 이두근을 발달시킬 수 있는 운동 3가지는?

덤벨 컬, 바벨 컬, 컨센트레이션 컬

02 광배근 운동 5가지는?

풀 업, 랫 풀 다운, 시티드 케이블로우, 벤트오버 바벨로우, 원 암 덤벨로우

03 대퇴사두근 운동 3가지는?

레그 프레스, 프론트 스쿼트, 딥 스쿼트

04 측면 삼각근을 발달시킬 수 있는 운동은?

사이드 레터럴 레이즈

05 후면 삼각근을 발달시킬 수 있는 운동은?

벤트오버 레터럴 레이즈

06 어깨와 등(Back)을 동시에 발달시킬 수 있는 운동은?

행 파워 스내치, 업라이트 로우

07 삼각근과 승모근을 동시에 강화할 수 있는 운동은?

업라이트 로우

08 삼두근을 발달시킬 수 있는 3가지 운동은?

바벨 트라이셉스 익스텐션, 덤벨 오버헤드 익스텐션, 덤벨 킥백

09 하배근(low back)을 발달시킬 수 있는 운동은?

루마니안 데드리프트, 굿모닝 엑서사이즈, 백 익스텐션

10 스쿼트 운동의 종류는?

백 스쿼트, 프론트 스쿼트, 프리 스쿼트, 점프 스쿼트, 스플릿 스쿼트, 딥 스쿼트 등이 있다.

11 대퇴이두근과 둔근을 발달시킬 수 있는 운동은?

스티프 레그 데드리프트와 레그 컬, 덩키 킥이 있다. 둔근은 대퇴이두근과 연결되기 때문에 슬굴곡근의 강화와 함께 진행하는 것이 더 효과적일 수 있다.

12 척추 기립근을 발달시킬 수 있는 운동은?

루마니안 데드리프트

13 복부를 발달시킬 수 있는 운동은?

레그 레이즈, 크런치

14 복직근을 강화시키는 운동 네 가지는 무엇인가?

행잉 레그 레이즈, 크런치, 리버스 크런치, 싯업

15 대퇴사두근의 구성(하체근육 4가지)은?

대퇴직근, 중간광근, 내측광근, 외측광근

16 레그 컬(Leg Curl)은 어떤 근육을 자극하는 운동인가?

슬굴곡근(Hamstring)

17 레그 레이즈(Leg Raise)는 어떤 근육을 자극하는 운동인가?

복직근(하부) = 하복근

18 카프 레이즈(Calf Raise)는 어떤 근육을 자극하는 운동인가?

비복근(종아리)

19 레그 익스텐션(Leg Extension)은 어떤 근육을 자극하는 운동인가?

대퇴사두근(그중에서도 대퇴직근)

20 푸시 프레스(Push Press)에서 운동되는 부위는?

전면과 중간 삼각근, 상완 삼두근, 대퇴사두근, 대둔근

21 스티프 레그 데드리프트와 루마니안 데드리프트는 어느 근육에 가장 자극이 큰가?

1. 스티프 레그 데드리프트: 주동근은 슬굴곡근(Hamstring)
2. 루마니안 데드리프트: 주동근은 척추 기립근

22 복부비만을 해결하기 위한 저항성 운동의 예를 설명하시오.

복부비만을 해소하고자 복근 운동 위주로 트레이닝하는 경우가 많이 있는데 사실 작은 근육을 자극하는 방법보다는 전신의 근육을 사용하는 파워동작이나 데드리프트, 스쿼트 동작이 칼로리 소모도 높고 기초 대사량을 높일 수 있기 때문에 훨씬 더 효과적이다.

23 등이 굽은 사람을 위한 교정방법은?

데드리프트와 백 익스텐션과 같이 하부 등을 강화시킬 수 있는 운동과 능형근과 광배근을 자극할 수 있는 바벨로우와 덤벨로우 동작이 권장된다.

24 허리 통증을 예방할 수 있는 운동은?

허리 통증을 예방하기 위해서는 Lumbar, Pelvic, Hip joint에 붙어 있는 근육군(척추 기립근, 둔근, 슬굴곡근, 복횡근, 복사근, 복직근)들을 강화해주는 것이 좋다. 운동 동작으로는 데드리프트, 백 스쿼트, 백 익스텐션, 크런치, 리버스 크런치, 사이드 크런치, 플랭크 동작이 권장된다.

25 파워 존(Power zone)은 무엇이며, 파워 존을 강화하기 위해 실시하는 운동은 무엇이 있는가?

Lumbar, Pelvic, Hip joint에 붙어 있는 복합적인 근육을 뜻한다. 쉽게 표현하면 허리, 엉덩이, 허벅지 근육의 복합체 정도로 설명할 수 있겠다. 강화할 수 있는 운동으로는 스쿼트와 데드리프트가 있다.

26 점프력을 강화시키기 위한 운동은?

스쿼트, 레그 프레스와 같은 하체 운동이 도움이 되며 짧은 시간에 폭발적인 수축을 주로 하는 형태인 플라이오메트릭(Plyometric) 훈련을 함께 하면 더욱 효과적이다.

27 바(Bar)로 하는 스트레칭은?

바를 승모근에 올려둔 채 몸통 비틀기

28 극하근을 영어로 말해보시오.

Infraspinatus(인프라스피나투스)

29 전거근과 늑간근을 위한 운동에는 어떤 것이 있는가?

거의 모든 보디빌딩 동작으로 발달이 가능하지만, 트위스트 크런치나 사이드 벤드와 같이 어깨와 팔꿈치를 아래쪽 내측으로 쥐어 짜주는 동작이 도움이 된다. 또한 늑골에 붙어 있는 근육이기 때문에 호흡을 통해서도 운동이 가능하다.

30 요통환자가 피해야 할 운동 종목 및 그 이유는?

1. 벤트오버 바벨 로우, 벤트오버 덤벨 로우, 데드리프트, 백 스쿼트, 밀리터리 프레스, 파워 클린, 굿모닝, 백 익스텐션 등
2. 허리에 부하가 전달되는 운동은 피해야 하는데, 데드리프트나 벤트오버 자세는 허리 쪽, 즉 척추기립근의 등척성 수축을 초래하여 허리에 부담을 줄 수 있는 자세가 될 수 있고, 백 스쿼트나 밀리터리 프레스 역시 척추를 위쪽에서 아래로 짓누르는 구조운동으로 추간판에 불필요한 압력과 부담을 줄 수 있기 때문이다.

31 운동 시 부상 및 상해가 발생하는 이유는?

준비운동을 충분히 하지 않거나 자신이 할 수 있는 무게보다 더 무거운 중량으로 무리해서 동작을 수행할 때 발생할 수 있다. 또한 부적절한 자세로 동작을 수행할 때에도 부상 및 상해가 발생할 수 있다.

32 웨이트 트레이닝의 3대 종목, 파워 리프팅의 종류 세 가지는?

벤치 프레스, 스쿼트, 데드리프트이다. 파워 리프팅은 미는 힘과 당기는 힘으로 가장 무거운 무게를 드는 것을 겨루는 스포츠로 근력을 우선시한다.

33 벤치 프레스에 대하여 설명하시오.

벤치 프레스에는 머리의 각도가 위로 기울어지는 인클라인 벤치 프레스와 머리의 각도에 대한 변화가 없이 평평하게 유지되는 플랫 벤치 프레스가 있고, 머리가 아래로 기울어지는 디클라인 벤치 프레스가 있다. 인클라인 벤치 프레스는 가슴 상부를 주로 자극하고 전면 삼각근의 관여가 큰 동작의 운동으로 벤치 프레스 중 가장 우선 실시하는 것이 좋으며, 플랫 벤치 프레스라고 하면 우리가 일반적으로 벤치 프레스라고 부르는 평평한 벤치에서 실시하는 대표적인 가슴운동 동작을 말하며 가슴(대흉근)전체에 대한 자극이 용이하다. 그리고 디클라인 벤치 프레스의 경우에는 가슴 하부 근육(소흉근)을 자극하는 운동으로 중량을 무겁게 실시하는 것이 효과적이다.

34 업라이트 로우를 실시하면서 호흡법을 설명해보시오.

업라이트 로우는 삼각근과 승모근에 대한 운동이다. 실시 방법으로는 스탠다드 스탠스로 서서 바벨을 대퇴부 앞에서 양손의 간격을 15~20cm 정도로 잡은 후 시선은 정면을 향한 상태에서 천천히 양 팔꿈치를 옆으로 벌리면서 바벨을 쇄골 앞까지 끌어 올린다. 이때 손목과 팔꿈치를 어깨순서로 높이가 배열되게 만들어야 부상을 입지 않고 목표 근육에 대한 강화가 될 수 있으며 호흡 방법으로는 바벨을 쇄골로 끌어당기면서 내쉬고 천천히 내리면서 들이마신다.

35 인체에서 가장 큰 근육 세 부위와 이에 해당하는 운동을 한가지씩 말하시오.

인체에서 가장 큰 근육 세 부위는 대둔근, 대퇴사두근, 대흉근이다.
대둔근 운동으로는 와이드 스탠스 스쿼트가 있고, 대퇴사두근 운동으로는 딥 스쿼트가 있고, 대흉근 운동으로는 벤치 프레스가 있다.

08_ 트레이닝론

(1) 트레이닝

01 단순관절 운동(One Joint Exercise)과 복합관절 운동(Multi Joint Exercise)에 대해서 말하시오.

단순관절 운동은 관절을 한 개만 사용하는 운동을 의미한다. 예를 들면 덤벨 플라이와 레그 익스텐션이 있다. 복합(다중)관절 운동은 관절을 두 개 이상 사용하는 운동으로, 예를 들면 덤벨 프레스와 레그 프레스가 있다.

02 세트 훈련법(Set System)이란?

각 근육 무리를 완전히 지치게 하여 근육 성장을 최대한 자극하는 방법으로, 조 웨이더가 아널드 슈워제네거와 함께 트레이닝의 효과를 높이기 위해 고안한 방법이다. 한 운동에 3~4세트 정도를 실시하는 복합세트를 말한다.

03 플러싱 효과란?

목표 부위에 대한 운동을 완전히 끝내고 다른 종목으로 넘어가는 것을 말한다. 예를 들면 가슴운동을 할 경우 벤치 프레스를 4세트 한다고 가정했을 때 벤치프레스 4세트를 모두 마친 후에 다음 운동종목으로 넘어가는 것을 의미한다. 한 운동종목으로 해당 부위에 대해서 자극을 주면 근신경계가 열리고 펌핑감이 더 잘 느껴지게 되는 원리를 활용하는 것이다.
예) 벤치 프레스 4세트, 덤벨 플라이 4세트, 덤벨 체스트 프레스 4세트
반면에 체력이 약한 초보자는 플러싱 효과를 볼 수 있게끔 하는 것이 어려울 수 있다. 때문에 전신을 순환하는 무분할 루틴 방식의 운동으로 진행하는 것이 필요할 수 있다.
예) 벤치 프레스 1세트, 랫풀다운 1세트, 스쿼트 1세트, 리버스 크런치 1세트

04 트레이닝의 원리에 대해 설명하시오.

1. 과부하의 원리: 일상생활에서 접할 수 있는 부하 이상의 부하, 즉 과부하를 가하여 운동효과를 높이는 것
2. 점진성의 원리: 운동의 양이나 강도를 점차적으로 늘려가면서 운동하는 것
3. 반복성의 원리: 일시적이 아닌 정기적으로 반복하여 운동의 효과를 높이는 것
4. 개별성의 원리: 표준화되거나 획일적인 방법이 아닌 개개인의 체력, 건강, 기호, 체형과 같은 개별적 조건을 고려하여 트레이닝하는 것
5. 특이성의 원리: 운동의 효과는 운동 중에 사용된 부분에 대해 영향을 미치는 원리
   예) 웨이트 트레이닝 시 가슴 근육의 발달을 위해서 가슴 근육에 대한 운동으로 프로그램을 구성하여 실시, 심폐기능의 향상을 위해서는 그 목표에 해당하는 강도를 설정해서 유산소 운동을 실시(MHR of 70~80%), 유연성 향상을 위한 스트레칭 실시 등

6. 특수성의 원리: 특정한 운동 목적에 대한 향상을 위해 트레이닝 방법을 특수하게 구성하는 것으로 5번과6
   번은 비슷한 의미로 비춰질 수 있으며, 함께 사용되어지기도 함
   예) K1이나 복싱선수와 같은 타격에 대한 향상을 위해서는 벤치 프레스나 트라이셉스 익스텐션과 같은 미는 동작
   으로 프로그램 구성. 유도 선수는 바벨 로우, 랫 풀 다운, 바벨 컬과 같은 당기는 운동으로 프로그램 구성
7. 의식성의 원리: 운동의 목적이나 목표 훈련 전반에 걸친 과정을 숙지하여 운동효과를 극대화시키는 것

<u>05</u> 점진적 과부하의 원칙(원리)은 무엇인가?

점진적으로 부하를 높여가면서 트레이닝을 실시하는 것을 말한다.

<u>06</u> 피라미드 세트란?

무게를 늘려감에 따라 반복회수를 줄여나가는 훈련법으로 첫 세트를 15회 반복이 가능한 무게로 실시한다
면, 세트수가 늘어감에 따라 8~12회, 최종적으로는 5~6회 반복이 가능한 무게로 실시하는 훈련법으로 보디
빌딩에서 가장 일반적으로 사용되는 세트방법이다.

<u>07</u> 컴파운드 세트란?

한 근육부위에 대해 두 가지 운동을 쉬지 않고 연속으로 실시하는 것을 말한다.
예) 가슴: 바벨 벤치 프레스 실시 후 덤벨 플라이를 곧바로 실시한다. 그 후 휴식(컴파운드 세트 한 세트 완료)

<u>08</u> 슈퍼 세트란?

주동근과 길항근의 관계인 근육, 즉 가슴과 등, 상완 이두근과 상완 삼두근과 같이 서로 상반되는 근육 무리
를 묶어서 쉬지 않고 연속으로 실시하는 것을 말한다.
예) 벤치 프레스 실시 후 바벨로우를 곧바로 실시한다.

<u>09</u> 트라이 세트란?

한 근육부위에 대해 세 가지 운동을 쉬지 않고 연속으로 실시하는 것을 한 세트로 실시하는 트레이닝 방법이다.

<u>10</u> 자이언트 세트란?

4가지 이상의 운동을 한 세트로 묶어서 쉬지 않고 연속으로 실시하는 고강도 세트 방법이다.

11 디센딩 세트란?

무게를 점점 낮추어 진행하는 운동법이다. 피라미드세트법과 반대되는 운동방법이라고 이해해도 좋으며, 드롭 세트와 혼동되기도 하지만 엄연히 다른 세트법이다. 디센딩 세트법은 세트가 진행될수록 점차 무게를 낮추어 진행하는 방식이고, 드롭세트는 실패지점까지 혹은 실패지점 직전까지 반복한 후 쉬지 않고 15~20% 가량 중량을 줄여 연속으로 진행하는 것을 한 세트로 하는 방식이다.

12 드롭 세트란?

첫 세트를 실시한 후 무게를 30%가량 줄여서 휴식 없이 곧바로 실시하고 또 무게를 30%가량 줄여서 휴식 없이 곧바로 실시하는 것을 말한다. 오버트레이닝이 되지 않도록 주의해야 한다.

13 근육우선수칙·충격수칙이란?

1. 우선수칙: 힘이 가장 충만한 때 약점 부위를 먼저 훈련하는 것
2. 충격수칙: 신체가 예상치 못한 방식으로 훈련 루틴에 변화를 줌으로써 더 빠른 발달을 꾀하는 것

14 선피로 훈련법이란?

본 운동 전에 큰 근육무리인 주동근에 대해 먼저 피로를 주기 위한 훈련방법으로 보조근이나 협력근이 먼저 지쳐서 동작할 수 없는 상황이 되지 않게 하기 위해서 사용한다. 예를 들면, 가슴근육 운동에 대한 선피로 훈련으로 케이블 크로스 오버를 20~30회 정도 2세트 실시 후 본격적인 플랫 바벨 벤치 프레스를 실시하는 것을 말한다. 보조근으로 개입되는 삼각근 전면이나 상완 삼두근이 먼저 지치지 않게 먼저 가슴에 혈류를 공급하고 큰 근육과 작은 근육의 피로도에 대한 균형을 맞출 수 있다.

15 근육혼돈 훈련원칙이란?

– 익숙한 루틴에 적응되어 정체되지 않도록 운동의 순서를 평소와 다르게 변화를 주거나, 잘 하지 않던 운동 동작을 추가하여 새로운 자극을 가하여 지속적인 근성장을 도모하는 운동 방법이다.
– 몸이 평상시 했었던 훈련루틴에 적응되지 않도록 운동에 대한 순서, 반복 횟수, 세트 수, 휴식 시간 등을 바꿔가며 근육이 익숙해지지 않도록 혼돈을 주는 방법을 말한다.

16 스트레이팅(Straighting)이란?

반동 없이 정확한 자세로 운동하는 것을 말한다.

17 치팅(Cheating)은 무엇인가?

일반적으로 중량 운동을 할 때 아무리 무게가 무거워도 바른 자세를 유지해야 하는 것은 당연하다. 하지만 더 이상 반복하기 힘들 때 더 많은 반복수를 뽑아내기 위해, 즉 운동 강도를 더 하기 위해서 반동을 이용하여 2~3회 더 반복할 수 있게끔 하는 기술을 말한다. 흔히 치팅을 우리나라 말로 부정행위, 속임수라고 표현하기도 하며 권장되지 않지만, 위에 설명한 것처럼 세트 초반에 치팅을 사용하는 것이 아닌 세트 후반에 더 이상 반복이 힘들 때 운동 강도를 더 높이기 위한 방법으로써 사용하는 것은 바람직하다. 하지만 치팅은 고중량 벤치 프레스나 스쿼트에서는 부상의 위험이 높기 때문에 권장되지 않는다.

18 분할법을 사용하는 이유에 대해 설명하시오.

하루에 모든 부위를 다 운동하기 힘들고 작은 근육은 48시간, 큰 근육은 72시간의 쉬는 시간이 필요하기 때문에 분할법과 이중분할법을 이용한다.

19 분할법(Split)과 이중분할법(Double Split)의 차이점에 대해 설명하시오.

분할법은 전신의 근육을 2일 또는 3일 분할로 인체를 나누어서 트레이닝하는 방법이다. 이중분할법은 하루에 두 번 트레이닝을 실시하는 고강도 트레이닝 방법이다.

20 주기화의 원리에 대해 설명하시오.

최상의 몸 상태를 만들어야 하는 시점에 맞춰서 신체적, 정신적, 기술적 완성을 이룰 수 있도록 주기를 나누어서 주기마다 트레이닝 목적과 목표를 설정해서 진행하는 것이다.

21 트레이닝의 주기화는?

근력 트레이닝의 주기화는 근래 가장 효과가 뛰어난 트레이닝 방법으로 5단계의 훈련을 실시한다.
① 조직 강화 → ② 최대근력 → ③ 전환 → ④ 유지 → ⑤ 회복

1. 조직 강화기(준비기): 무거운 부하에 적응하기 위해서 전신 근력을 고르게 발달시키는 것으로 인대, 건 등의 결합조직을 강화해서 부상을 방지한다.
2. 최대 근력(준비기): 주동근을 중심으로 근력을 극대화하는 것, 1RM을 기준으로 운동 목표에 부합하게 설정하여 트레이닝을 진행한다.
3. 전환(시합기): 증가된 근력이나 몸 상태를 특정 스포츠에서 요구되는 특정 체력으로 전환한다. 순발력(플라이오메트릭), 근지구력 등
4. 유지(시합기): 근력, 파워, 근지구력 등 목표체력의 유지가 목적이다. 운동 종목과 강도를 조절하여 훈련의 부담을 줄이면서 효율적인 프로그램을 진행한다.
5. 회복(전이기): 새로운 트레이닝 프로그램을 시작하기 전에 휴식으로 신체적, 심리적 재충전을 하는 것이다. 그동안 사용하지 않았던 근육부위 운동을 40~50%의 강도로 주 2회 정도 총 2~3주 이내로 진행한다.

22 트레이닝 주기화 프로그램을 실시하는 이유에 대해 설명하시오.

1년 내내 같은 트레이닝을 실시하면 정체기는 물론이고 오버트레이닝과 부상의 위험이 있기 때문에 주기화 훈련을 통해서 항상성에 대한 저항, 다양한 체력요소의 발달을 꾀하고 최상의 컨디션 조절이 가능하기 때문이다.

23 인터벌 트레이닝(Interval Training)이란 무엇인가?

강도 높은 운동과 불완전한 휴식(가벼운 운동)을 반복해서 실시하는 방법으로 짧은 시간 내에 근파워 및 근지구력과 체력을 향상시키는 트레이닝 방법이다. 유산소 운동의 인터벌 트레이닝은 뛰고 걷고를 반복함으로써 짧은 시간 내에 체지방 감량은 물론이고 심폐지구력과 체력을 향상시키는 데 효과적이다.

24 서킷 트레이닝(Circuit Training)이란 무엇인가?

머신 또는 자유중량 운동과 유산소성 운동을 배치해 놓고 순환하면서 실시하는 트레이닝이다. 근지구력 및 심폐 지구력과 강한 체력을 기를 수 있으며 체지방 감량 효과도 매우 뛰어나다. 무엇보다 좋은 점은 여러 명이 함께 지루하지 않고 재미있게 할 수 있다는 것이다.

25 오버트레이닝의 정의와 극복 방법은?

지나치게 너무 많은 트레이닝을 실시하여 신체가 정상적인 기능을 하지 못하고 무기력해져 있는 상태를 말하며 오버트레이닝을 극복하는 방법으로는 영양식을 충분히 챙겨먹고 7~8시간 정도 숙면을 취하거나 잘 쉬어주는 것이 중요하다. 특히 강도 높은 파워 트레이닝을 했을 경우에는 더 많은 회복시간을 필요로 한다. 오버트레이닝을 예방하기 위해서는 시간을 정해놓고 운동을 하는 식으로 자신을 미리 제어하는 방법이 좋다.

26 동적 웨이트 트레이닝과 정적 웨이트 트레이닝의 효과는 무엇인가?

동적 웨이트 트레이닝은 대표적으로 등장성 운동으로 근육에 대한 발달이 빠르기 때문에 얼마나 많이 성장했는지 가시적으로 확인이 가능하고 정적 웨이트 트레이닝은 가동범위가 없이 멈춰져 있는 형태로 수축하기 때문에 재활 트레이닝에 많이 사용하는 방법으로 근력에 대한 유지 및 향상, 그리고 자세유지, 기능회복 차원에서는 도움이 되지만 근육의 근비대에 대한 직접적인 발달은 기대하기 어렵다.

27 트레이닝의 역치란 무엇인가?

운동을 시작해서 자극이 오기까지의 단계를 말한다.

28 운동 강도를 지속시키는 요인(운동 강도를 설정할 수 있는 방법)에 대해 설명하시오.

빈도수, 반복횟수, 중량, 세트 수, 쉬는 시간

29 오버로드(과부하)의 원칙이란?

일정한 부하에서 무게나 횟수를 올려서 과부하(오버로드)상태를 만드는 것이다.

30 운동 기구를 잡는 그립의 종류는?

- 손 모양: 오버핸드 그립(Overhand Grip), 언더핸드 그립(Underhand Grip), 패러럴 그립(Parallel Grip)
  = 뉴트럴 그립(Neutral Grip), 얼터네이트 그립(Alternate Grip), 훅 그립(Hook Grip), 섬레스 그립
  (Thumbless Grip)
- 손 위치: 와이드 그립, 스탠다드 그립, 클로즈 그립

31 회내(Pronation)와 회외(Supination)의 차이점은?

1. 회내(Pronation): 전완과 손바닥 손목을 안쪽으로 회전시키는 것→상완 삼두근→EZ-Bar
2. 회외(Supination): 전완과 손바닥 바깥쪽 손목을 바깥쪽으로 회전시키는 것→상완 이두근→ST-Bar

회내(Pronation)는 전완과 손바닥을 안쪽으로 돌리는 것이고, 회외(Supination)는 전완과 손바닥을 바깥쪽으로 돌리는 것이다.

32 All out(올 아웃)이란 무엇인가?

해당 근육부위가 모두 지쳐서 더 이상은 실시할 수 없는 상태를 말한다.

33 운동 시 고원현상은 무엇인가?

운동 시 고원현상은 일종의 슬럼프 또는 정체기를 뜻한다. 트레이닝과 휴식 또는 영양섭취에 대한 방법의 변화를 통해서 극복해야 하는 중요한 과제이다.

34 자각성의 원칙은 무엇인가?

트레이닝의 목적을 이해하고 계획을 수립하여 타의가 아닌 자기 자신 스스로 자각해서 자발적으로 트레이닝을 실시하는 것을 말한다.

35 강제횟수법(Forced Rep)은?

실패지점에 도달했을 때 운동 강도를 더 높이기 위해 보조자의 도움을 받아 강제로 2~3회를 더 반복하는 것을 말한다. 'Three more reps'는 '3회 더'라는 의미로 3회의 강제반복을 요구할 때 사용하는 큐잉이다.

36 펌핑(Pumping)이란?

해당 근육에 자극을 주면 혈액이 몰려서 일시적으로 부풀어 오르는 생리적 반응으로 30분 이내 곧 원래 상태로 되돌아오게 된다.
예를 들면 보디빌딩 대회 백스테이지(Backstage)에서 무대에 오르기 전 선수들은 경기용 트렁크로 환복 후 푸쉬업, 덤벨, 튜빙 밴드, 수건 등을 이용해서 근육을 펌핑시키는 것을 의미한다.

37 컷팅이란? 컷(Cut)이란?

시합 전에 근육량을 잃지 않으면서, 세퍼레이션과 데피니션을 더 강조할 수 있게끔 체지방을 주로 태워 몸을 보다 더 선명한 근육질로 보일 수 있게 하는 방법이다. 식이요법과 수분조절 그리고 인터벌 트레이닝과 서킷 트레이닝과 같은 다양한 트레이닝 방법을 적절하게 적용하여 얻을 수 있다.

38 수분 보존(Water retention)에 대해 설명하시오.

선수마다 자신만의 노하우가 있고 차이가 있지만 대체적으로 대회를 준비할 때 일주일에서 3~4일 전에 탄수화물과 염분 그리고 수분에 대한 조절을 하는 첫 번째 방법으로 체내에 수분을 보유하게 하기 위해 염분 섭취를 많이 하고 물 섭취량을 늘리고 탄수화물은 적당량 섭취한다. 두 번째로 염분과 수분을 적당히 섭취하고

탄수화물 섭취는 금지한다. 세 번째로 염분 섭취를 금지하고 수분 섭취를 제한하고 탄수화물 섭취를 많이 하게 되면 피하지방층의 수분은 거의 빠져나가고 근육에 탄수화물과 함께 수분이 채워져 데피니션과 사이즈의 증가를 만들어낼 수 있다. 하지만 경험이 있는 사람은 괜찮지만, 초보자에게는 원하는 몸이 나오지 않을 수도 있고 경기당일 포즈를 취할 때 쥐가 날 수도 있기 때문에 권장하지 않는다.

39 탈수(Dehydration) 증상 3가지에 대해서 말하시오. / 탈수의 생리학적 현상은 무엇인가?

체온조절 능력 저하, 무기력함 및 어지럼증, 운동기능 저하

40 1RM(One Repetition Maximum)은 무엇인가?

한 번의 근 수축으로 낼 수 있는 최대근력 또는 정확한 자세로 최대 무게를 1회 반복하는 것이다.
일반적으로 1RM은 3대 종목(벤치프레스, 데드리프트, 스쿼트)에 한해서만 유용하다. 다른 운동 동작들은 오차가 심해서 잘 사용하지 않는다. 충분한 준비운동 후에 실제로 1회 들어 올리는 것이 가장 정확하지만 부상의 위험이 있기 때문에 추정공식을 활용하는 방법을 쓴다.

41 1RM과 추정공식에 대해 말하시오.

정확한 자세로 1회 수행 가능한 최대 무게이다.
추정 공식: 수행 무게 + (수행 무게 × 0.025 × 수행 횟수)
예1) 스쿼트를 100kg으로 10회를 하는 경우
　　100kg+(100kg×0.025×10) ⇒ 1RM은 125kg으로 추정
예2) 벤치프레스를 30kg으로 10회 반복 가능한 경우
　　30kg+(30kg×0.025×10) ⇒ 1RM은 37.5kg으로 추정

1RM을 구한 후 각 개인의 운동 목표에 해당하는 강도로 운동을 진행한다.
(예시2의 경우)
근지구력 트레이닝을 원하는 경우 운동강도 60%로 운동을 진행한다.
37.5kg×0.6=22.5kg
22.5kg으로 최대 반복을 하면 된다.(보통 20~30회 정도 가능한 수준)

근비대 트레이닝을 원할 경우는 운동강도 80%로 운동을 진행한다.
37.5kg×0.8=30kg
30kg으로 최대 반복을 하면 된다.(보통 8~12회 정도 가능한 수준)

42 1RM의 직접 측정 방법 시 주의할 사항은?

분리운동(단순관절운동)에는 1RM에 대한 측정을 하지 않는다. 그 이유는 정확도가 떨어지고 근육과 관절 무리에 부담이 될 수 있기 때문이며, 주로 다중관절 운동인 벤치 프레스, 스쿼트, 데드리프트의 운동에 적합하다. 직접 측정 시에는 바가 미끄러운지, 허리 보호 벨트가 준비되어 있는지 응급처치 방법을 숙지한 보조자는 있는지 등 안전에 대한 점검을 꼭 함께 하여야 한다.

43 근비대를 위한 적절한 운동부하는 1RM의 몇 %가 적절한가?

78~85%

44 근비대를 강화시키는 적정강도와 RM은?

78~85%, 8~12RM

45 운동 목표에 따른 운동 부하와 반복 횟수는?

1RM 대비 95%의 강도로 1~3회 반복할 경우 파워에 대한 향상을 기대할 수 있으며, 1RM 대비 90%의 강도로 4~6회 반복할 경우 근력에 대한 향상을 기대할 수 있다.

1RM 대비 78~85%의 강도로 8~12회 반복할 경우 근비대에 대한 향상을 기대할 수 있고, 1RM 대비 60~75%의 강도로 15~30회 반복할 경우 근지구력에 대한 향상을 기대할 수 있다.

46 공복 시 운동을 하면 안되는 이유는?

공복 상태에서는 몸에 저장된 에너지가 적기 때문에 고강도 운동을 수행하기 힘들 뿐만 아니라, 심박수도 잘 오르지 않아서 운동의 효율이 떨어진다. 또한 운동을 수행하기 위해 급하게 에너지를 공급하려고 근육 분해를 통해 에너지를 끌어다 사용하게 되면 근손실이 생길 수도 있다.

(2) 준비운동 및 정리운동

01 유연성이란?

신체 관절의 부드러운 정도를 의미한다. 유연성의 크기는 관절의 가동 범위에 의해서 결정되기 때문에 다양한 스트레칭 방법으로 유연성을 향상시키면 부상 예방과 경기력 향상에 도움이 된다.

02 스트레칭을 하는 목적은?

1. 훈련 전 스트레칭은 혈액 순환을 촉진하고 잘못 움직이거나 과다한 훈련으로 인한 근육, 건의 부상을 예방해준다.
2. 훈련 후 스트레칭은 젖산과 같은 부산물의 처리를 돕고 훈련으로 인한 근육 경직을 중화해준다.

03 준비운동의 기능은?

체온상승, 유연성 향상, 부상방지, 운동수행 능력 원활

04 정리운동의 중요성 및 예를 설명하시오.

심장에서 사지 끝 말단까지 밀어낸 혈액이 다시 심장으로 되돌아오는 정맥환류의 시간을 가짐으로써 혈중 젖산 제거 촉진에도 효과적이고 구토, 현기증, 피로회복 및 근육의 경직과 지연성 근육통(DOMS)을 예방할 수 있다. 이미 활동성 회복방법이 비활동성 회복방법보다 효과적인 것으로 잘 알려져 있으며, 방법으로는 트레드밀에서 심박수가 자연스럽게 낮춰지게끔 속도를 줄이면서 걸어주는 것과 스트레칭을 해주는 방법이 있다.

05 준비운동의 필요성과 효과에 대해 설명하시오.

준비운동으로는 걷기, 스트레칭이 대표적이며, 팔 벌려 높이뛰기, 제자리 뛰기 등이 있다. 웨이트 트레이닝 본 운동 수행 시의 예비동작으로 가벼운 저항을 사용하여 20회 정도 반복하는 식으로도 실시할 수 있다.
본 운동에 대비해 예비신호를 보냄으로써 상해를 방지하고 전신의 근육을 활성화시켜서 운동자극이 더 효율적으로 전달되게끔 몸 상태를 준비시켜 줄 수도 있으며, 관절의 가동범위를 안전하고 더 크게 확보할 수 있다.

06 무거운 중량 사용 시 준비운동 세트는?

본 운동을 시작하기 전에 예비동작으로 가벼운 저항을 이용하여 20회 정도를 반복하는 형식으로 1세트 실행하는 것이 좋다. 만약 준비운동 세트를 2~3세트를 하게 된다면 너무 힘이 빠져서 본 운동 수행에 지장을 줄 수 있다.

(3) 무산소 운동 및 유산소 운동

01 무산소 운동에 대해 설명하시오.

산소를 사용하지 않고 ATP를 생성하는 과정으로 세포질 내에서 이뤄지며 1분 내외로 짧은 시간의 고강도 운동이 가능하다. 예시로는 단거리 달리기(100m), 역도, 투포환, 웨이트 트레이닝 등이 있다.

02 유산소성 운동의 필요성과 효과는 무엇인가?

유산소성 운동을 통해서 순환기계통의 강화를 해주어야 건강은 물론이고 체력이 향상될 수 있으며 현대인들이 가장 선호하는 체지방 감량에도 효과적이다.

03 유산소성 운동기구는?

트레드밀, 자전거, 싸이클론, 스텝퍼

04 유산소성 운동 프로그램 구성 시 고려할 사항은? / FITT(피트) 원리란?

– FITT 원리란 피트니스 프로그램을 설계할 때 고려하는 요소로 운동의 빈도, 강도, 시간, 형태를 의미한다.
– FITT 원리에 입각해서 작성하면 된다(머리 문자어: Frequency, Intensity, Time, Type).
• Frequency(빈도수): 일주일에 3~4번 / • Intensity(강도): 60~80% of MHR
• Time(시간): 20~60분 / • Type(형태): 유산소 예) 트레드밀, 자전거

05 최대 산소 섭취량(Maximal Volume Of Oxygen Uptake)과 최대 산소 소비량(Maximal Volume Of Oxygen Consumption)에 대해 말하시오.

최대 산소 섭취량(VO₂max)은 근육이 운동을 시작해서 운동의 강도가 높아질수록 산소 섭취량은 점점 커지다가 일정 수준에 도달하면 더 이상 높아지지 않게 되는데 이때의 산소 섭취량을 최대 산소 섭취량이라고 한다. 쉽게 표현하면 인체에서 수용할 수 있는 최대 산소 수용능력을 말한다.

이 최대 산소 섭취량은 인체가 분당 최대로 소비할 수 있는 산소량을 의미하므로 최대 산소소비량이라고도 한다. 최대 운동 시 미토콘드리아에서의 에너지 생성을 위해 소비된 산소량으로 심폐지구력을 결정하는 평가 지표 중 가장 신뢰성이 있다. 지구성 운동선수들은 최대 산소 섭취량 수치가 높게 나타난다.

06 초과 산소 섭취량 EPOC(Excess Post Oxygen Consumption)에 대해 말하시오.

고강도 운동 후 인체는 평소보다 더 많은 산소를 필요로 하는데 이를 초과 산소 섭취량이라고 한다. 인터벌 전신운동을 통해서 짧은 시간 동안 강도 있게 운동을 진행하여 운동이 끝난 후에도 지속적인 칼로리 소비를 이끌어 내는 것을 말한다.

즉, 초과 산소 섭취량(EPOC)을 활용하여 운동 후에 몸이 운동 전의 상태로 되돌아오기 위해 추가로 사용하는 에너지를 이끌어 내는 것을 의미한다. 이 EPOC 구간을 최대한 오랜 시간 길게 유지할 수 있도록 하는 것이 비만인 운동에 매우 중요하다.

07 유산소성 운동 시 운동 강도를 결정하고 싶을 때 사용되는 운동 강도의 종류에 대해서 설명하시오.

카보넨 공식을 이용한 최대심박수를 이용해서 목표심박수를 설정하여 실행하는 방법과 직접 트레드밀 위에서 운동을 실시하면서 운동 강도를 설정하는 RPE법이 있고 인체에서 수용할 수 있는 산소 수용능력을 최대 산소섭취량(VO₂max)으로 이용하여 강도를 설정할 수도 있다.

최대산소섭취량을 측정하여 체지방 감량을 위한 트레이닝을 할 경우는 운동 목적에 맞게 최대산소섭취량의 50% 정도의 강도로 실시한다.

① 카보넨 공식

MHR Maximum Heart Rate: (최대 심박수) = 220 − 나이

HRR Heart Rate Reserve: (여분의 심박수) = 최대 심박수 − 안정시 심박수

THR Target Heart Rate: (목표 심박수) = 여분의 심박수 × 운동강도 + 안정시 심박수

② RPE법

너무 힘들다 = 10 / 약간 숨이 차지만 할만하다 = 5 / 너무 쉽고 힘이 들지 않는다 = 1

08 체지방 감량을 위한 가장 효과적인 유산소 운동방법은?

트레드밀과 바이크를 혼합해서 운동하는 것이 좋으며 인터벌 트레이닝을 하는 방법이 있다.

09_ 지도 방법

01 세트(Set)와 렙(Rep)이란?

렙(Rep)은 반복횟수를 의미하고, 세트(Set)는 반복횟수와 쉬는 시간을 의미한다.
렙스(Reps)는 하나의 운동을 원위치에서 실시하는 것으로 반복횟수를 의미하며, 세트(Set)는 한 운동을 쉬지 않고 피로할 때까지 반복할 수 있는 횟수를 모두 마친 후 쉬는 시간을 포함한 묶음을 의미한다.
예) 렙스(Reps): 8~12회, 세트(Set): 12회를 한 후 30초에서 많게는 4분까지도 휴식을 취하는데 이것을 '한 세트했다.'라고 표현함

02 초보자 훈련원칙에 대해 설명하시오.

1. 초보자 운동 프로그램의 원리: 세트 시스템, 근육혼돈, 고립훈련, 점진적 과부하의 원리
2. 안전한 유산소성 운동과 스트레칭이 선행되어야 하며, 큰 근육 위주의 머신운동 권장
3. 초보자 지도 시 훈련 원칙은 점진성, 개별성, 특이성의 원칙

03 초보자 운동 지도방법에 대해 설명하시오.

쉬운 용어를 사용하여 초보자가 알아듣기 쉽게 배려하여야 하며, 다치지 않고 안전하게 할 수 있는 유산소 운동과 스트레칭 그리고 머신 위주의 운동을 선택한다. 초보자인 회원의 운동 목표에 맞춰 올바른 자세와 호흡방법 및 운동기구의 명칭, 운동이 되는 부위와 운동 목표에 맞춰서 세트당 몇 회를 실시해야 하는지 등을 작지 않고 너무 크지도 않은 명확한 목소리와 당당한 자세로 전문가답지만 어렵지 않은 어법으로 친절하게 지도하는 것이 좋다. 초보자의 운동 프로그램은 일반적으로 안전하게 머신을 사용하며 전신운동 위주의 밀고, 당기는 순으로 배치하고 하루에 모든 부위를 운동할 수 있게 적은 세트수로 구성하여 실시한다.

04 상급자 운동지도법, 상급자의 훈련 프로그램, 고급자 트레이닝 방법은?

주기화 및 분할훈련으로 운동 프로그램을 체계적으로 계획하여 실시해야 하며 다양한 가동범위 및 각도로 훈련하는 것은 물론이고 정체기가 오지 않을 수 있도록 최소 3주에 한 번씩은 프로그램에 변화를 준다. 또한 조웨이더의 다양한 훈련원칙을 적극 활용하는 것도 좋은 방법이 될 수 있다.

05 보디빌더 초보자에게 가장 중요한 것은 무엇인가?

금지된 불법약물을 사용하지 않고 올바른 정신에서 비롯한 땀과 노력을 기반으로 운동, 휴식, 영양을 통한 헌신적인 과정에서의 보디빌딩이 가장 중요하다.

06 전문 보디빌더를 위한 가장 중요한 훈련양상은 무엇인가

단순하게 운동을 하는 차원을 뛰어넘어 보다 더 효율적인 트레이닝을 할 수 있도록 다양한 세트법을 이용하여 초보자와는 달리 짧은 시간이라도 집중력 있게 훈련하는 부분이 제일 중요하게 구분되는 것이다. 전문 보디빌더는 1년 내내 같은 트레이닝을 실시하면 정체기는 물론이고 오버트레이닝과 부상의 위험이 있기 때문에 주기화 훈련을 통해서 항상성에 대한 저항, 다양한 체력요소의 발달을 꾀한다. 또한 최상의 컨디션 조절이 가능하도록 주기화 프로그램을 실시한다.

주기화 프로그램: 최상의 몸 상태를 만들어야 하는 시점에 맞춰서 신체적, 정신적, 기술적 완성을 이룰 수 있도록 주기를 나누어서 각 주기마다 트레이닝 목적과 목표를 설정해서 진행하는 방식

07 여성은 남성에 비해서 훈련방법에 차이가 있을까?

임신을 준비해야하는 여성은 호르몬의 영향에 의해 남성에 비해서 근육량이 적고 체지방량이 많기 때문에 남성에 비해서 상대적으로 근력이 약하다. 그렇기 때문에 여성과 남성은 중량에서의 차이가 생기게 될 수밖에 없으며 여성미를 떨어뜨릴 수 있는 광배근 운동은 적게 하는 것이 좋다. 그리고 많은 여성들이 고민하고 있는 허벅지 안쪽 라인과 엉덩이를 위해 일반적인 보폭으로 실시하는 스쿼트보다는 와이드 스탠스 스쿼트를 실시하게 하고 스탠딩 카프 레이즈 같은 동작보다는 시티드 카프 레이즈 동작을 통해서 발목 뒤쪽 부분인 가자미근을 자극해서 보다 더 여성미를 강조할 수 있게 변형해서 트레이닝을 실시하는 것이 좋다.

08 적당한 자세를 사용한 후에는, 무엇이 근육성장을 위한 다음 단계인가?

웨이더 훈련 원칙을 이용한 다양한 세트방법, 강제 반복법이라든가 치팅과 같은 다양한 고급자 기술과 프로그램을 활용해야 하고 영양섭취를 통한 근육 성장을 꾀해야 한다(숙면과 충분한 휴식).

09 내가 근력증가에 관심이 있다면, 가장 좋은 반복횟수는?

근력증가에 대한 강도설정은 1RM의 85%~90% 정도로 4~6RM이 권장된다.

10 내가 보디빌딩을 하고 있다면, 저횟수 방법을 피해야 하는가?

보디빌딩에서의 발달을 꾀하고자 하는 부분은 근비대이기 때문에 1RM의 78~85% 정도로 12~8RM이 권장된다. 하지만 고중량 저횟수 방법인 근력 또는 파워 트레이닝이 가끔은 병행되어야 더 무거운 무게로 올려나갈 수 있고 그로 인해 근육에 또 다른 새로운 자극을 줄 수 있게 되어 결국 지속적인 근육성장을 위해서는 간헐적으로 필요하다고 생각된다.

11 얼마나 자주 저횟수를 사용해야 하는가?

고중량 저반복을 너무 자주하게 되면 오버 트레이닝이 될 수도 있으므로 주 1~2회 정도로 진행하는 것이 적당하다고 생각된다. 트레이닝의 강도는 강, 약, 중간, 약 정도의 빈도로 본인의 컨디션에 따른 적당한 조정이 수반되어야 한다.

12 근육량 증가를 위해 가장 좋은 반복횟수 범위는?

보디빌딩에서의 발달을 꾀하고자 하는 부분은 근비대이기 때문에 1RM의 78~85% 정도로 12~8RM이 권장된다.

13 사이즈와 근력은 상관관계가 있는가?

근육세포는 개수가 많아지는 것이 아니라 근세포 자체가 비대해지면서 사이즈가 커지게 되는 것이며 근육의 횡단 면적이 증가하게 되고 그로 인해 근력도 향상된다.

14 훈련을 하기에 가장 좋은 시간은 언제인가?

훈련을 하기 좋은 시간에 대해서는 다양한 의견이 있지만, 만약 다이어트가 목적이라면 자고 일어난 후 인체에 저장된 탄수화물 에너지원이 적은 공복상태인 아침 시간을 이용하여 운동하는 것이 더 효율적이라는 연구 결과가 있으니 아침에 운동하는 것을 추천할 수 있다. 하지만 단점으로는 오후에 졸릴 수 있다. 대부분의 많은 직장인들의 경우에는 오후 점심시간을 이용할 수도 있으며 퇴근 후를 이용할 수도 있다. 중요한 것은 본인이 가장 편안하게 운동에 집중할 수 있는 시간대에 운동하는 것이 제일 좋다고 생각한다.

15 1주일에 며칠 훈련을 해야 되나?

운동 목적에 따라 다르지만 보통 운동의 효과를 증진시키고자 한다면 주 5~6회 정도의 운동을 권장하고 운동의 효과에 대한 유지를 위한 빈도수는 주 3회 정도를 NSCA(미국체력관리학회)에서는 권장한다.

16 피로회복에 걸리는 시간은 24~48시간이 걸리는가?

작은 근육의 경우는 큰 근육에 비해 더 빨리 회복되는 경향이 있기 때문에 적게는 12~24시간 정도면 회복이 되고, 큰 근육의 경우는 작은 근육보다 회복을 위해서 더 오랜 시간이 필요하기 때문에 48~72시간 정도가 걸린다고 알려져 있다. 보디빌딩은 이렇게 근육군에 대한 회복시간을 고려해야 하기 때문에 부위를 나누어서 부위별 프로그램을 실시하게 된다.

17 오버트레이닝이란 무엇인가?

지나치게 너무 많은 운동량을 실시하는 것을 의미한다. 대부분의 사람들이 운동에 초첨을 너무 많이 맞춘다. 영양 및 특히 회복(휴식)을 간과하는 것에 주의해야한다.

18 내가 오버트레이닝이란 것을 어떻게 알 수 있을까?

몸이 무기력해지고 미열이 발생하며 마치 감기몸살과 비슷한 증상이 생기게 된다. 그리고 근육통증이 불편할 정도로 아주 심하게 생길 수 있다.

19 저항운동의 필요성과 효과는 무엇인가?

저항운동을 통해서 대표적으로 근력의 증가를 들 수 있고, 근비대 및 근지구력에 대한 향상을 통해서 아름다운 몸매를 가꿀 수도 있고 비만으로 인한 다양한 성인병 질환에 대한 예방이 가능하다. 또한 근육량이 증가하면 기초 대사량이 높아진다. 기초 대사량은 우리 몸이 활동하는데 필요한 최소한의 에너지량으로 운동이나 다른 활동을 하지 않아도 저절로 소비되는 자가소비 칼로리를 말하며 기초 대사량이 높을수록 Kcal 소비율이 높아져 체지방이 잘 생기지 않는 체질이 될 수 있으며, 이와 반대로 기초 대사량이 낮으면 에너지 소모가 적어져서 몸속에 체지방이 더욱 잘 쌓이게 된다.

20 웨이트트레이닝 시의 호흡법은?

수축할 때 내쉬고 이완할 때 들이마시는 호흡법을 일반적으로 사용하는데, 근육을 수축하면서 들이마시는 호흡을 하게 되면 목표 근육에 힘이 잘 들어가지 않고 분산되는 듯한 느낌을 받기 때문이다. 하지만 중요한 것은 이완하거나 수축할 때에 호흡을 멈추지 않고 지속적으로 계속 호흡을 하는 것이다. 단, 고혈압이 있는 환자는 호흡이 멈추어지지 않게 특히 주의해야 하며, 일반적으로 사용하는 호흡법과 반대로 하면 혈압이 과도하게 올라가는 것을 방지하는데 도움이 된다.

21 웨이트트레이닝 시 프리 웨이트 운동과 머신 운동의 장점과 단점은 무엇인가?

프리 웨이트 운동이란 벤치 프레스, 스쿼트, 데드리프트 등과 같이 바벨이나 덤벨을 이용하여 실시하는 자유 중량운동을 말한다. 프리 웨이트의 장점으로는 장비 구입비용이 비교적 저렴하며, 자리를 많이 차지하지 않고 여러 가지의 다양한 방법으로 운동이 가능하다. 동작범위 및 각도를 개인에 맞게 조절할 수 있고, 무게에 대한 직접적인 부하가 인체에 그대로 전달되기 때문에 매스를 크고 두텁게 하는 운동 효과가 뛰어나다. 단점으로는 머신에 비해 부상의 위험이 높고, 때에 따라서는 보조자가 필요한 것과 무게조절의 번거로움을 들 수 있다.
머신의 장점으로는 원하는 신체부분에 대해 고립해서 집중적으로 단련시키기가 용이하고 보조자가 필요하지 않다. 따라서 혼자서도 안전하게 운동이 가능하다는 것이다. 무게의 변화 역시 핀으로 간편하게 조절할 수 있다. 머신의 단점으로는 각 사람마다 신체 사이즈의 차이가 있는데, 기구가 고정되어 있기 때문에 동작의 가동범위 및 각도의 변화에 대한 제한이 있고 자리를 많이 차지하며 가격이 비싸다는 점을 들 수 있다.

22 근비대를 목적으로 하는 트레이닝에서 세트와 운동 사이에 적절한 휴식시간은?

보통 1분에서 1분 30초 정도이고 외배엽 체형의 사람과 체력이 약한 사람에 대해서는 많게는 2분까지도 휴식을 취한다.

23 웨이트트레이닝 시 운동 배열의 원리는?

큰 근육에서 작은 근육 순서로 프로그램을 구성하는 것이 좋으며 다중관절 운동 두 개와 단순관절 운동 한 개 정도의 순서가 너무 힘들지 않고 쉽지도 않은 가장 이상적인 배열이라고 생각된다.

24 웨이트트레이닝에서 근력과 근지구력 훈련의 차이에 관해서 설명하시오.

근력은 근육의 힘을 의미하고 무거운 무게를 이용하여 적은 반복수로 트레이닝 할 수 있다. 근지구력은 시간이 가미된 개념으로 얼마나 오랜 시간 동안 일정한 근육을 지속적으로 발휘할 수 있는지에 대한 능력치로 적절한 무게(1RM의 60~75%)를 많은 반복수로 트레이닝 할 수 있다.

25 웨이트트레이닝 시 여성이나 40대 이상의 성인들에게 권장할 최적의 부하강도와 세트 수는?

낮은 강도의 근지구력 트레이닝을 권장하는 것이 좋다. 1RM 대비 50~70% 정도의 강도로 20~30회의 반복이 가능하게 2~3세트 정도가 적절하다.

26 작은 근육과 큰 근육군의 휴식시간은 각각 어느 정도가 적당한가?

48시간에서 72시간(2~3일)이 적당하다.

27 바벨과 덤벨 운동의 장·단점에 대해 설명하시오.

바벨 운동의 장점으로는 무게를 늘리기가 용이하며 근육량 증가에 효과적이고, 단점으로는 가동범위가 덤벨 운동에 비해 제한적이기 때문에 근육의 분리에는 그 한계가 있다. 덤벨 운동의 장점으로는 그와 반대로 동작이 자유롭고 가동범위의 조절이 용이하며 단점으로는 한 팔씩 따로 들어올려야 하는 특성상 중심을 잡아야 하고 무거운 무게를 늘리는 것이 바벨에 비해 제한적이다. 때문에 두 가지 운동을 다양하게 섞어서 모두 하는 것이 최선이라고 할 수 있겠다.

28 여성이 웨이트 운동을 해도 남성처럼 크게 벌크업 되지 않는 이유는?

여성은 신체구성이 남성에 비해 근육량이 적고 지방량이 많으며 호르몬의 영향을 봐도 남성 호르몬(테스토스테론)이 적고 여성 호르몬(에스트로겐)이 많기 때문에 아무리 무거운 부하로 운동을 해도 남성처럼 되기에는 그 한계가 있을 수밖에 없다. 정상급 여성 보디빌딩 선수의 경우에는 남성 호르몬제를 사용하여 남성과 같은 근육을 갖고 있는 경우도 있기는 하지만 시간이 지나면 다시 근육 사이즈가 줄어든다.

29 고객을 지도할 때 유의사항 5가지를 말하시오.

큰 목소리로 정확한 지식과 정보를 전달해야 한다. 그리고 고객에게 불쾌한 냄새가 나지 않도록 지도자는 항상 깔끔한 복장을 하고 청결을 유지해야 한다. 또한 운동 지도를 위한 강습 시간에 늦지 않아야 하며 개인차를 고려하여 지도해야 한다. 마지막으로 고객이 이성일 경우 터치 전 양해를 구해야 한다. 혹시 실수로 터치했을 경우 반드시 사과해야 한다.

30 남자 보디빌딩 규정포즈 "백더블바이셉스" 지도방법에 대해서 말하시오.

백더블바이셉스 포즈는 뒤로 돌아서서 상완이두근을 보여주는 포즈이다. 포즈 명칭에서도 알 수 있듯이 상완이두근을 강조해서 보여주는 포즈이지만 후면으로 보여질 수 있는 모든 근육을 수축하고 있어야 한다. 실시방법으로는 한쪽 다리를 뒤로 빼서, 발가락으로 올라섬으로써 비복근을 수축한다. 양팔을 들어올려 상완 이두근을 강하게 수축하고 동시에 광배근을 벌린다. 광배근을 수축한 상태를 유지하면서 팔꿈치를 뒤로 누르는데 이렇게 하면, 등의 근육질이 보다 선명해진다. 손목을 살짝 외회전시켜서 상완 이두근의 봉우리를 높게 만들고 시험 볼 때는 상체를 의도적으로 뒤쪽으로 약간 기울여줌으로써 보다 더 능숙하게 보일 수 있도록 한다.

10_ 운동생리학

(1) 뼈와 신경

01 뼈의 기능에 대해 설명하시오.

1. 지지(Support)
: 몸의 자세를 유지하게 하고 인체가 직립보행을 할 수 있게 근육을 받쳐 지지해주는 역할을 한다.
2. 움직임(Movement)
: 근육(Muscle)은 힘줄(Tendons)에 의해 지렛대 역할을 하는 뼈와 결합되어 있기 때문에 근수축이 일어나면 뼈를 잡아당기고 관절을 통해 움직일 수 있게 한다.
3. 보호(Protection)
: 두개골(Skull)과 늑골(Costa)처럼 움직일 수 없는 뼈는 인체의 중요한 장기인 뇌, 심장을 보호해주는 역할을 한다.
4. 저장(Storage)
: 칼슘과 인 같은 무기질을 뼈에 저장해주는 역할을 한다.
5. 혈세포 형성(Blood cell production)
: 산소와 이산화탄소를 운반해주는 적혈구와 백혈구, 혈액을 생성할 수 있는 혈소판이 생성된다.

02 자율신경계에 대해 말하시오. 교감신경계와 부교감신경계에 대해 말하시오.

교감신경계와 부교감신경계는 의도적이지 않은 불수의적인 생리적 조절 기능을 담당하는 자율신경계통을 이루는 원심성 말초신경계이다. 교감신경계와 부교감신경계는 상호 길항적인 작용을 한다.
교감신경계(긴장상태)가 활성화되면 심박수 및 혈압이 증가되고 소화작용이 억제되어 긴장된 상태가 된다.
부교감신경계(안정상태)가 활성화되면 심박수 및 혈압이 감소되고 소화작용이 잘 되어 배설을 촉진한다.

03 골지건기관(골지 힘줄기관)에 대해 말하시오.

근육과 힘줄 사이에 위치한 골지건기관은 근육의 과도한 수축을 억제하는 기능을 담당하여 부상을 방지하게 해주는 역할을 수행하는 감각기관이다.
예) 아주 무거운 무게를 들어 올리려고 할 때 안될 것 같은 느낌을 전달해서 부상을 방지해 준다.

04 근방추(근육 방추체)에 대해 말하시오.

근육 내에 위치한 근육 방추체는 근육의 과도한 신장을 억제하는 기능을 담당하여 부상을 방지하게 해주는 역할을 수행하는 감각기관이다.
예) 과도한 스트레칭 시 다칠 것 같은 느낌이 들 때 근수축을 유도하여 부상을 방지해 준다.

(2) 근육

01 근섬유 종류는?

근섬유에는 지근섬유와 속근섬유가 있다. 지근섬유에는 산소화된 혈액을 더 많이 사용하기 때문에 어두운 불그스름한 적색을 띄며 적근이라고 표현하기도 한다. 지근은 느린 경련섬유로 빠른 경련섬유보다 수축 속도가 느리다. 이 섬유는 약한 자극에 반응하며, 장거리 달리기와 같은 유산소성 운동에서 가장 활성화된다. 예를 들면 중·장거리 달리기가 있다.
속근섬유는 흰색을 띄기 때문에 백근섬유라고도 하며 type1과 type2가 있다. 속근섬유는 강한 자극에 대한 재빠른 반응을 하는 것이 특징이며, 높은 무산소 신진대사 능력을 보인다. 예를 들면 단거리 달리기 같은 동작에서 가장 활성화된다.

02 근육의 종류를 말하시오.

근육의 종류는 수의근과 불수의근으로 나눌 수 있다. 수의근은 자신의 의지대로 움직일 수 있는 근육이다. 대표적으로 골격근을 말하고 불수의근은 자신의 의지대로 움직일 수 없는 근육으로 평활근(혈관벽, 내장벽), 심장근을 말한다. 골격근은 가로무늬(횡문근)가 있으며 중추신경계의 지배를 받는다. 평활근은 혈관벽과 내장의 벽을 구성하고 있는 내장근이며 가로무늬가 없는 민무늬근으로 자율신경계의 지배를 받는다. 심장근은 심장의 벽을 구성하고 있는 근육으로 골격근처럼 가로무늬가 있는 횡문근이지만 평활근처럼 본인의 의지로 통제가 불가능하기 때문에 불수의근이라고 하며 자율신경계의 지배를 받는다.

03 근 활주설(근 수축 기전)에 대해 말하시오.

근형질 세망(근육을 덮은 망)과 축삭 종말에 아세틸콜린이라는 신경전달 물질이 유리되면서 칼슘과 합해지는 과정에서 농도가 높아지면 미오신과 액틴이 서로 잡아당기는 횡교 현상을 만들면서 근 수축이 일어나게 된다. 농도가 낮아지면 이완된다.
미오신 필라멘트가 액틴 필라멘트의 간격을 활주함에 따라 근 수축이 일어난다.

04 골격근의 특성(골격근의 특징 3가지)에 대해 말하시오.

골격근은 뼈에 붙어있는 근육으로 움직임을 가능하게 해준다. 중추신경계의 지배를 받기 때문에 자신의 의지로 움직임이 가능한 수의근이며 가로무늬가 있는 횡문근이다. 또한 자세를 유지하게 해주는 자세 유지근이며 체온조절에도 관여한다.

05 근비대(Muscular Hypertrophy) 및 근위축(Muscular Atrophy)에 대해 말하시오.

근비대는 근섬유의 크기가 증가하는 현상이며, 근위축은 근조직의 퇴행성 변성으로 근섬유가 위축되어 운동성을 상실하는 것을 의미한다.

06 세퍼레이션(Separation)은 무엇인가?

삼각근, 상완 이두근, 상완 삼두근, 승모근 등 명확한 구분이 가능한 근육과 근육의 경계선을 말한다. 세퍼레이션을 더 좋게 하기 위해서는 엄격한 자세에 집중해서 분리운동을 많은 세트수와 반복수로 실시하는 것이 좋다.
예) 덤벨 플라이, 케이블 프론트 레이즈 등

07 데피니션(Definition)에 대해 말하시오.

지방이 없이 근육이 섬세하게 갈라지는 근 선명도를 말한다. 데피니션을 좋게 하기 위해서는 적당한 중량의 고반복 운동이 우선되는 경향이 있지만, 수분조절과 식이요법, 유산소 운동으로 피하지방을 얇게 유지하는 것이 관건이다.

08 스트리에이션(줄무늬)이란?

근육 속 근섬유 다발 개개의 줄무늬 패턴의 모양을 뜻한다.

09 근육 수축의 종류는?

1. 등장성 수축(Isotonic contractions): 관절의 각도에 변화가 생기면서 근육이 길어지거나 짧아지는 형태로 두 가지의 Isotonic contraction이 있는데, 수축할 때 근육이 짧아지는 단축성(concentric) 수축과 또 하나는 근육이 길어지면서 수축하는 신장성(eccentric) 수축이 있다(벤치프레스와 같은 웨이트트레이닝 동작이 등장성 운동에 해당). 단축성 수축을 컨센트릭, 포지티브, 동심성, 구심성, 양의 수축이라고 하며, 신장성 수축을 익센트릭, 네거티브, 원심성, 이심성, 음의 수축이라고 한다.

2. 등척성 수축(Isometric contractions): 관절의 각도나, 근육의 길이가 변하지 않으며 긴장하는 정적인 형태의 수축 형태를 말한다. 예를 들면 벽밀기나 버티기 등이 이에 해당한다. 약한 부위의 힘을 키울 수 있고, 움직임 범위의 한계가 있는 동작 시 유용하여 재활 트레이닝에 많이 사용된다. 또는 특정한 자세로 얼마 동안 유지해야 하는 스포츠종목(활강 스키, 유도, 웨이크보드, 윈드서핑)에 대한 운동으로도 유용하다. 하지만 신경근 조직의 운동이 거의 없기 때문에 눈에 띄는 근육 발달을 기대하기는 어렵고 발살바 메뉴어바 호흡이 일어나기 쉽기 때문에 고혈압 환자에게는 특히 적합하지 않다는 단점도 있다.

3. 등속성 수축(Isokinetic contractions): 일정한 회전 속도를 유지하며 움직임의 모든 범위에서 최대 압력을 발달시키는 수축이다. 이것은 적용되는 압력에 상관없이 움직임의 모든 범위에서 움직임의 속도가 일정히 유지될 수 있게 하는 특별한 기구를 필요로 한다. 축구와 같은 스포츠 종목의 선수가 부상에서 회복할 때 유용하며 고가의 재활기구로 일반적인 헬스장에서는 접하기 어렵다.

4. 플라이오 메트릭 수축(Plyometric contractions): 근육을 가능한 짧은 시간에 폭발적으로 최대의 힘에 도달하도록 하는 운동으로 제자리 점프, 점프 스쿼트, 손뼉 치며 푸쉬업하기 등이 있다.

10 위성세포에 대해 말하시오.

- 골격근 외측의 근섬유와 기저막 사이에 낀 방추형의 단핵세포로 근육이 손상되었을 때 위성세포가 분열하여 근육의 재생을 가능하게 한다.
- 운동이나 외상 등으로 근육이 손상되었을 때 분열하여 근육의 재생을 가능하게 한다.

11 저항운동 시 발생하는 지연성 근육통은 무엇인가?

근육통증에는 운동한 당일 곧바로 발생되는 급성 근 통증과 2~3일 후에 나타나는 '지연성 근육통(D.O.M.S)'이 있는데, 지연성 근육통은 주로 신장성 수축에 의해서 발생된다고 알려져 있으며 운동 후 생성되는 피로물질인 젖산에 의한 것으로 알려져 있다. 매일 운동하는 사람에게는 'DOMS(덤스)' 현상이 잘 나타나지 않는다.

12 웨이트트레이닝을 하면 근육이 비대해지는 이유는 무엇인가?

웨이트트레이닝으로 근육에 지속적인 자극을 통해서 손상된 근세포를 위성세포와 단백질이 치료해주면서 세포의 핵들이 새로 생성되며 근육세포가 커지기 때문이다.

13 초과회복이란?

트레이닝 후 휴식 기간 동안 운동 전의 수준보다 더 높은 수준으로 회복하는 신체의 생리 현상이다.

14 체력의 개념에 대해 설명하시오.

체력은 건강체력(행동체력)과 방위체력으로 나누어진다.
건강체력(행동체력)은 근력, 근지구력, 심폐지구력, 유연성, 신체 조성 등을 의미하고, 방위체력은 생리적 스트레스에 대한 저항능력(면역력)을 의미한다.
건강하기 위해서는 이 두 가지를 모두 잘 관리해야 한다.

15 동화작용(Anabolism)과 이화작용(Catabolism), 아나볼릭과 카타볼릭에 대해 말하시오.

동화작용은 근육을 더 잘 생성되게 해주는 작용을 말하고, 이화작용은 근육이 분해되는 작용을 말한다. 따라서 동화작용을 촉진시키기 위해서 운동 직후에 기회의 창을 이용해서 영양을 섭취해주는 것이 바람직하며 운동 시작 전에 BCAA 같은 보충제를 섭취해 줌으로써 이화작용을 방지하는 것이 근육 성장에 도움이 된다.

16 제지방량이란?

체중에서 체지방을 뺀 나머지 구성성분의 무게를 말한다. 즉, 뼈와 근육, 장기와 수분량을 의미한다. 신체조성에서 체지방량이 적고 제지방량이 많을수록 기초대사량은 높아진다.

(3) 호흡

01 호흡교환율이란?

- 배출되는 이산화탄소의 양과 소비되는 산소의 양 사이의 비율이다. 운동 중 탄수화물이나 지방의 에너지 대사량에 대한 백분율 기여도를 평가하는 데 사용한다.
- 호흡 중 이산화탄소 생성량과 산소 소비량의 비율을 의미한다. 이산화탄소 생성량/산소소비량으로 구할 수 있으며, 운동 시 탄수화물과 지방의 연료 이용을 확인할 수 있다. 호흡교환율이 1이상이면 탄수화물을 주 에너지 대사연료로 사용하고 있는 것을 의미한다.

02 호흡할 때 사용되는 근육 5가지는?

외늑간근, 내늑간근, 전거근, 후거근, 흉쇄유돌근, 사각근

03 호흡에 직접 관여하는 근육은?

전거근(Serratus Anterior), 늑간근(Intercostal Muscle)이다. 늑간근은 늑골(Rib)사이에 있는 근육으로서 늑골의 움직임에 관여하여 호흡(Respiration)을 도와준다.

04 흡기와 호기 때 사용되는 근육 세 가지씩 말하시오.

흡기(들숨): 횡격막, 외늑간근, 흉쇄유돌근, 사각근, 상후거근
호기(날숨): 횡격막, 내늑간근, 복부 근육, 하후거근, 요방형근

05 발살바 메뉴어바(Valsalva Maneuver) 호흡 방법과 장단점은?

발살바 메뉴어바 호흡법은 중·고급자들이 사용하는 호흡 방법으로 보디빌딩 동작 시 한 번에 큰 힘을 내기 위해 일시적으로 숨을 참고 몸통을 보다 견고하게 만들어 동작의 마무리 단계에서 숨을 내쉬는 호흡법을 말한다. 예를 들면, 스쿼트는 쪼그려 앉는 동작에서 호흡을 들이마시고 올라오는 동작에서 일시적으로 숨을 참았다가 거의 다 올라온 동작의 마무리 지점에서 호흡을 내쉰다.
주로 고중량 운동 시 사용하며, 심장으로의 정맥 흐름을 방해하여 흉강과 복강 내 압력이 상승하여 몸통이 보다 견고해져 더 무거운 무게를 들어 올릴 수 있다는 장점이 있다. 그러나 심장으로의 정맥 흐름을 방해하는 과정에서 심박출량이 감소하여 뇌로 공급되는 혈액의 양이 줄어들어 현기증, 구토, 방향감각 상실, 시력장애 등이 발생될 수 있기 때문에 초급자 및 고혈압 환자에게는 권장하지 않는다.

06 로첵상태란?

호흡을 멈추고 순간적으로 힘을 내는 상태를 말한다. 예들 들면 백 스쿼트 시 앉았다가 일어나는 과정에서 스티킹 포인트(걸리는 지점)에서 순간 폭발적으로 힘을 내기 위해 호흡을 멈춘 순간 무호흡 상태 그 자체를 의미한다.

(4) 체형

01 인체의 대표적인 세 가지 체형은?

대표적으로 외배엽, 중배엽, 내배엽의 세 가지 체형이 있으며 외배엽과 중배엽의 중간정도의 체형을 외· 중배엽 체형이라는 표현을 사용하기도 한다.

1. 외배엽
: 목, 팔, 다리가 가늘고 길다. 마른 체형으로 근육의 생성 및 살찌는 것이 어렵다.
2. 중배엽
: 어깨가 넓고 건장한 체형으로 어떻게 운동을 하든지 근육이 잘 생긴다.

3. 내배엽
: 목, 팔, 다리가 짧고 굵은 체형으로 체지방이 많이 생성되기 때문에 유산소 운동을 많이 병행해줘야 한다.

02 BMI, 신체질량 지수, 체질량 지수에 대해 설명하시오.

신장과 체중의 비율을 나타내는 지수로 비만도 측정에 사용된다. 체중(kg)을 신장(m)의 제곱으로 나눈 값을 말하며, 근육의 무게와 지방의 무게를 구분하지 않는 문제점이 있어서 일반인들에게는 적합할지 모르나 근육량이 많은 보디빌더에게는 적합하지 않은 단점이 있다.
BMI가 20미만일 때를 저체중, 20~24일 때를 정상체중, 25~30일 때를 경도비만, 30이상인 경우에는 비만으로 본다.
예를 들어 키가 160㎝이고 몸무게 60㎏인 사람의 체질량지수는 60÷(1.6×1.6)=23.4이 되며, 이는 정상체중에 해당한다.

03 체지방률에 대해 설명하시오.

체중에서 지방이 차지하는 비율로 성인남자 15%, 성인여자 25%가 표준이다.

▨▨▨ (5) 심장 및 혈관 ▨▨▨

01 스포츠심장이란?

지구성 스포츠로 단련된 사람의 심장은 일반인보다 크기가 큰데 그것을 스포츠심장이라고 표현한다. 지구성 운동선수의 안정 시 심박수가 적은 것은 심장 용적이 커서 '1회 박출량'이 크기 때문이며 안정 시에는 서맥 현상이 나타나기도 한다. 사실 보디빌딩 운동으로는 스포츠심장이 되기는 어렵다고 알려져 있다.
예) 마라톤, 사이클, 스키, 스피드스케이팅 선수들의 심장.

02 심장 자극 전도체계 순서를 말하시오.

동방결절 - 방실결절 - 방실다발 - 방실다발갈래 - 퍼킨제섬유

03 심박출량의 정의와 심박출량을 구하는 공식은?

1분당 심장에서 박출되는 총 혈액량으로 심박수×1회 박출량으로 구할 수 있다.

04 심장이 불규칙하게 빨리 뛰는 현상은?

부정맥 현상으로 그 기준은 분당 100회(BPM) 이상이다.

05 심장이 느리게 뛰는 현상은?

서맥 현상으로 그 기준은 분당 60회(BPM) 이하이다.

06 MHR(최대 심박수) 구하는 공식은?

220 – 나이

07 THR(목표 심박수) 구하는 공식은?

여분의 심박수 x 운동강도 + 안정 시 심박수

08 LDL과 HDL이란?

콜레스테롤을 두 종류로 분류하여 LDL과 HDL로 나눈다. LDL이란 Low Density Lipoprotein의 약자로 입자가 큰 저밀도지질단백질을 말하며 혈관 내 원활한 혈액순환을 방해하는 안 좋은 콜레스테롤이다. HDL 이란 High Density Lipoprotein의 약자로 입자가 작은 고밀도 지질 단백질을 말하며 혈관 내에서 혈액순환을 방해하는 안 좋은 콜레스테롤(LDL)을 청소해주는 역할을 하는 좋은 콜레스테롤이다.

09 폐순환에 대해서 말하시오.

폐순환은 심장과 폐 사이의 혈액순환이다. 폐포 내에서 산소와 이산화탄소의 교환이 일어나게 된다. 정맥혈이 우심실로부터 폐로 운반되고 폐를 거친 동맥혈이 좌심방으로 돌아오는 순환 과정이다.
– 우심실→폐동맥→폐→폐정맥→좌심방

(6) 영양

01 포도당(Glucose)에 대해 설명하시오.

포도당은 단당류에 해당하며 영어로는 글루코스(Glucose)라고 한다. 사람을 포함한 거의 모든 생물에서 중요한 에너지원으로 쓰인다. 꿀, 포도, 무화과 같은 과일에 많이 들어 있다. 정상 혈액 중 포도당은 약 0.1% 정도가 들어 있지만 탄수화물이 많은 음식을 섭취하면 한동안 평소보다 높게 유지된다. 여분의 포도당은 빠르게 혈액을 빠져나가 간과 근육에 글리코겐이라는 복잡한 탄수화물로 저장된다. 에너지가 급히 필요할 때에는 저장된 글리코겐이 다시 포도당으로 바뀌고, 글리코겐이 저장되는 곳이 완전히 차게 되면 여분의 포도당은 지방으로 바뀐다.

02 운동 시 당을 섭취해야 하는 이유?

우리가 운동할 때 주로 사용하는 에너지원은 탄수화물이기 때문에 운동 전(약 1시간~1시간 30분 정도) 탄수화물 위주의 당을 섭취하는 것이 강도 있는 운동을 수행할 수 있도록 도와준다. 또한 간과 근육에 저장된 탄수화물인 글리코겐의 양이 부족하게 되면 운동할 때 힘이 나지 않아 운동을 효율적으로 수행할 수 없으며 근손실을 유발할 수도 있다.

03 글리코겐(Glycogen)에 대해 말하시오.

저장 다당류의 하나로, 간이나 근육에 존재하며 간이나 근육의 글리코겐은 혈액 중의 포도당 값(혈당치)이나 운동량 등에 따라 변한다. 간 속의 글리코겐은 필요에 따라 포도당으로 분해되고 혈액을 통해 각 조직으로 가서 에너지원으로 이용된다. 근육에 함유된 글리코겐은 혈액 중의 포도당으로만 합성된다. 이 글리코겐은 근육의 에너지원으로 사용되며, 간 글리코겐처럼 포도당으로 바뀌어 혈액 속으로 들어가지는 않는다. 혈액 속의 포도당이 근육으로 들어가는 양은 근육 활동이 왕성할수록 크며, 장시간의 운동 때는 간 글리코겐은 극도로 감소한다.

04 카보 로딩(Carbohydrate loading)은?

- 장시간의 운동을 요구하는 지구력 운동의 수행을 위해서 주에너지원인 탄수화물을 인체 내에 축적시키는 방법을 말한다. 하지만 보디빌더들도 운동을 통해 글리코겐을 고갈시키면서 동시에 탄수화물 섭취를 제한한 다음에 많은 탄수화물을 섭취하여 근육에 더 많은 글리코겐이 저장되게끔 하는 방법이다.
- 대회 3~4일 전부터 탄수화물 섭취를 늘려 간과 근육에 글리코겐의 저장을 확보하여 근육이 꽉 차고 단단하게 보일 수 있도록 하기 위해 노련한 선수들이 사용하는 테크닉이다. 탄수화물의 섭취를 4일 전, 3일 전, 2일 전 등 다양하게 직접 실험해 보면서 시행착오를 거쳐 자신에게 가장 최고의 몸 상태가 어떻게 할 때 나오는지 알아내는 것이 관건이다.

05 유청단백질(Whey protein)은?

우유에서 추출한 고급단백질로 WPC, WPI, WPH로 나뉘어진다. WPC는 초보자들이 섭취하기에 적정하며, WPI는 중급자, WPH는 고급자에게 좋다. 유당 분해를 못하는 사람의 경우는 복통, 설사 등의 부작용이 있을 수 있기 때문에 권장하지 않는 것이 좋다.

06 BCAA(분지 사슬 아미노산)의 정의 및 기능(효과)에 대해 말하시오.(필수아미노산의 의미와 종류 3가지에 대해 말하시오.)

BCAA는 류신, 이소류신, 발린 등 인체에서 거의 생성되지 않거나 생성되더라도 양이 적은 필수 아미노산을 말한다. 그렇기 때문에 보충제를 통해서 섭취해 주는 경우가 많으며, 근손실 방지 및 면역력 증가와 피로 회복에 도움이 된다고 알려져 있다.

07 아르기닌의 효능은?

아르기닌은 준 필수 아미노산 중 하나이다. 단백질을 형성하고 신체 조직의 성장과 기능에 필요하며 에너지원으로도 사용된다. 효능은 혈관 확장 및 개선이다. 혈액순환과 관련한 문제에 도움이 될 수 있다고 알려져 있다.

08 글루타민(Glutamine)에 대해 말하시오.

글루타민은 면역력을 높여주고 근육통과 피로를 해소하는데 도움이 되는 성분으로 시중에 보충제로 판매되고 있다. 제품마다 조금씩 차이가 있을 수 있지만 보통 아침, 저녁, 운동 직후에 15~20g 정도씩 섭취해 주는 것이 권장된다.

09 글루타믹산(Glutamic acid)에 대해 설명하시오.

비필수 아미노산의 일종이고 이 원료는 정량할 때 건조물로 환산하여 L글루타믹애씨드 99% 이상을 함유한다.

10 포화지방과 불포화 지방은 무엇인가?

포화지방은 붉은 고기에 함유되어 있으며 시간이 지나면 굳어지는 특징을 갖고 있어 몸에 해로운 지방을 말하고 불포화 지방은 시간이 지나도 굳어지지 않으며 견과류에 함유되어 있고 몸에 이로운 지방을 말한다.

11 DHA는?

불포화지방산의 일종으로 깊고 찬 바다 속의 어류에 많이 함유되어 있다. 대표적으로 참치, 방어, 고등어, 정어리, 꽁치 등에 많으며 두뇌 활동을 활발하게 하고 혈중 콜레스테롤 수치를 낮추는 데 도움을 준다고 알려져 있다.

12 엘 카르니틴(L Carnitine)에 대해 말하시오.

지방을 태워 에너지로 변환하는 효소로 운동 전에 섭취해주면 지방산의 산화를 촉진한다. 또한 근육 활동을 증가시켜 피로감 해소에도 도움이 된다.

13 보디빌더가 크레아틴을 섭취하는 이유는? 크레아틴 섭취는 운동수행능력을 향상시킬 수가 있는가?

무산소성 에너지 대사 과정 중 ATP-PC시스템은 크레아틴 인산을 사용하여 고강도의 폭발적인 힘을 낼 수 있게 한다. 최근 연구에는 근지구력 증가와 근육의 회복에도 도움이 된다고 알려져 있다.

크레아틴은 소고기에 많이 함유되어 있는 성분이기도 하고 보충제를 통해서 섭취할 수 있는데 폭발적인 에너지를 필요로 하는 고강도 트레이닝 시 인체는 크레아틴 인산을 사용하게 되기 때문에 크레아틴을 운동 전에 섭취하는 것을 권장한다. 이를 통해 운동 수행능력을 향상시켜 더욱 높은 강도의 운동을 할 수 있다.

14 크레아티닌(Creatinine)에 대해 말하시오.

크레아틴에서 생기는 물질로 근육 내에 존재한다. 근육, 뇌, 심장 등에 존재하여 에너지를 보관하는 역할을 하는 크레아틴(단백질의 한 종류)의 대사산물로서 혈액 속이나 근육에 존재하고 신장의 사구체에서 여과되며 그 일부는 세뇨관으로 배설된다.

15 보디빌딩에 맞는 영양섭취 계획에 대하여 말하시오.

보디빌딩으로 몸을 근비대하게 만들 목적이라면 탄수화물, 단백질, 지방, 3대 영양소의 비율을 5:3:2 정도로 설정해서 보디빌딩 운동할 때 필요한 에너지를 충분히 공급할 수 있게 계획하고 근육 성장을 도울 수 있는 단백질의 섭취를 부족하지 않게 신경 써야 할 것이며, 몸에 좋은 불포화 지방산인 CLA, 오메가3, 아몬드, 땅콩과 같은 견과류를 적당량 섭취해줌으로써 불필요한 체지방은 태울 수 있게 하고 부족한 에너지는 보충할 수 있게 한다. 그리고 정기적으로 또는 대회 시즌에 돌입하게 되면 영양섭취에 대한 비율을 재조정함으로써 근육은 최대한 유지 또는 증가될 수 있게 하고 체지방은 최대한 태울 수 있게 계획되어야 한다.

16 대상별 영양섭취 방법에 대하여 말하시오.

여성과 노인 또는 운동 초보자에게는 근육량이나 운동량이 상급자에 비해서 적기 때문에 굳이 다양한 보충제와 단백질을 많이 섭취하게 할 필요까지는 없다고 생각한다. 상급자의 경우는 이와 반대로 다양한 영양섭취는 물론이고 본인의 체중에 맞춰서 합당한 양의 단백질 섭취를 권장하는 것이 좋다.

(7) 에너지원

01 수용성 비타민의 종류에 대해 말하시오.

물에 녹는 성질을 가진 비타민으로, 비타민 B 복합체와 비타민 C가 있다.

02 지용성 비타민의 종류에 대해 말하시오.

지방에 잘 녹는 비타민으로, 비타민 A, D, E, K가 있다.

03 영양섭취에 대해서 영양군별로 설명하시오.

1. 3대 영양소: 탄수화물(4Kcal), 단백질(4Kcal), 지방(9Kcal)
2. 5대 영양소: 3대 영양소 + 비타민, 미네랄(무기질)
3. 6대 영양소: 5대 영양소 + 물
4. 7대 영양소: 6대 영양소 + 섬유질

04 지방의 역할에 대해 설명하시오.

탄수화물과 함께 에너지를 내는 주요 물질이며, 장기를 보호해주고 체온을 유지하는 역할을 한다.

05 체지방에 대해 말하시오.

체지방은 신체에서 지방세포 등으로 이루어진 조직으로, 혈액 속에 있는 지방이 아닌 사람의 피부 표면에 저장된 피하지방과 장기 사이에 위치한 내장지방을 말한다.

06 피하지방과 내장지방이란?

피하지방은 상피조직에 있는 지방을 의미하고 내장지방은 장기와 장기 사이에 있는 지방을 의미한다. 피하지방은 복직근이 안 보이게 만들 수 있지만, 내장지방은 성인병에 노출될 수 있는 건강상의 위험성이 크기 때문에 규칙적이고 체계적인 식사와 유산소성 운동을 통해서 뺄 수 있도록 하는 것이 좋다.

07 웨이트 트레이닝 시 인체 에너지원이 사용되는 순서는?

탄수화물, 지방, 단백질

08 고강도 운동을 할 경우 인체에서 어떤 에너지원을 주로 사용하는가?

탄수화물

09 고강도로 폭발적인 운동을 하기 위해 급하게 에너지를 조달해야 할 때 사용되는 에너지원은?

크레아틴 인산과 단백질

10 3대 영양소 중에서 칼로리(Kcal)가 가장 높은 것은?

지방, 9Kcal

11 웨이트트레이닝의 연료원은 무엇인가?

주 연료원은 탄수화물이고 인체에서 탄수화물, 지방, 단백질 순서로 사용된다.

12 유산소 운동 시 주로 사용되는 에너지원은 무엇인가?

지방

13 지방 1파운드는 몇 Kcal이며 얼마만큼의 에너지를 내는가?

1파운드 = 0.453kg 따라서 453g, 지방은 1g당 9Kcal로 453 × 9 = 4,077Kcal

14 헬스 보충제의 필요성과 섭취 방법을 설명하시오.

식사를 대신하는 보충제도 있지만 보충제는 말 그대로 식사 외에 영양을 보조적으로 보충해주는 목적으로 사용되는 것이 바람직하고 섭취 방법으로는 제품과 성별 그리고 체중과 목적 등에 의해 차이가 있지만 단백질의 경우는 1회 섭취 시 남자 30g, 여자 20g을 넘지 않게 섭취하는 것이 간이나 신장에 부담을 주지 않으며 흡수력에 있어서도 좋다고 알려져 있다. 대부분 적정량을 운동 전, 후 또는 기상 직후 취침 전에 섭취하는 것을 권장한다.

15 시합을 앞두고 체중 감량 시에 탄수화물을 꼭 섭취해야 하는 이유는?

탄수화물을 제한하게 되면 근육에 글리코겐의 형태로 저장되어지지 않아 근육이 납작하게 쪼그라들어 근위축 현상을 보일 수 있으며 무대에서 포징을 할 때에 에너지가 부족하게 되어 최상의 경기력을 보이기 어려울 수 있다.

16 단백질 섭취 시기는?

운동이 끝난 직후 30분 이내에 첫 번째 기회의 창이 열릴 때가 동화작용을 촉진시킬 수 있는 최적의 타이밍이다.

17 ATP란?

ATP는 아데노신 삼인산(Adenosine TriPhosphate)이라는 화학물질이며 주로 근세포에 저장되어있는 인체의 직접적인 에너지원이다. 근육 속에 비축된 ATP가 분해되면서 생성되는 에너지에 의해 근육이 수축함으로써 운동이 이루어진다.
ATP는 아데노신이라는 큰 복합분자 한 개와 세 개의 인산염 그룹으로 구성되어 있다. 인산끼리는 고에너지 결합 형태로 연결되어 있으며 이 결합이 분해되면서 ATP는 ADP+Pi로 분해되고, 이때 방출되는 에너지는 생리적 일(근수축 등)에 직접적으로 사용된다.

18 고강도 운동을 할 때 에너지 체계는?

ATP-PC시스템, 젖산 시스템(무산소성 해당과정)

19 에너지 대사과정을 설명하라.

세포내에서는 ATP를 생산하기 위한 세 가지 과정이 있다.

> 1. ATP-PC 시스템: 인원질 과정(인산염을 통한 빠른 에너지공급)
> 2초~20초 사이의 단시간 고강도 운동 시 산소를 이용하지 않고 인산염을 통해 신속하게 에너지를 공급한다.
> 예) 골프, 미식축구, 체조, 농구, 야구, 역도, 100m 단거리 달리기
> 2. 해당작용: 젖산 시스템(Glycolysis)
> 20초~30초 지속하는 고강도 운동에서 인원질 시스템 다음으로 산소를 이용하지 않고 빠르게 ATP를 생산할 수 있다. 해당과정에서 산소공급이 충분하지 않을 경우에는 초성포도산이 젖산으로 전환되어 체액을 산성화 시켜 근 피로를 유발한다. 젖산은 피로물질로만 알고 있는 경우가 많은데, 사실은 다른 근세포에서 산화되지 않고 살아남은 젖산은 간으로 수송되어 글루코스의 합성에 이용되어 에너지로 사용될 수 있게 하는 긍정적인 역할도 있다. 예) 웨이트트레이닝
> 3. 유산소 시스템(유산소성 에너지 대사):
> 유산소성 대사는 주 에너지 공급원으로 글루코스 외에도 유리지방산을 많이 이용하여 ATP를 합성한다. 세포 내 소기관인 미토콘드리아에서 산소를 이용하여 일어나는 에너지 대사과정이다. 최소 5분 이상의 장시간 운동을 수행할 때 주로 사용된다. 예) 장거리 달리기, 마라톤

20 젖산이 생기는 이유는?

> - 무산소성 해당과정에서 역치에 도달했을 때 산소공급이 충분하지 않을 경우, 초성포도산이 젖산으로 전환되어 체액을 산성화시켜 근 피로를 유발한다.
> - 탄수화물을 에너지로 사용하면서 ATP를 생산할 때 산소가 부족한 상태에서 포도당이 완전히 연소되지 못하고 해당작용으로 불완전하게 분해되면 부산물로써 젖산이 생성된다. 이렇게 생성된 젖산은 피로와 근육 통증의 원인으로 알려져 있다.

21 젖산 역치, 무산소성 역치, 유산소성 역치, 혐기성 역치란?

> 운동강도가 증가함에 따라 젖산은 낮은 비율로 증가하는 양상을 보이다가 무산소성 대사과정으로 전환되면서 갑자기 젖산의 농도가 증가하는 시점을 말한다. 즉 점진적으로 운동부하가 증가할 때 혈중 젖산이 급속하게 증가하는 임계지점을 의미한다.
> 용어적으로 논쟁이 있어 젖산 농도가 급격히 증가하는 지점을 젖산 역치(Lactate threshold, LT)라고 부르는 것을 중립적인 용어로 널리 사용하고 있다.

22 기초대사량에 대해 설명하시오.

> 생물체가 생명을 유지하는 데 필요한 최소한의 에너지량이다. 또는 우리 몸이 활동하는 데 필요한 최소한의 에너지로 운동이나 다른 활동을 하지 않아도 저절로 소비되는 칼로리(Kcal)다. 기초 대사량이 높을수록 칼로리 소비율이 높아져 체지방이 잘 쌓이지 않는 체질이 될 수 있으며, 이와 반대로 기초 대사량이 낮으면 에너

지 소모가 적어져서 몸속에 체지방이 더욱 잘 쌓이게 된다. 기초 대사량을 높이기 위해서는 근육량을 증가시켜야 한다. 따라서 기초 대사량과 보디빌딩은 매우 밀접한 관계에 있다고 볼 수 있다.

23 정상 혈당 수준은?

정상 혈당 범위 70~110mg/dl

24 당(Sugar)이란 무엇인가?

일반적으로 설탕과 글루코스(포도당) 두 가지로 표현할 수 있다. 당이 낮으면 저혈당이라고 칭하고 혈당이 너무 높으면 고혈당이라고 하며 신체에 당에 대한 조절이상이 일어나게 되면 당이 소변을 통해 배출되는 당뇨병이 발생할 수 있다. 그리고 설탕이 많이 함유된 보충제는 여드름을 동반한 피부트러블을 일으킬 수 있다.

25 인체에서 수분의 역할은?

우리 몸의 대부분은 물로 이뤄져 있다(약 66~75% 이상). 체내의 수분이 부족하게 되면 체온조절 및 각종 기능이 저하되고 면역체계도 약해져 질병에 노출되기 쉬우며, 피로감과 무력감이 증가하게 된다. 또한, 체내의 영양분을 원활하게 운반하지 못할 뿐만 아니라 심할 경우 탈수 상태에 빠지게 된다.

26 수분과 전해질 보충에 대해서 설명하시오.(신체 내 전해질 수용성이란?)

소실된 체수분량을 대신하기 위해 물보다 스포츠음료가 더 효율적인 것으로 알려져 있다. 스포츠 음료에 약간의 나트륨이 포함되어 인체는 소변으로 배출시키기보다는 수분을 보유하는 능력을 갖게 된다. 가장 빠른 수분 흡수를 위한 적정한 수준의 탄수화물 함량은 약 6% 정도이다.
전해질은 전기를 전달할 수 있는 이온을 포함한 물질로, 우리 몸에서는 나트륨(Na^+), 칼륨(K^+), 칼슘(Ca^{2+}), 마그네슘(Mg^{2+}) 등의 중요한 미네랄을 의미한다.

신체 내 전해질 수용성은 전해질이 물속에서 얼마나 잘 용해되는지를 나타내는 지표이다. 쉽게 말해, 전해질이 물속에서 어떤 형태로 존재하는지와 얼마나 빨리 녹아들 수 있는지를 나타내는 개념이다.
신체 내 전해질 수용성에 대해서는 인체 내부의 전해질 농도와 관련이 있다. 인체 내부의 전해질 농도는 항상 일정하게 유지되어야 하는데, 이는 전해질이 혈액과 조직액 사이에서 자유롭게 이동할 수 있기 때문이다. 따라서, 전해질 수용성이 높을수록 빨리 용해되어 인체 내부에 전달될 수 있으며, 전해질 농도가 균형을 유지하는 데 중요한 역할을 한다. 이는 운동선수나 건강한 사람들에게 매우 중요한 개념이며, 전해질 수용성에 대한 이해는 건강한 생활에 필수적이다.

27 고온 환경에서 운동 시 수분 섭취 방법은?

탈수 현상을 예방하기 위해 운동 전(약 3시간 전)에 400~800ml 수분 섭취, 운동 중 15~20분 간격으로 150~300ml 수분 섭취, 운동 후 충분한 수분 보충을 한다.
*고온 환경에서 운동 시 탈수 현상을 예방하기 위해 200ml 전후로 조금씩 자주 섭취할 수 있도록 한다.

28 카페인의 효능은?

각성 및 흥분 그리고 이뇨작용을 원활하게 하고 신진대사를 활발하게 해주는 효과가 있다. 그렇기 때문에 운동 전에 카페인을 섭취하기도 한다.

(8) 호르몬

01 테스토스테론(Testosterone)은 무엇인가?

- 남성 스테로이드인 안드로겐의 대표적인 호르몬으로 남성의 경우는 정소에서 분비되며 여성은 부신과 난소에서 적은 양의 테스토스테론이 분비되며 골다공증을 예방하는 기능을 하기도 한다.
- 남성은 고환에 있는 정세관에서 생성되고 여성은 난소에서 생성된다. 테스토스테론은 주요 남성 호르몬이며 주요 기능으로는 남성의 생식 기관의 발달, 근골격 크기의 증가, 체모 성장 등 2차 성징 촉진에 중요한 역할을 한다.

02 에스트로겐(Estrogen)은?

여성의 난소와 태반에서 분비되는 대표적인 여성 호르몬이다. 여성의 성장 및 생식주기에 많은 영향을 미치기 때문에 월경에 이상이 있을 때 치료목적으로 사용되기도 한다.

03 인슐린(Insulin)에 대해 설명하시오.

인슐린은 췌장의 베타세포에서 합성되고 분비되며 혈액 속의 포도당의 양을 일정하게 유지시키는 역할을 한다. 인슐린의 합성과 분비가 잘 이루어지지 않거나 충분한 기능을 하지 못하게 되면 포도당을 함유한 오줌을 배설하게 되는 당뇨병이 발생할 수 있다.

04 인슐린과 글루카곤이란?

인슐린은 췌장의 베타세포에서 분비된다. 혈당을 낮추는 역할을 하는 호르몬이고, 간 및 근육 세포에서 글리코겐의 합성을 촉진한다.

글루카곤은 췌장의 알파세포에서 분비된다. 글리코겐 분해와 지방 분해를 촉진하여 혈액 속의 포도당의 양을 일정하게 유지시키는 역할을 한다.

운동 시 혈당 항상성 유지를 위한 내분비계의 기능으로 췌장의 글루카곤 분비를 자극하고 인슐린 분비를 억제한다.

05 DHEA는?

콩팥 바로 위에 있는 부신에서 대부분 생산되는 스테로이드 호르몬으로 콜레스테롤로부터 합성되며 부신 조직에서 만들어진 디하이드로에피안드로스테론(Dehydroepiandrosterone, DHEA)은 그 자체로서는 남성 호르몬이 아니지만 여성에게 과량을 사용할 때에는 남성화를 유발할 수 있다.

연구 결과에 의하면 50mg씩 6개월간 투여 후 육체적 및 정신적으로 안정감이 호전되었다고 보고되었고 그 밖에 에너지 및 기억력 강화, 면역 체계의 개선, 성 충동의 증가, 자가 면역 질환 등에 효과가 있음을 발견하였다고 한다. 하지만 많이 복용하였을 때 나타나는 부작용으로는 여드름, 과도한 흥분이나 불면증, 심리적 불안, 목소리가 굵고 낮아짐, 여성의 경우 원치 않는 부위의 발모 현상 등이 있다. 현재까지 의학적, 과학적으로 증명된 효과나 부작용에 대한 자료는 매우 부족하며 따라서 공정하고 객관적인 연구 결과 및 장기간 사용에 따른 안정성과 부작용 문제가 더 연구되고 검증되어야 한다.

출처: DHEA, 네이버 지식백과, 두산백과

06 아드레날린이란?

아드레날린(에피네프린)은 부신수질 호르몬으로 교감신경의 흥분에 의해 분비가 촉진된다. 아드레날린(에피네프린)은 심장 기능을 촉진시키는 작용이 강하고, 간 및 근육에서의 당원분해, 혈중으로의 글루코스 방출에 의한 혈당 상승 작용에 기여한다.

(9) 알코올 및 흡연

01 알코올이 인체에 미치는 영향에 대해 설명하시오.

술 안에 들어있는 알코올은 칼로리(Kcal)가 굉장히 높다. 하지만 인체에 유익한 영양분은 없이 칼로리만 높기 때문에 빈(공갈) 칼로리라는 표현을 쓰기도 한다. 간에서는 알코올을 어떤 음식물보다도 최우선으로 분해한다. 때문에 섭취한 다른 음식물에 대한 분해, 소화, 흡수에 관여를 하지 못하고 오지로 알코올 분해에 대한 철야작업에 돌입하게 되는 것이며, 그로 인해 섭취한 음식물들은 쉽게 체지방으로 전환된다.

술을 마신 사람들을 관찰하면 대부분 목소리와 동작이 커지며, 곧 잘 흥분하고 과격해지는 것은 높은 칼로리에 대한 방출 효과로 해석될 수 있다. 또한 운동 전에 알코올을 섭취하면 칼로리가 높아 순간적으로 힘을 잘 쓰는 것 같지만 불과 20분 정도로 한정적일뿐더러 그 이후에는 에너지 생산, 근력, 지구력, 회복능력, 유산소성 능력, 지방대사 능력, 반응시간, 심장기능 등을 저하시키고 결국 근육 성장에 장애가 된다. 더 나아가 장기간 알코올을 섭취할 경우 중추신경계의 기능이 현저히 저하될 수 있으며, 손상된 근세포가 재생되지 않아 근육의 수축 기능이 저하된다. 또한 알코올은 글리코겐 대사를 증가시켜 인슐린을 분비시키기 때문에 지방의 축적을 유도한다. 이러한 여러 가지 영향에 의해 결과적으로 간에 가해지는 부담이 증가하게 되어 간세포가 손상되어 간경화, 간암 등을 유발한다.

02 알코올의 1차적인 폐해는?

균형 감각 상실, 기억력 감퇴, 복부 비만 초래

03 흡연이 인체에 미치는 영향에 대해 설명하시오.

니코틴은 기초 대사량을 일시적으로 증가시키는 효과가 있기 때문에 살을 빼고 싶어 하는 여성들이 흡연을 하기도 하지만 금연을 한 후 다시 살이 찌기도 한다. 담배연기를 들이마시게 되면 심박수가 불규칙하게 빨라지고 동맥이 수축되어 압력이 상승하기 때문에 혈압이 상승하게 되며 호흡이 곤란하게 된다.
이러한 현상은 심동맥에 영향을 미쳐 심장근으로 흘러들어가는 혈류량을 감소시키며, 체온을 내려 신체기능과 운동 수행 능력의 저하를 초래한다.
흡연의 부산물 중에 하나는 일산화탄소인데, 일산화탄소는 공기 중의 산소보다 더 빨리 헤모글로빈과 결합하기 때문에 운동에 필요한 산소가 결핍된다(폐활량 및 지구력의 저하 초래).

04 흡연이 근육과 운동에 미치는 영향에 대해 설명하시오.

산소 운반 및 폐의 확산능력 저하로 운동 수행능력 저하, 호흡기능 저하, 혈관기능 축소, 웨이트트레이닝 때 근피로도 증가로 근육 성장에 방해를 초래한다.

11_ 유소년 지도

01 아동기 발달 특성은?

기본적인 발달 과정은 비슷하지만 개인차가 있다. 신체와 인지 발달 수준의 차이가 있기 때문에 운동 지도 시 이해하기 쉽게 시범을 보이며 설명하는 것이 좋다. 또한 단순한 동작과 놀이를 반복하며 다양한 교구를 활용해서 흥미를 느낄 수 있도록 프로그램을 구성해서 지도해야 한다.

02 유소년의 발달형태에 대해 말하시오.

- 일정한 순서로 발달하며, 발달에는 방향성이 있다.
- 발달은 계속적인 과정이나, 발달의 속도는 항상 일정하지 않다.
- 발달의 속도와 범위는 개인차가 있다.
- 상부에서 하부로, 즉 머리(위)에서 발 방향(아래)으로 발달한다.
- 중심에서 말초 방향으로 발달한다.
- 중추신경이 먼저 발달한 다음 말초신경이 발달한다.
- 신체 부위별 크기 증가는 대근육에서 소근육으로 순차적으로 이루어진다.
- 소근육 운동의 발달은 눈과 손이 협응하여 손기술을 정확하게 구사하는 능력으로, 중추신경계통의 성숙을 의미한다.
- 각 시기에 따른 유아의 발달은 특정 시기에 도달해야 할 발달과업을 갖기 때문에 시기를 놓쳐버리면 올바른 성장이 저해될 수 있다.

03 유소년의 영양섭취방법(유소년 운동에 맞는 영양섭취)에 대해 말하시오.

성장기에 있기 때문에 3대 영양소와 함께 칼슘, 무기질, 비타민 등 다양하고 충분한 영양소를 섭취할 수 있도록 한다. 몸에 좋지 않은 소다와 인스턴트식품을 멀리하게 하고 탄수화물을 과잉 섭취하지 않게 해야 하며, 야채와 적당량의 단백질의 섭취를 권장하여 성장에 도움이 될 수 있게 한다.

04 유소년에게 가장 효과있는 운동 방법은?

유소년은 집중력이 짧고 주의가 산만하고 금방 흥미를 잃을 수 있기 때문에 지도자는 넓은 마음과 인내력을 가지고 적합성의 원리, 다양성의 원리, 방향성의 원리, 안전성의 원리에 기인하여 재미있게 프로그램을 구성하여 이끌어 나가는 것이 중요하다고 생각한다.

05 유소년의 운동지도 시 주의할 점에 대해 말하시오.

유소년의 흥미와 능력을 고려해서 적절한 프로그램을 구성하고 혹시 모를 안전사고에 대비하여 지속적으로 주의를 기울여 관찰한다.

06 유소년의 신체적, 정신적 변화에 따른 지도방법에 대하여 말하시오.

아이들은 성인과 달리 다 성장하지 않은 몸 상태로 심장기능이 약하고 저혈압 상태에 있으며 산만하다는 것을 인지하여 흥미 위주로 다치지 않을 수 있는 저강도 운동을 반복하는 형태의 프로그램을 구성하여 지도하는 것이 좋다.

07 유소년 운동 프로그램의 기본원리는?

적합성의 원리, 방향성의 원리, 다양성의 원리, 안전성의 원리가 있다.

08 유소년 운동 프로그램 계획 시 고려해야 할 사항은?

운동의 빈도와 시간, 강도, 형태를 고려해서 작성해야 한다.

09 유소년 운동 프로그램 계획 시 포함하여야 하는 운동능력은?

지구성 능력과 민첩성, 유연성과 평형성을 비롯한 신체의 협응능력과 조정능력을 포함하여 작성한다.

10 유소년 운동을 지도하는 지도자의 역할은?

놀이를 통한 다양한 신체발달을 도모하고 사회성의 발달을 유도한다.

11 유소년 지도자가 갖춰야 할 자질은?

사랑과 이해, 봉사하는 마음과 정신, 인내심과 평정성, 윤리적이고 건전한 성품

12 유소년의 체력이 약하고 비만율이 높아지는 이유와 해결방법은?

식생활 습관의 변화와 운동부족으로 인해 비만율이 높아지고 있다. 해결방법으로는 소다(콜라, 사이다)와 정크푸드를 멀리하게 하고 몸에 필요한 영양분이 들어있는 곡물과 야채 위주의 건강한 식단을 권장하고 흥미를 유발할 수 있는 놀이 형태의 프로그램과 기술 습득을 위한 반복적인 동작을 가미하여 운동 프로그램을 구성하는 것이 있다.

13 유소년의 운동 수행 중 수분 섭취는 어떻게 하는 것이 좋은가?

15~30분 간격으로 100~150ml의 수분을 섭취하는 것이 좋다.

14 유소년이 운동을 해야 하는 이유는?

스트레스 해소 및 운동감각의 향상과 기초체력의 향상, 그리고 성장에 도움이 되며 자기 효능감을 높여 줄 수 있고 향후 더욱 활동적인 성향을 갖게 될 수 있다.

15 유소년에게 웨이트 운동을 시키는 이유는?

신체 구성의 개선과 심폐기능 강화, 운동 감각의 향상 등이 있으며 최근 연구 결과에서는 성장판에 적당한 자극을 주어 유소년의 성장을 더욱 촉진시켜준다고 밝혀졌다. 주의사항으로는 너무 무거운 무게로 운동을 하게 되면 근육의 발달 쪽으로만 성장이 치중될 수 있기 때문에 적당한 강도가 권장된다.

12_ 노인 지도

01 노화의 원인에 대해 말하시오.

유전, 세포 손상, 호르몬 불균형, 사용 마모, 면역기능 저하 등으로 노화가 발생한다고 본다.

02 노화에 따른 신체적 변화(노인의 신체조성 변화) 7 가지를 말하시오.

- 근세포의 기능 저하로 근육이 위축되고 근육량이 감소한다.
- 체지방량이 증가한다.
- 유연성과 균형감각이 저하된다.
- 골밀도가 낮아지고 뼈와 관절 등의 변형으로 키가 줄어든다.
- 골대사의 변화로 뼈의 밀도와 질량이 감소한다.
- 심장 및 혈관의 기능이 감소한다.
- 혈압과 혈류량이 감소되며, 혈관 경직도가 증가한다.
- 폐의 탄력성이 저하되고 흉곽 경직성은 증가되어 호흡기 근력이 저하된다.

03 노화 시 근골격계의 변화에 대해 말하시오.

근육량과 골밀도가 감소하여 근력이 줄어들고 근육 불균형으로 인한 자세의 변형 및 보행 패턴의 변화, 골다 공증의 위험에 노출될 수 있다. 또한 중력에 의한 디스크의 협착으로 인해 요통이 생길 수 있으며 그 외 다양한 근골격계 질환 및 근신경계 질환으로 이어질 수 있다.

04 근감소증에 대해 설명하세요.

근감소증의 이유는 호르몬의 변화와 신체 활동량의 저하, 운동 부족 등이 있다.

05 노화에 의한 노인의 신체적, 정신적, 심리적 변화 및 지도방법에 대하여 말하시오.

신체적으로는 근육량이 감소되고 혈압과 혈류량이 감소되며 최대 심박출량의 감소로 인해 최대 산소섭취량의 감소가 초래된다. 또한 유연성과 균형 감각이 저하되고 골밀도 감소로 인해 골다공증이 발생될 가능성이 높아진다. 이러한 여러 가지 기능저하로 인해 자존감이 낮아지기도 하며 심리적으로 위축되어 우울증이 생기거나 기억력이 저하되는 부분도 생기게 된다.
체온상승과 혈액순환을 위해 운동 전 반드시 준비운동(웜업)을 한 후 탄성이 없는 형태의 스트레칭을 실시하고 일상에서의 활동량을 늘리게 하되 갑작스러운 움직임을 필요로 하거나 넘어질 수 있는 동작은 프로그램에 포함시키지 않아야 하며, 체중을 이용한 적당한 강도의 근육 운동과 유연성 향상을 위한 스트레칭과 저강도 유산소성 운동을 복합적으로 권장하여 노화와 함께 나타나는 여러가지 기능이 저하되는 것을 예방하거나 최대한 늦출 수 있도록 하고 자기 효능감에 따른 정서적 안정을 함께 제공할 수 있도록 지도한다.

06 노인 보디빌딩에 맞는 영양섭취에 대해 말하시오.

너무 많은 양의 단백질 섭취는 간이나 신장에 부담을 줄 수 있기 때문에 체중에 맞춰서 체중 1Kg당 1.5g 정도로도 적당량을 권장해야 한다. 포화지방산이 많은 육식류보다는 생선이나 가금류와 야채를 권장하는 것이 좋으며 과식을 하지 않게 해야 한다.

07 노인운동전문가로서 필수로 알아야 할 두 가지, 노인 운동 지도 전에 꼭 알고 있어야 하는 것, 노인운동전문가가 꼭 갖춰야 할 두 가지를 말하시오.

 – 노인에 대한 병력 및 복용약과 부상여부를 체크해야 하며 움직임에 대한 평가를 할 수 있어야 한다.
 – 움직임에 대한 평가를 할 수 있어야 한다. 그래야 어떤 부분에서 기인한 문제인지 알아내서 그에 필요한 해결책을 제공할 수 있다.
 – 노인에게 많이 발생하는 고혈압, 당뇨, 요통, 무릎 통증 등 다양한 질환에 대한 지식을 갖추고 있어야 한다.

08 노인운동전문가가 꼭 알아야 할 노인질환에 대한 2가지를 말하시오.

고혈압과 당뇨는 많은 노인들이 갖고 있는 질병이지만 운동을 통해서 관리가 가능하기 때문에 지도자는 반드시 혈압과 당뇨에 대한 정상범위 및 비정상 범위에 대한 지식이 있어야 하며 그에 따른 운동처치도 가능해야 한다.

09 노인의 운동지도 시 주의할 점에 대해 말하시오.

노인은 유연성과 균형 감각이 저하되고 뼈의 약화로 골다공증이 발생될 가능성이 높기 때문에 갑작스러운 움직임을 필요로 하거나 넘어질 수 있는 동작은 프로그램에 포함시키지 않아야 하며, 체중을 이용한 적당한 강도의 근육 운동과 유연성 향상을 위한 스트레칭과 저강도 유산소성 운동을 권장한다.

10 낙상의 위험에 대해 설명하세요.

보통 장수하는 마을에서 낙상사고가 많이 일어난다. 노인에게 낙상은 정말 위험하고 두려운 부분일 것이다. 고령화가 되면서 많은 노인들이 약해진 뼈, 어지럼증 등으로 인해 앉아있다가 일어날 때, 미끄러운 빙판 등에서 주로 낙상사고가 일어난다. 낙상에 의해 고관절이 골절되면 대퇴 골두에서 혈액을 만들지 못해서 사망하는 경우가 굉장히 많다. 낙상을 방지하기 위해서는 하체 근육 운동을 꾸준히 해야 하며 균형감각 향상을 위한 운동과 고유감각수용체를 자극할 수 있는 운동을 함께하는 것이 좋다.

11 노인들의 건강증진을 위한 가장 효과적인 저항운동을 2개 이상을 예를 들어 설명하시오.

넘어지지 않고 안전하게 할 수 있도록 TRX와 같은 도구를 양손에 잡아서 하는 운동이나 맨몸으로 벤치 또는 의자에 앉았다가 일어나는 스쿼트 동작, 맨몸으로 또는 짐스틱을 이용한 데드리프트처럼, 가벼운 도구를 사용하거나 맨몸 전신운동을 지도하는 것이 좋다.

12 노인 운동의 긍정적인 효과는?

신체적으로는 근골격계 및 심폐기능의 향상이 있고 심리적으로는 우울증의 감소 및 기억력 향상 그리고 자기 효능감에 따른 정서적 안정을 들 수 있다.

13 고혈압의 기준은 몇 mmHg인가?

수축기 혈압 140mmHg, 이완기 혈압 90mmHg

14 고혈압이 있는 경우 어떻게 운동 지도를 하겠는가?

호흡을 멈추면 혈압이 과도하게 올라갈 수 있기 때문에 모든 운동 동작에 있어서 호흡이 멈추지 않게 주의해서 지도를 해야 한다. 등척성 수축을 초래하는 운동과 온도가 낮은 환경에서의 운동은 혈압을 올릴 수 있기 때문에 피해야 하고 웨이트트레이닝 시에는 호흡을 멈추게 되는 당기는 동작인 Curl 또는 Row, Pull 동작을 프로그램에 포함하지 않는 것이 좋다. 그리고 저강도의 유산소성 운동을 일주일에 3~5회 30~50분 정도 하는 것을 권장한다.

15 당뇨병 환자에 대해 어떻게 운동 지도를 하겠는가?

운동 시작 전 혈당을 보충하고 저강도 저항운동과 주 3~5회 30분 정도의 유산소성 운동 프로그램을 권장한다.

<u>16</u> 당뇨병의 종류와 원인, 증상으로는 어떤 것이 있는가?

제1형 당뇨병은 인슐린 의존형 당뇨병이고 소아 당뇨라고 표현한다. 제2형 당뇨병은 인슐린 비의존형 당뇨병으로 성인 당뇨라고 표현하며 당뇨병의 90% 이상이 제2형 당뇨병이다. 원인으로는 과도한 스트레스와 운동부족으로 인한 비만을 들 수 있으며 증상으로는 과식을 하거나 물을 자주 마시며 소변을 자주 본다.

<u>17</u> 관절염이 무엇이며 환자에 대해서 어떻게 운동 지도를 하겠는가?

관절염은 말 그대로 관절과 인접 부위의 연골 및 인대에 손상이 일어나서 염증이 생기는 질환을 말하며 원인으로는 움직임 기능부전, 체중 증가와 근육의 약화 그리고 노화를 들 수 있다. 때문에 움직임 기능을 정상화할 수 있는 스트레칭과 근육을 강화할 수 있는 저강도 중량(등속성, 등척성) 운동과 관절에 무리가 가지 않는 유산소성 운동인 수중 에어로빅 또는 좌식 자전거를 통해 안전하게 프로그램을 구성하여 운동을 지도한다.

<u>18</u> 노인의 요통이 있는 이유와 운동방법(노인 요통 해결 방안)은?

직립보행을 하는 사람은 중력의 영향을 받기 때문에 나이가 들어감에 따라 요통이 생기게 된다. 물론 잘못된 움직임이나 둔근의 약화와 고관절 가동성의 제한과 대퇴근막장근(TFL)의 단축 등 다양한 이유도 있다.
다치지 않게 안전하게 할 수 있는 운동방법으로는 고관절의 가동성을 확보하는 것이다. ROM 스트레칭과 함께 단축된 햄스트링과 대퇴근막장근을 이완시킬 수 있는 PNF 스트레칭을 호흡이 멈추지 않도록 주의하며 진행하는 것이 좋다. 또한 힙 브릿지와 같은 둔근에 대한 근육강화운동도 함께 진행하는 것을 권장한다.

<u>19</u> 심근경색과 협심증이란?

심장병이라고 하면 심근 경색증(myocardial infarction)이나 협심증(angina pectoris)을 말한다. 이 두 가지는 심장에 혈액을 보내는 관상 동맥에 생기는 병으로써 원인도 같고 증상도 거의 같지만 심근 경색증은 동맥이 완전히 막혀서 심장 근육의 일부에 혈액이 못가서 녹아버리는 것으로 증상도 훨씬 심하며 급격한 사망 원인이 된다.
한편 협심증은 혈관이 완전히 막히지는 않고 좁아져서 운동을 할 때만 심장 근육에 혈액이 상대적으로 모자라져서 근육의 경련에 의하여 통증이 발생되는 것이며 이것은 통증이 생겨도 이 때문에 직접 사망하지는 않으며 치료를 하여 좁아진 곳에 스텐트를 넣거나 넓혀서 증상을 없게 할 수도 있고 약물 치료가 가능하다.
이러한 심장병 관련 부분들을 건강하게 하기 위해서는 나쁜 콜레스테롤(LDL)의 수치가 높게 올라가지 않도록 건강한 식습관과 금연, 규칙적인 운동을 해주는 것이 좋다.

<u>20</u> 협심증 환자의 운동법은?

매일 중강도 걷기를 30~60분 활발하게 수행하는 것이 좋으며 주 2~3일 대근육군의 저항성 운동이 권장된다. 단, 협심증을 유발할 수 있는 특별한 상황(극심한 빈혈, 갑상선기능항진증, 악성고혈압, 패혈증)은 심근의 산소 공급이 수요를 충족시키기에 부적합하므로 의학적으로 빠른 치료가 필요하며 운동은 불가능하다.

21 심혈관질환 노인의 문제점과 지도 방법은?(노인에게 나타나는 심혈관계 질환은?)

심장과 폐, 혈관의 혈액순환이 가장 중요하다. 고혈압, 당뇨, 협심증 등 혈관벽이 좁아지거나 혈액의 농도가 높으면 혈관이 막혀서 심장 관련 문제를 일으킬 수 있다. 대부분의 심혈관계 질환은 체력에 따라 운동강도를 조절해야 하겠지만 저강도의 유산소성 운동을 주 3~5회 정도로 30~50분씩 규칙적으로 꾸준히 수행하는 것이 좋다. 또한 건강에 좋은 야채 및 등푸른 생선으로 몸에 좋은 지방과 단백질을 섭취할 수 있도록 한다.

22 노인에게 적당한 유산소성 운동 프로그램의 형태와 빈도 그리고 강도는?

걷기 형태의 운동을 권장하며 일주일에 3~5회를 15분에서 30분 정도까지 점차적으로 늘려갈 수 있게 하고 운동강도는 최대심박수의 60~80% 정도 최대 산소섭취량의 50~70%, 여분의 심박수의 40~60%로 저강도가 좋다.

23 나이든 사람은 젊은 사람에 비해서 다르게 운동을 해야 되는가?

현장에서 보면 나이든 사람이 젊은 시절을 생각하며 조급한 마음을 갖고 운동을 하다가 부상을 당하는 경우를 어렵지 않게 접할 수 있다. 나이가 많은 사람들은 아무래도 젊은 사람들에 비해서 유연성, 결합조직, 근력, 체력 등이 약하고 몸의 기능이 조금씩 노화되어 가고 있는 단계이기 때문에 신체의 모든 기능이 젊은 사람에 비해서 약하다고 인식해야 한다. 따라서 가동범위 및 중량을 작게 하여 다치지 않고 안전하게 신체 기능의 노화를 지연시킬 수 있고 적당한 활동량을 제공하는 건강관리 차원에서의 운동을 권장하는 것이 바람직하다.

24 노인의 노화 이론 중 점진적 불균형 이론은?

인체 기관이 다른 속도로 노화하면서 신경 내분비계에 불균형을 초래한다는 이론이다.

02

최신 시험현장 상황 및
기출문제 총 정리

02 최신 시험현장 상황 및 기출문제 총 정리

01_ 최신 시험현장 상황

시험장의 분위기는 각 대학의 연수원마다 차이가 있지만, 대부분 비슷한 방식으로 진행됩니다. 보통 해당연수원의 담당교수 1명, 보디빌딩 협회 관계자 1명이 2인 1조로 심사하지만 공정한 심사를 위해 2015년부터 1명이 추가되어 3인 1조로 심사합니다.

입장과 동시에 제비뽑기로 시험문제지의 타입을 고릅니다. 그 문제지를 감독관에게 전달하거나, 타입 A인지 B인지 이야기를 하면서 시험이 시작됩니다. 보통 실기동작을 먼저 실시하고 그 후에 구술에 대한 질문은 본인이 뽑은 시험지를 읽고 말하는 방식으로 시험을 진행합니다. 두 개의 통에서 문제지를 한 장씩 뽑아서 진행하며 실기 먼저 한 후에 구술을 진행합니다.

1) 시험장 내부 상황

> • 덤벨: 여성 1.5~2kg, 남성 3~5kg / • 벤치 or 의자 or 스텝박스 / • 매트
> • 바벨: 올림픽 바벨, 숏바(짧은 스트레이트 중량봉), 이지바(중량봉)

시험장에 따라 덤벨 및 바벨의 비치 상황은 조금씩 달랐습니다. 다만 크게 중량을 더해놓은 바벨은 없었고 덤벨 무게도 크게 무겁지 않았습니다. 그리고 벤치나 의자, 스텝박스 중 한 가지가 준비된 시험장도 있었지만 매트만 준비된 곳도 많았습니다. 이지바의 경우 준비되지 않은 시험장도 많았습니다. 이지바가 준비되어 있지 않은 경우 숏바로 동작을 실시하시면 됩니다.
시험장에 따라 상황은 조금씩 다를 수 있습니다. 대략적으로 전체적인 상황을 이해하시면 좋을 것 같습니다.

2) 진행 순서

도착 후 신분증 및 수험표를 확인한 후 대기합니다. 3명씩 호명하여 운영 요원이 데려갑니다. 본인 순서가 되었을 때, 입장과 동시에 인사를 하고 수험번호 및 이름을 말합니다.(간혹 어느 시험장에서는 이름과 인사를 생략하고 수험번호만 말하기도 합니다.) 그리고 수험표를 제출합니다. 실기 및 구술 모두 뽑기로 진행되며, 각각의 시험지를 뽑습니다.

※ 본인이 문제를 뽑고 먼저 문제번호를 이야기한 뒤 직접 문제를 읽고 답하는 경우가 있고, 감독관에게 뽑은 종이를 드리면 감독관이 한 문제씩 읽어주는 경우도 있습니다.

감독관님께 문제지를 전달합니다.

감독관이 읽어주는 실기 동작 3~4가지를 실시합니다.

예) "남자 보디빌딩 규정포즈 2번 실시하세요. 스쿼트 해보세요. 비하인드 넥 프레스 해보세요. 크런치 해보세요. 덤벨 풀오버 해보세요."(감독관이 '그만'이라고 할 때까지 동작을 실시하거나 자세를 유지합니다.)

감독관이 읽어주는 구술문제에 대한 답변을 합니다.

예) "남자 보디빌딩 규정포즈 7가지 말해보세요. 의식이 없는 환자의 응급처치에 대해서 설명하세요."

감독관이 모두 끝났다고 하면, 인사를 하고 시험장을 나옵니다.

02_ 기출문제 총 정리

'실기 동작 4가지 + 규정포즈' + 구술 4가지 + 태도

*2024년~2023년

– 실기 규정포즈: 남/여 구분없이 통합돼서 진행되었습니다. 그리고 포즈 1개가 아닌, 해당 종목의 포즈를 모두 실시하는 문제가 다수 출제되었습니다. 그리고 남자 보디빌딩 규정포즈, 여자 피지크 포즈 뿐 아니라, 남자 피지크, 남자 클래식 피지크, 여자 보디 피트니스, 여자 비키니에 대한 포즈 및 쿼터턴도 추가되었습니다.

– 구술: 한동안 잘 출제되지 않았던 실기동작 지도방법에 대한 문제가 빈출되었습니다. 전문가답게 전문용어를 사용하면서 어느 부위가 운동이 되는지, 어떻게 동작과 호흡을 하며 수행해야 하는지, 주의사항은 무엇인지 등이 포함되게 설명할 수 있어야 합니다. 거듭 강조드리지만 입 밖으로 소리내서 연습하셔야만 시험장에서도 말할 수 있게 됩니다. 그리고 2021년에 출제되고 2022년에는 출제 빈도가 거의 없었던 종목별 경기진행방식에 대한 문제가 출제되었습니다.

– 태도: 2023년부터는 심사위원이 "마지막 한문제는 태도입니다."라고 직접적으로 언급을 하는 경우가 많았습니다. 태도에서 어필하지 못한 사람들이 많아서 그럴 수도 있고, 그만큼 태도가 중요하다는 것을 꼭 기억하셔야 합니다.

* 2022년에는 실기 규정포즈의 경우 남자 보디빌딩 규정포즈와 여자 피지크 규정포즈는 남/여 구분 없이 통합돼서 진행되었습니다. 즉, 남/여 모두 남자 보디빌딩 포즈 1개와 여자 피지크 포즈 1개를 실시하였습니다.

문제 1)
- 실기: 덤벨 컬, 바벨 업라이트 로우, 브이 싯업, 프리웨이트를 이용한 상완삼두근 자이언트 세트, 여자 피지크 규정포즈 4가지
- 구술: 남자 클래식 피지크 키 188cm 초과 196cm이하 최대 체중을 구하는 공식, 생활체육 프로그램, 수분의 기능, 남자 클래식 피지크 포즈 7가지 명칭

문제 2)
- 실기: 클로즈 그립 푸쉬업, 벤트오버 레터럴 레이즈, 사이드 플랭크, 덤벨을 이용한 상완이두근 운동 2가지를 명칭을 말하면서 실시, 여자 보디피트니스 쿼터턴 명칭을 말하면서 실시
- 구술: 햄스트링, 성폭력 2차 피해, 덤벨 레터럴 레이즈 지도방법, 여자 보디피트니스 심사기준

문제 3)
- 실기: 얼터네이트 덤벨컬, 백익스텐션, 스쿼팅바벨컬, 프리웨이트 상완이두근 컴파운드 세트, 여자 비키니 쿼터턴
- 구술: 남자 피지크 결선 진행방식, 웨이트 트레이닝의 효과 3가지, 생활체육지도자 자질, 남자 보디빌딩 규정포즈 사이드 트라이셉스 지도방법

문제 4)
- 실기: 비하인드 넥프레스, 벤치딥, 오블리크 크런치, 프리웨이트로 삼각근 자이언트 세트, 남자 보디빌딩 규정포즈 7가지
- 구술: 스포츠성폭력, 인체에서 가장 큰 근육 세부위와 해당운동 3가지, 흡연이 운동선수에게 미치는 영향, 심판의 의무

문제 5)
- 실기: 덤벨 벤치 프레스, 얼터네이트 해머 컬, 백 익스텐션, 와이드 스탠스 스쿼트, 남자 보디빌딩 규정포즈 2번, 여자 피지크 규정포즈 2번
- 구술: 남자보디빌딩 복장규정, 생활체육의 정의, BCAA란, 기도폐쇄유형

문제 6)
- 실기: 스탠딩 바벨 트라이셉스 익스텐션, 굿모닝 엑서사이즈, 덤벨 슈러그, 업도미널 힙 쓰러스트, 남자 백 랫 스프레드, 여자 피지크 프론트 포즈
- 구술: 남자 보디빌딩 규정포즈 7가지, 성그루밍, 컬러링, 남자 사이드 체스트 포즈 지도방법

문제 7)
- 실기: 덤벨 풀오버, 스탠드 트라이셉스 익스텐션, 바벨 밀리터리 프레스, 스티프 레그 데드리프트, 남자 보디 빌딩 규정포즈 4번, 여자 피지크 규정포즈 4번
- 구술: 지도자를 뽑는 이유, 성폭력의 종류와 정의, 복직근 강화운동, 남자 보디빌딩 규정포즈 백 랫 스프레드 지도 방법

문제 8)
- 실기: 덤벨 킥 백, 벤트오버 레터럴 레이즈, 업도미널 힙 쓰러스트, 뉴트럴 그립 덤벨 로우, 여자 보디피트니스 쿼터턴
- 구술: 응급처치 3C, 탄수화물을 근력 운동 1시간 30분 전에 섭취하는 이유, 여자 보디피트니스 쿼터턴 심사 내용, 생활체육 프로그램 구성요소

문제 9)
- 실기: 업라이트 로우, 풀 스쿼트, 리버스 바벨 컬, 굿모닝 엑서사이즈, 여자 비키니 쿼터턴
- 구술: 웰니스, 성폭력이란, 심폐소생술과 실시방법 설명, 여자 피지크 규정포즈 사이드 트라이셉스에 대해 지도방법 설명

문제 10)
- 실기: 해머컬, 뉴트럴그립 투암 덤벨로우, 덩키킥, 클로즈그립 푸쉬업, 남자 클래식 피지크 5번 포즈
- 구술: 남자피지크 연기방식, 도핑, 출혈 시 응급처치, 1RM

문제 11)
- 실기: 라잉 바벨 트라이셉스 익스텐션, 덤벨 숄더 프레스, 프론트 스쿼트, 덤벨 풀오버, 남자 클래식 피지크 7번 포즈
- 구술: 심판원의 주의사항, 의도하지 않은 도핑, 여자 비키니의 평가요인, 보디빌딩이 아시안 게임에 정식종 목으로 채택된 연도와 장소

문제 12)
- 실기: 라잉 트라이셉스 익스텐션, 벤치 딥, 오블리크 크런치, 밴트오버 레터럴 레이즈, 여자 피지크 규정포즈 4가지
- 구술: 도핑방지규정 위반, 응급처치의 필요성, 스포츠폭력, 보디빌딩 시 수분조절

문제 13)
- 실기: 덤벨 프레스, 스티프 레그 데드리프트, 덤벨 레터럴 레이즈, 컨센트레이션 컬, 남자 피지크 쿼터 턴
- 구술: 성폭력 발생 시 대처방법, 생활체육 프로그램의 기획(계획) 단계, 심판원의 주의사항, 남자 피지크 복장규정 및 위반사항, 엘카르니틴

문제 14)
- 실기: 원암 덤벨 오버헤드 익스텐션, 스티프 레그 데드리프트, 덤벨 레터럴 레이즈, 덤벨 컬, 여자 피지크 2번 포즈
- 구술: 남자 보디빌딩 규정포즈 7가지, 도핑방지규정 위반, 의식있는 환자의 응급처치, 근수축 종류

문제 15)
- 실기: 바벨 컬, 비하인드 넥프레스, 라잉 덤벨 레그컬, 덤벨 프레스, 여자 보디피트니스 쿼터턴
- 구술: 생활체육지도자의 지도원리, 응급처치의 필요성, 여자 피지크 복장규정 위반, 지방의 역할

문제 16)
- 실기: 덤벨 풀오버, 크런치, 원암 덤벨 로우, 덩키킥, 여자 비키니 쿼터턴
- 구술: 여자 피지크 규정포즈 4가지, 컬러링, 출혈 환자의 응급처치, 오버트레이닝

문제 17)
- 실기: 클로즈 그립 푸시업, 굿모닝 엑서사이즈, 시티드 니업, 원암 덤벨 오버헤드 트라이셉스 익스텐션, 남자 클래식 보디빌딩 1번 포즈
- 구술: 의식이 없는 환자 응급처치, 의도하지 않은 도핑, 인체에서 가장 긴 근육, 크레아틴

문제 18)
- 실기: 시티드 바벨 트라이셉스 익스텐션, 언더그립 바벨로우, 힙 브릿지, 벤치 딥, 남자 클래식 보디빌딩 4번 포즈
- 구술: 남자 클래식 보디빌딩 규정포즈 7가지, 흉부압박, 아나볼릭, 심판의 의무

문제 19)
- 실기: 덤벨 킥 백, 바벨 프론트 레이즈, 사이드 밴드, 스탠딩 카프레이즈, 여자 피지크 규정포즈 1번
- 구술: 의식이 없는 환자 응급처치, 의도하지 않은 도핑, 인체에서 가장 큰 근육, 포화지방 및 불포화지방

위의 예시는 참고용일 뿐, 더 다양한 문제가 출제될 수 있습니다.

03

응시생의
최신 시험후기

03 응시생의 최신 시험후기

〈 후기 01 〉

중앙대 오전 여자 수험생입니다. 오전 11시경 시험장소 앞에서 대기하다가 시험을 봤습니다. 들어가서 "안녕하십니까. 수험번호 X번 XXX입니다."라고 인사를 드리고, 제일 오른쪽 계신 분이 오라고 손짓하셔서 수험표를 제출하고 실기 핑크색 종이 1장, 구술 노란색 종이 1장을 뽑았습니다.

1조 시험장은 무용실이여서 전면이 거울이여서 동작할 때 체크할 수 있어서 너무 좋았습니다. 제일 왼쪽에 계신 분이 문제를 읽어주셨고, 큰소리로 또박또박 읽어주셔서 저의 경우에는 다행히 듣는데 큰 어려움은 없었습니다.

> **실기: 원암 덤벨 오버헤드 익스텐션, 덤벨 컬, 덤벨 레터럴 레이즈, 스티프 레그 데드리프트, 여자 피지크 2번 포즈**

실기동작은 1~2번 하면 "그만" 하셨고, 특히 스티프 레그 데드리프트를 올림픽바로 하려고 했더니 숏바로 하라고 하셨습니다.

> **구술: 컬러링, 의도하지 않은 도핑, 1RM, 출혈환자 응급처치**

구술은 의자에 앉아서 실시하라고 하셨고, "컬러링은 경기당일 핫스타프 등을 금지하며, 다만 24시간 전에 사용한 인공착색크림은~" 그만, "의도하지 않은 도핑은 선수의 부주의로 도핑테스트에서 양성반응이 나오는 것이며, 고의성이 없어도~" 그만, "1RM은 One Repetition Maximum의 약자이며 한 번의 수축으로 낼 수 있는 최대 근력을 말합니다." 그만, "출혈환자 응급처치는 지혈하며 압박하고 드레싱하고, 심장보다 높게~" 그만

이렇게 진행되었습니다.

심사위원님이 구술 질문 끝나자 "통째로 다 외우셨네요."라는 말씀을 하셔서 저도 모르게 기분이 좋아 웃으며 "감사합니다!" 인사하고 나왔습니다.^^;;

저는 경영학을 전공하고 회사생활을 하다가 운동이 너무 좋아서 준비하게 되어 보디빌딩에 대해서는 무지 그 자체였습니다. 성피티 님을 믿고 가르침 주시는 대로 따라갔더니 정말 저도 모르는 사이에 필기내용이 머리에 들어오고, 실기/구술도 몸으로 체득하고 말로 내뱉고 있더라구요.

결과는 나와 봐야 알겠지만, 결과 유무를 떠나서 성피티님께 진심으로 감사드립니다.

〈 후기 02 〉

용인대는 조마다 방이 있어요. 대기시간이 많이 길 줄 알았는데 앞에 분들이 안 오시거나 늦게 오셔서 생각보다 빠르게 시험 봤어요. 평소 긴장을 잘하는 타입이라 정말 너무 떨려서 태어나서 처음으로 청심환도 먹었어요. 공부를 많이 했는데도 불구하고 아는 것도 심사위원 앞에 서면 머릿속이 백지장이 된다는 말에 '제발 울지만 말자. 아는 것만 차분하게 대답하자.'라고 마인드 컨트롤을 했어요.

들어가서 웃으면서 큰소리로 인사하고 수험표 제출하고 실기 동작부터 봤고, 덤벨 풀 오버를 처음으로 시작했는데 너무 긴장한 나머지 발로 지면을 완전히 고정해야 되는데 다리를 약간 편 듯이 고정했어요. 호흡도 반대로 해서 하다가 다시 호흡 수정하고 3번 정도 했을 때 그만이라고 해주셨어요. 나머지 실기 동작은 두 번 정도 보고 그만이라고 하셨고요. 그럭저럭 한 것 같은데 포징을 책으로만 보고 처음 해 보는 거라서 맞는지는 잘 모르겠지만 심사위원님을 보면서 포즈를 취하고 바로 구술 질문에 들어갔어요.

실기: 덤벨 풀 오버, 크런치, 덩키 킥, 벤트오버 원암 덤벨로우, 남자 보디빌딩 규정포즈 3번

구술: 의도하지 않은 도핑, 심판의 의무, 출혈 시 응급처치 방법, 그립의 종류

(제가 본 방에는 의자가 있었어요!)

뽑기를 잘 뽑은 덕인지 책을 달달 외우고 가서 질문 해주셨을 때 아이컨택 하면서 막힘없이 술술 대답했고(약간 버벅거린 부분도 있지만 수정하고 끝까지 다 대답했어요.) 문제에 해당하는 핵심 키워드가 나오면 앞에 부분만 듣고 그만이라고 하셨어요. 시험이 많이 어렵다고 해서 후기도 정말 많이 보고 공부하고 갔는데 다른 어려운 질문이 나왔으면 더 많이 버벅거렸을 것 같아요.

복장도 고민을 많이 했는데 단정하게 보이려고 검정색 탑에 검정색 핏한 반바지 착용했어요. 의외로 많은 분들이 색상부터 프리하게 입으신 분들이 많더라구요. 심사위원분들이 생각보다 딱딱하고 무섭지 않아서 긴장이 조금 더 풀렸던 것 같아요.

정말 확실한 건 문 앞에서 대기할 때부터 머리가 하얘져서 몸 풀면서 공부 많이 했으니까 아는 것은 성실하게 대답하고 모르는 것은 최대한 말하려고 노력하거나 엉뚱한 대답이라도 하자고 생각했어요.

집에서부터 잘 할 수 있다고 자기 암시 하면서 왔는데 도움이 되었던 것 같아요.

덤벨 풀오버 실기 동작이 마음에 걸리는데 제 기준에서는 생각했던 것보다는 잘해서 다행이라고 생각하지만 심사위원분들의 기준은 다르니까... 제발 합격하길 바라는 마음으로 기다려야겠어요. ㅠㅠ

이런 후기는 처음 적어보는데 저도 도움을 너무 많이 받았기 때문에 다른 분들에게도 도움이 되고자 최대한 적어봤어요! 다른 분들 후기처럼 정말 끝나고 나오자마자 까먹기 전에 적어야지 하고 적으려고 하니까 1-2개밖에 기억이 안 나더라고요. 그래서 계속 기억해내려고 하고 끝나고 버스타고 집에 오는 길에 마저 다 생각나서 빠르게 적어봅니다!

사실 주변에서 이 시험 본다고 했을 때 예전에 합격한 사람들도 많고 다 쉽다고 왜 떠냐는 말을 많이 들었는데 아무리 생각해도 필기도 그렇고 실기도 쉬운 시험은 아니에요. 국가시험 자체가 쉽게 합격하는 시험은 아니라고 생각해요. 정말 쉬웠다고 하는 분들은 정말 완벽하게 공부하신 분들이나, 쉬운 문제가 나왔거나, 군대 갔다 온 분들이 군복무 중에는 벗어나고 싶다고 하지만 전역 후에는 좋은 경험이었다. 좋았다고 말하는 거랑 비슷한 맥락이라고 생각해요.ㅋㅋㅋ 아무튼 시험 치시는 분들 마인드 컨트롤 하시면서 심호흡 길게 하시고 제자리 뛰기나 몸 무시면서 긴장 푸는 것도 좋은 것 같아요.

참고로 제 앞 분들 늦게 오셔서 가장 맨 뒤로 밀려났고 신분증 안 가지고 와서 집에 다시 가신 분도 계신데 수험표 신분증 꼭 챙기시고! 그런 것도 태도 점수에 반영되지 않을까요?? 신분증 없다고 하니까 핸드폰에 사진이라도 없냐고 물어보시더라구요. 정말 혹시 모를 상황을 대비해서 사진이라도 찍어두면 좋을 것 같아요. 그래도 시험 안내자분들이 친절하게 대해주시고 끝까지 시험 치를 수 있게 도와주시는 것 같아요. 저 들어가기 전에 손까지 떨면서 있을 때 앞에 안내자 분이 말도 걸어주시고 다들 많이 떤다고 말씀해주셔서 대화하면서 조금이라도 긴장 푼 것 같아요. 그분께도 너무 감사드려요.

글이 쓰다보니까 너무 길어졌는데, 제발 ㅠㅠ 부디 시험 합격하길 바라며 남은 시험 치르시는 분들도 잘 치르시고 좋은 결과 기다려요! 화이팅!

〈 후기 03 〉

◆ 시험 전

1. 접수하고 핸드폰을 반납한 후에, 2층에 있는 중앙대 실기 농구장에서 대기하였습니다.
2. 6분 정도 호명 받은 다음, 스태프의 인도에 따라, 지하에 있는 중앙대 체력단련실로 이동하였습니다.
3. 거기에서도 4조뿐만 아니라, 다른 조 여러 수험생 분들이 함께 대기하고 있었습니다.
4. 큰 소리로 인사 후 수험표를 드린 후에 시작하였습니다.

◆ 실기 동작

1. 바벨컬
: 한 번 하니 그만. 어떻게 보면 제일 쉬울 수 있는 동작이지만, 확실히 시험 전에 '바벨과 덤벨을 주의집중해서 듣자.'라고 마인드 컨트롤 한 게 도움이 되었습니다. 시험장 안에서는 생각보다 더 긴장될 수 있습니다. 스스로 되뇌지 않으면 페이스가 말릴 수 있으니, 꼭 주의하세요.

2. 비하인드 넥프레스
: 저도 모르게 '백스쿼트'를 할 뻔 했습니다. '서두르지 말자'라고 해놓고서 큰 실수를 할 뻔 했습니다. 한 번 하니 그만.

3. 백 익스텐션

: "백 익스텐션 해보세요. 그냥 비하인드 넥프레스 한상태에서 해보세요."라고 심사위원분이 말씀하셨습니다. 말을 뱉어놓으시고, 스스로 심사위원분이 자기가 '백 스쿼트'랑 헷갈린 것 같다고 이야기했습니다. 두 번 하니 그만.

4. 리버스 크런치, 레그 레이즈

: 2번 하니, "한번 레그 레이즈 동작도 해보세요. 리버스 크런치와 레그레이즈를 잘 구분해서 알고 있는지 다 생각이 있어서 물어본 거니까 한번 해보세요."라고 말씀하셨습니다. 레그레이즈도 두 번 하니 그만.

5. 남자 클래식 보디빌딩 1번 포즈

: 연습한 대로 하였습니다.

◆ 구술

1. "남자 보디빌딩 복장규정에 대해서 이야기 해보세요."
: 남자 보디빌딩 복장규정에 대해서 상세히 말하였습니다. 거의 다 들으시고 "그만"

2. "컷이 무엇인지 설명해보세요. Cut요."
: 이때 속으로 스스로 당황해서, 심사위원 분께 "다시 한 번 말씀해주시겠습니까?"라고 여쭈어봤습니다. 그러니 "영어 스펠링 C.U.T.요. 컷이요."라고 말씀하셨습니다. "컷팅이란, 근육을 더 선명하게 하기 위해 하는 것으로써..."라고 말하니 바로 "그만"

3. "준비운동의 효과에 대해서 설명해보세요."
: 준비운동의 효과에 대해서 상세히 말하였습니다. 거의 다 들으시고 "그만"

4. "의도하지 않은 도핑에 대해서 설명해보세요."
: "선수의 부주의와 실수로 자신도 모르게..." 바로 그만

◆ 나오면서

1. 다 마치고 나오는데 성피티 님께서 이름을 불러주시며 격려해주시고 수고했다고 말씀해주셨습니다. 후기에 회원 분들께서 말씀해주신 게 참 공감이 되었습니다. 교육장소가 아닌 이렇게 시험 장소에 직접 찾아와주시니 감동을 받았고 큰 힘이 났습니다.

2. 수업하면서 성피티 님께서 말씀해주신 모든 조언들이 다 생각이 났습니다. '겸손' '집중' '발 손 머리' '천천히' '당황하지 말고 또박또박' '실수하더라도 열정을 보이면서...'

3. 결과가 어떻게 될지 모르지만 끝나고 나서, 아쉬움이 있는 게 사실이었습니다. '조금만 더 집중할 걸, 조금만 더 천천히 할 걸'이란 생각과 함께요.

그전에 마인드 컨트롤을 하고 들어갔음에도 불구하고 완벽하지 못했던 것 같기도 하고, 그 기대치에 스스로가 못 미친것 같은 아쉬움이 있었던 것 같습니다.

◈ 남은 시험을 준비하시는 분들께...

1. 구술을 연습할 때, 눈으로만 읽으시면 당연히 한계가 있기 때문에 계속 글을 보지 않고 허공이나 벽에다 대고서라도 소리내서 연습하시길 바랍니다. 더 보태서, 다른 사람 가족이든 지인이든 간에 한 사람에게 질문을 던져달라고 부탁하며 꼭 사람얼굴을 보며 연습할 수 있는 여건을 만드시길 추천합니다. 준비하시는데 더욱더 큰 자신감이 붙는다는 것을 경험하실 수 있을 겁니다.

2. 성피티 님이 말씀하신 '천천히' '집중' '자신감' '겸손'이 제일 중요하다는 것을 확실히 깨달았습니다. 여러 후기에 '분위기 좋다더라.', '쉽다더라.', '수월했었다.' '리허설보다 덜 떨렸다.'라는 글들 많이 보셨을 겁니다. 맞는 말들일 수도 있지만, 이런 여러 후기에 너무 안도하시거나 필요 이상으로 위안 삼으셔서, 마음이 느슨해지는 일이 없길 바랍니다. 만에 하나라도 마음이 느슨해진 틈에, 어느 하나라도 놓칠 수 있습니다. 끝까지 '집중'하시고, '자신감'을 가지되, '겸손'하게...

또 여러 댓글과 후기와 스스로를 비교하지 않으셨으면 좋겠습니다.
'다른 사람들은 괜찮다는데, 내 시험장은 왜 그러지?'
'다른 사람들은 오히려 자신감 있게 안 떨었다는데, 난 왜 이렇게 많이 떨리지?'

오히려 그만큼 많이 준비하셨고, 시험에 붙길 원하는 간절한 마음 때문에 여러 변수들이 마음에 안들 수 있고, 더 긴장될 수 있습니다. 긴장과 혼돈과 정신없는 시험장과 대기실 분위기에서 마음이 더 떨리거나, 붕 뜰 수 있습니다.
절! 대! 시험장에서 심사위원분의 말투와 표정과 여러 가지 것들로 인해 페이스가 말리지 않도록!! 끝까지 집중하시고 정말 더 천천히 해도 뭐라고 안 하시니... 꼭 평정심을 유지하시어, '발 손 머리' '겸손' '할 수 있다는 자신감'으로, 시험장에 들어가서 나오는 그 순간까지 진지하게 임하실 수 있길 간절히 바랍니다.

※ 더 많은 시험 후기는 성피티 카페(cafe.naver.com/sungpt2791)에서 확인하실 수 있습니다.

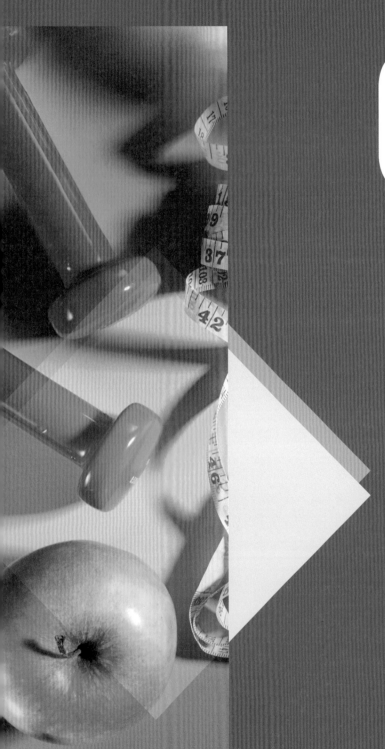

TEST
& TIP

Chapter

04

합격팁
TIP

 합격 팁

01_ 실기

실기 시험의 3원칙: 목소리는 크게, 호흡은 정확하게, 동작은 천천히

• 실기 동작
실기테스트는 여러 가지 운동동작을 충분히 숙지하여야 하며, 4가지 정도의 실기 동작을 테스트하게 됩니다. 이 때 동작은 정확한 방법으로 천천히 특히 호흡을 하고 있는 것을 보여주면서 실시하는 것이 중요합니다. 모든 실기 동작의 수축 부분에서는 1~2초간 멈춰서 해당 부분의 근육을 쥐어짜주는 느낌을 갖도록 하세요(동작의 정확성을 의식적으로 보여주기). 모든 동작을 시작할 때 끌어올리는 동작에서도 엉덩이를 낮추고 가슴과 허리를 편 상태에서 시선은 정면을 바라보고 끌어올리기 동작을 시작하도록 하세요.
예) 바벨 솔더 프레스를 해보세요. 데드리프트를 해보세요. 업라이트 로우를 해보세요.

• 호흡: 일반적으로 단축성 수축을 할 때 내쉬는 호흡을 실시합니다.

• 규정포즈 질문 유형
예) IFBB 남자 보디빌딩 규정포즈 7가지를 순서대로 해보세요.(1~7번 포즈까지 쭈~욱 해야 함)
실기를 할 때에는 호흡이 감독관 귀에 들릴 수 있도록 오버해서 크게 하는 것이 좋습니다.(중요: 할리우드 액션!)

> 시험장에 가실 때 규정복장 및 스텝의 지시를 최우선으로 따라야하며, 기본적으로 목소리는 크고 당당하게 하며 자신의 감독관만을 바라보고 귀를 기울여야 합니다. 시험 도중에는 옆에 사람을 쳐다보거나 다른 감독관을 쳐다보지 않도록 주의하세요!!

02_ 구술

구술시험을 볼 때 적당한 긴장이 필요합니다. 시험장 분위기가 시간이 촉박한 느낌으로 길게 이야기를 못할 것 같아도 상관없습니다. 중요한 핵심 키워드 위주로 먼저 설명을 하시고, 감독관이 '그만'이라고 할 때까지 부연설명을 합니다.

• 답변요령
시험장에서 감독관님의 질문에 부합한 대답을 우선으로 하는 것은 당연하지만, 그 외에도 최대한 자신이 알고 있는 것을 서술형으로 보충 설명을 하는 것이 좋습니다.

Tip)

> 크고 당당한 목소리로 본인이 알고 있는 모든 것을 끌어내서 차분하게 설명하는 것이 중요합니다. 대답이 지나치게 단답형이 되지 않도록 주의하세요. 평상시에도 눈으로만 읽고 외울 것이 아니라 영어 공부할 때처럼 반드시!!!! 입 밖으로 소리 내서 연습해야 극도로 긴장되는 시험 현장에서도 말이 나오게 됩니다. 연습도 실전처럼! 시험 전에 꼭 리허설을 해보세요.

맺음말

20여 년 현장 지도 경험을 담은 성피티의 노하우는 여기까지입니다. 지면에 미처 담지 못한 내용도 있지만 이 책에 나와 있는 내용을 모두 숙지하신다면 반드시 합격하시리라 확신합니다.

제가 늘 입버릇처럼 말씀드리는 것 중 하나가 '실기/구술 시험은 운동을 하러 가는 것이 아니라 면접을 보러 간다고 생각하라' 입니다. 이 점을 염두에 두고 시험에 임하신다면 복장, 마음가짐 그리고 태도가 달라지겠죠. 감독관의 질문에 긴장하시고 진지하게 응하셔야 합니다. 실실 웃으면서 장난스러운 태도로 비춰지지 않도록 반드시 주의하세요.

지금까지의 경험을 비추어볼 때 점수가 모호한 경우에는 시험문제를 뽑았어도 100% 그 문제지 안에서만 질문을 하는 게 아니라 돌발 질문을 하기도 합니다.

몸과 언행이 지도자로서의 자질이 보이는지, 정확한 자세를 수행할 수 있는지, 규정포즈 취할 때 부끄럽지 않은 정도인지 스스로 냉정하게 되물어 보시면서 철저하게 준비하시길 당부 드립니다. 만약 여기서 당당할 수 있다면 이미 시험에 합격하신 것입니다.

대부분의 응시생은 쉬운 문제를 뽑아야 합격할 수 있다며 운이 반이라고 말하기도 합니다. 그렇지만 저는 그 운도 만들 수 있다고 생각합니다.

여러분이 감독관이라면 칠부 반바지, 민소매 상의에 모자를 쓰고 시험장에 들어간 응시생과 무릎 위까지 오는 반바지, 빌더 나시 복장과 헬스장갑까지 갖추고 시험장에 들어간 응시생이 있을 때 과연 누구에게 더 좋은 점수를 주시겠습니까?

'실기 + 구술 = 면접'이라는 사실을 끝까지 명심하세요.

여러분의 합격을 진심으로 기원합니다. 파이팅!!!

참고문헌

강원석, 보디빌딩 웨이트트레이닝, 홍영표 연구소(2003)
아놀드슈워제네거, 아놀드슈워제네거 보디빌딩 백과, 이퍼블릭(2007)
임완기 외, 체력육성을 위한 퍼펙트 웨이트 트레이닝, 홍경(2006)
프레데릭 데라비에, NEW 근육운동가이드, 삼호미디어(2015)
한국스포츠개발원 생활체육지도자연수원, 생활체육지도자 연수원 연수교재(2014)
국민체육진흥공단 체육과학연구원, 2급 생활체육지도자 연수교재(2010)
조영훈, FISAF KOREA PERSONAL TRAINING교재(2000)

빈출동작 시험장 최종점검
브로마이드

1. 가슴 Chest

바벨 벤치 프레스
Barbell Bench Press 01

덤벨 벤치 프레스
Dumbbell Bench Press 02

덤벨 플라이
Dumbbell Fly 03

푸시 업
Push Up 04

클로즈 그립 푸시 업
Closed Grip Push Up 05

덤벨 풀 오버
Dumbbell Pull Over 06

2. 어깨 Shoulder

바벨 밀리터리 프레스
Barbell Military Press 07

덤벨 숄더 프레스
Dumbbell Shoulder Press 08

비하인드 넥 프레스
Behind Neck Press 09

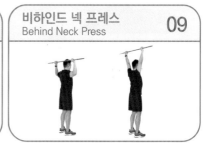

바벨 업라이트 로우
Barbell Upright Row 10

덤벨 프론트 레이즈
Dumbbell Front Raise 11

덤벨 레터럴 레이즈
Dumbbell Lateral Raise 12

바벨 프론트 레이즈
Barbell Front Raise 13

벤트오버 레터럴 레이즈
Bentover Lateral Raise 14

3. 팔 Arm

바벨 컬
Barbell Curl **15**

덤벨 컬
Dumbbell Curl **16**

얼터네이트 덤벨 컬
Alternate Dumbbell Curl **17**

원 암 덤벨 컨센트레이션 컬
One Arm Dumbbell Concentration Curl **18**

스탠딩 바벨 트라이셉스 익스텐션
Standing Barbell Triceps Extension **19**

원 암 덤벨 오버헤드 트라이셉스 익스텐션
One Arm Dumbbell Overhead Triceps Extension **20**

라잉 바벨 트라이셉스 익스텐션
Lying Barbell Triceps Extension **21**

원암 덤벨 킥 백
One Arm Dumbbell Kick Back **22**

벤치 딥
Bench Dip **23**

시티드 바벨 트라이셉스 익스텐션
Seated Barbell Triceps Extension **24**

리버스 그립 바벨 컬
Reverse Grip Barbell Curl **25**

해머 컬
Hammer Curl **26**

얼터네이트 해머 컬
Alternate Hammer Curl **27**

덤벨 리스트 컬
Dumbbell Wrist Curl **28**

바벨 리스트 컬
Barbell Wrist Curl **29**

바벨 리버스 리스트 컬
Barbell Reverse Wrist Cur **30**

덤벨 리버스 리스트 컬
Dumbbell Reverse Wrist Curl **31**

하움출판사